W0197909

Knaur.

Über die Autorin:
Eva Goris, Jahrgang 1956, ist Pressesprecherin der Deutschen Wildtier Stiftung. Vorher war sie über zwei Jahrzehnte Ressortleiterin Umwelt bei der »Bild am Sonntag«. Für ihr Engagement rund um die Themen Umwelt und Ernährung wurde sie mehrfach ausgezeichnet: 2004 verlieh ihr die Deutsche Gesellschaft für Ernährung den Journalistenpreis; 2005 erhielt sie den Medienpreis der Deutschen Umwelthilfe. Vor ihrer Tätigkeit für »BamS« war sie Pressesprecherin von Greenpeace Deutschland.

EVA GORIS

SCHMECKT'S NOCH?

Die Wahrheit über die Praktiken
der Lebensmittelindustrie

KNAUR TASCHENBUCH VERLAG

Besuchen Sie uns im Internet:
www.knaur.de

Dieses Buch ist bereits im Droemer Verlag unter dem Titel
»Unser kläglich Brot« erschienen (Bandnummer 27413).

Vollständige Taschenbuchausgabe Juni 2010
Knaur Taschenbuch. Ein Unternehmen der Droemerschen Verlagsanstalt
Th. Knaur Nachf. GmbH & Co. KG, München
Copyright © 2007 bei Droemer Verlag
Ein Unternehmen der Droemerschen Verlagsanstalt
Th. Knaur Nachf. GmbH & Co. KG, München
Umschlaggestaltung: ZERO Werbeagentur, München
Umschlagabbildung: Medioimages/Photodisc Getty Images (RF)
Druck und Bindung: GGP Media GmbH, Pößneck
Printed in Germany
ISBN 978-3-426-77984-2

2   4   5   3   1

Für Peter und Harald und
C.-P. Hutter

Inhalt

Einleitung

Ein Freund von mir, er ist Franzose, hat einmal gesagt: »Das Essverhalten von euch Deutschen werde ich nie verstehen! Ihr fahrt zur Tankstelle und kauft das teuerste Öl für den Motor eures Autos, aber beim Kauf von Olivenöl für den Salat spart ihr jeden Cent ...!«

Warum sind wir so sparsam, wenn es ums Essen geht? Wir parken den Wagen für zwei Euro vor dem Supermarkt und regen uns an der Fleischtheke über den Preis für das Schnitzel auf. Es heißt: Der Mensch ist, was er isst. Warum speisen wir uns dann selbst so billig ab? Wir essen das Fleisch gequälter Tiere aus der Massentierhaltung, weil es billiger ist als das Fleisch von »glücklichen« Tieren. Wenn das Schnitzel über den Tellerrand ragt, freuen wir uns diebisch, die Qualität des Fleisches ist uns eher egal, Hauptsache viel! Und das, obwohl wir oft die Hälfte übriglassen und dem Gastwirt beim Abräumen hocherfreut entgegenstöhnen: »Ich habe es nicht geschafft.« Als wäre das ein Kompliment an die Küche! Wenn wir das Geld, das wir für all die weggeworfenen Reste mitbezahlt haben, in gute Bio-Lebensmittel investiert hätten, wären wir besser ernährt. Die Deutschen haben im Vergleich zu anderen europäischen Nationen eine schlechte Ess-Klasse. Unsere Wertschätzung für Lebensmittel ist generell gering.

Sind wir alle essgestört?

Wir leben im Angebotsschlaraffenland und pendeln zwischen Völlerei und Diätenwahn hin und her. Auf der Strecke bleiben der Genuss und die Lust am Essen. Genuss wird mit übervollen Tellern, fetten Süßspeisen und viel Fleisch gleichgesetzt. Der Figur wegen wird die Völlerei jedoch als »Sünde« gebrandmarkt, und so plagt uns, schon während wir essen, das schlechte Gewissen. Wer abnehmen will, hat es in unserer von Überfluss geprägten Gesellschaft schwer, denn Nahrung ist allgegenwärtig. Und da alle schlank sein wollen, achten besonders weibliche Konsumenten beim Kauf von Lebensmitteln vor allem auf die Kalorien. Doch wo unser Essen herkommt, wie es produziert wird und ob es für den Körper wirklich ein Lebensmittel – also ein Mittel zum Leben – ist, kann kaum noch jemand mit Sicherheit sagen. Wie auch? Es steht ja nicht neben den Nährwertangaben im Kleingedruckten.

Dabei liegt es auf der Hand: Ohne Massenmast und industrielles Töten, Billigimporte und Quantität statt Qualität sind die Niedrigstpreise im Handel nicht haltbar. Aber ist Geiz wirklich so geil? Erst wenn verwesendes Gammelfleisch umverpackt wird und in Folie eingeschweißt wieder im Supermarkt auftaucht, werden wir für eine Verbrauchersekunde lang wieder wach.

Wie weit der Irrsinn gehen kann, zeigte die BSE-Krise. In einer Welt, in der 800 Millionen Menschen hungern, brannten bei uns in Europa wie im Mittelalter wieder die Scheiterhaufen. In den Feuern wurde das Fleisch von Millionen Rindern vernichtet, die nur im *Verdacht* standen, den Wahnsinn im Gehirn zu haben. Was als Rinderwahnsinn durch die Medien geisterte, war in Wahrheit die Folge von Futter-Wahnsinn: Die Futtermittelindustrie hatte Grasfresser zu Kannibalen gemacht, die die Überreste ihrer Artgenossen in Form von Futterpellets als Kraftnahrung vorgesetzt bekamen. Über das Futter wurden Schlachtabfälle und damit die Erreger von BSE verfüttert, die dann das Gehirn von Fleischessern durchlöcherten. Doch dieses Experiment zur Abfallentsorgung ist gehörig schiefgegangen.

Rinderwahnsinn, Schweinepest, Vogelgrippe: Die Liste der Lebensmittelskandale ist lang. Krebsgifte in Olivenöl, Antibiotika in Schnitzeln und Pestizide in Erdbeeren: Massenproduktion hat ihren Preis, deshalb muss der Mensch eine ganze Menge verdauen!

Essen aus dem Labor

Auf der anderen Seite betreibt die Lebensmittelindustrie einen enormen wissenschaftlichen Aufwand, um die Satten in der Wohlstandsgesellschaft immer satter zu machen. Nie zuvor in der Geschichte der Menschheit war die Auswahl an Lebensmitteln größer. Ludwig XIV., seines Zeichens Sonnenkönig von Frankreich, würde staunen angesichts der Fülle. Was wusste er schon von Kiwis aus Neuseeland, Bananen aus Costa Rica und Papaya aus Brasilien, die heute jeder Sozialhilfeempfänger kaufen kann? Rund 200 000 unterschiedliche Artikel stehen in den Regalen der Supermärkte, und etwa 600 neue Kreationen kommen Woche für Woche hinzu. Alte müssen dafür ihren Platz räumen.

Um die Verbraucherakzeptanz im Vorfeld der Markteinführung abzuklopfen, ist ein ganzes Heer an »Vorkostern« beschäftigt. In Sensoriklabors finden Blindtests statt, um Testessern auf den Zahn zu fühlen. Was nach einer gewissen Karenzzeit vor dem Kunden nicht bestehen kann, fliegt wieder aus dem Regal. Um ein Produkt möglichst perfekt zu plazieren, setzt die Industrie auch auf die Popularität anderer Werbeträger. Da gibt es dann die Harry-Potter-Torte, Fußballfrikadellen oder für die reisefreudigen Esser Ethnofood, das an den Urlaub erinnern soll. Und im Maggi-Kochstudio laufen Kurse unter dem Motto »Viva Italia« und »Candle-Light-Dinner«. Sattwerden ist längst Nebensache.

Um Backmischungen ohne Backen (das gibt es wirklich, der Kuchen muss nicht in den Ofen!) und andere Bequemlichkeiten zu erfinden, ist neben der Fleißarbeit der Forscher vor allem Hightech gefragt. Es gibt Nudeldesigner, die durch eine veränderte Oberflächenstruktur die Garzeit verkürzen. Verfahrenstechniker machen den Schaum auf Fabrik-Cappuccino noch schaumiger, die Kräcker noch knuspriger und den Joghurt noch cremiger. Flavoristen führen uns mit Aromen an der Nase herum und zaubern im Labor eine Geschmackswelt nach Bedarf: fruchtig-frisch, tropisch-süß oder rauchig-zart. Unsere Geschmacksrezeptoren, unsere Sinne und Gelüste sind längst zum Spielball der Industrie geworden, die die Befriedigung gleich parat hat: aufreißen, aufwärmen, aufessen! Werbefilmer bringen uns emotional auf die Alm, lassen Omis Kuchen backen und Opas Sahnebonbons verteilen und gaukeln uns mit Null-Informationen wie »vom Lande« eine bäuerliche Produktion vor. Ja, wo soll die Milch denn sonst herkommen? Aus dem Bankenviertel in Frankfurt?

Doch das Misstrauen gegen die Industrie ist gewachsen. Da helfen auch über 70 000 Gütesiegel (!) nicht weiter. Die Masse hat die erwünschte Wirkung erschlagen, die Verbraucher sind »siegelmüde«. Das Forschungsprojekt »Trust in Food« kam zu folgendem Ergebnis: Nur 1 Prozent der Befragten traut der Industrie über den Weg, 4 Prozent glauben, was die Supermärkte versprechen. Immer wieder zeigen Umfragen ähnliche Ergebnisse, trotzdem ändert sich am Kaufverhalten wenig. Wie geht das zusammen? Eine Flutwelle von Ernährungsinformationen donnert über unsere Köpfe hinweg, doch die meisten Menschen wissen erschreckend wenig über den Zusammenhang von Lebensmittelproduktion und unserem Essen. In Baden-Württemberg zum Beispiel glauben 20 Prozent der Abiturienten, dass das Steak als Zellkultur in der Genfabrik wächst. Das Wissen über die Produktion und Zubereitung von Lebensmitteln schwindet. Viele Menschen mögen nicht einmal mehr rohes Fleisch anfassen, 85 Prozent können keinen klassischen Braten zubereiten.

Was Hänschen nicht isst …

Dabei werden die Satten auf der Welt immer dicker. Die WHO geht davon aus, dass global gesehen eine Milliarde Menschen zu dick sind, 300 Millionen gelten gar als fettsüchtig! In Deutschland ist bei der Einschulung bereits jedes vierte Mädchen und jeder dritte Junge zu dick. Schon die Kleinen leiden unter Skelettschäden, Diabetes und Kreislaufproblemen. Mit den Kilos steigen die Kosten der Krankenkassen. Die dicken Kinder von heute sind die Patienten von morgen, die dem Gesundheitssystem schwer auf der Tasche liegen.

Was Hänschen nicht isst, isst Hans nimmermehr – diese Regel gilt heute mehr denn je! Deshalb ist »Essen« als Schulfach neben Mathematik und Englisch in der Diskussion. Es gibt viel Engagement rund ums essende Kind, doch irgendwie scheint der Funke nicht zu zünden. Aktionen wie »5 am Tag« oder »Optimix«, die für fünf Obst- und Gemüseportionen und die optimale Zusammensetzung der Mahlzeiten werben, erreichen nur wenige Verbraucher. Sind wir womöglich beratungsresistent oder lassen wir uns wider besseres Wissen immer wieder verführen? Deutschlands oberste Verbraucherschützerin, Professorin Edda Müller, ihres Zeichens Vorstand des Bundesverbands der Verbraucherzentralen und Verbraucherverbände, beklagt irreführende Werbung auf Produkten, die als besonders kindgerechte Lebensmittel gelten. Statt »viel Milch und Vitamine« hätten diese Waren den Zusatz »viel Zucker und Fett« verdient.

Zu Recht fordert Claus-Peter Hutter, Präsident der Umweltstiftung Euronatur und Initiator der Aktion Gourmets for Nature die Einführung des Fachs Ernährungserziehung in den Schulen: »Kinder müssen lernen, wie Steckrüben, Rote Beete und Schwarzwurzeln schmecken und dass sie gleich auf dem Acker wachsen.« Aber gute Ernährung hat auch etwas mit einer intakten Umwelt zu tun, und die hängt auch mit der Herkunft der Lebensmittel zusammen. Weitgereistes »Essen auf Rädern« jedoch schadet wegen des Kohlendioxidausstoßes beim Transport der Atmosphäre. »Heranwachsende müssen das schon in der Schule lernen«, sagt Hutter, »sonst werden sie zu verfetteten Ernährungs- und Umweltanalphabeten.«

Das Schlankheitsversprechen ist zwar Trumpf im Kühlregal, doch auch die abgespeckten Variationen der Lebensmittel bringen nicht die Lösung: Seit es »Light«-Produkte gibt, hat sich die Zahl der Dicken in den USA um ein Drittel erhöht. Einige Lebensmittel werden deshalb jenseits des Atlantiks bereits mit Tabak und Alkohol auf eine Gefahrenstufe gestellt. Big Mäc und Pommes als Droge für die Dicken? Die Schadensersatzklage einer amerikanischen Mutter in Millionenhöhe wurde von einem Gericht in den USA zwar abgewiesen, aber so ganz vom Tisch ist die Diskussion, ob Fabrik- und Fastfood die wahren Fettmacher sind, nicht.

Wie macht man Omas warme Suppe?

Warum essen wir so verrückt? Ist die Industrie schuld, die uns in Zeiten der Übersättigung immer mehr Appetit macht? Dabei bleiben wir doch oft vor vollen Tellern hungrig zurück. Aber warum? Vielleicht bleiben Grundbedürfnisse unerfüllt? Vermisst der Körper Omas warme Suppe? Die Sehnsucht nach der guten alten Essenszeit ist trotz Wellness- und Fitnessfood spürbar. Retro-Mahlzeiten wie Königsberger Klopse, Pichelsteiner-Eintopf und Reibekuchen tauchen als Fertiggerichte wieder in den Regalen auf. Es riecht ein bisschen wie damals bei Muttern, wenn die vorgefertigte Mahlzeit aus der Mikrowelle kommt. Aber es schmeckt anders: Fertiggerichte sind eben doch Einheitseintopf. Dabei will auch das Kind in uns gefüttert werden. So sehen es jedenfalls die Psychologen: Eine warme Suppe ist wie eine warme Decke. Doch wie hat Mama die warme Suppe gemacht? Wer weiß heute noch, wie man Marmelade einkocht, Brot selber bäckt, Kartoffeln richtig lagert, Sauerkraut stampft oder Bohnen auf Fäden zieht, damit sie an der Luft trocknen können? Die Kunst des Konservierens ist schon fast verlorengegangen, und nun droht die »Generation

Backmischung« auch das traditionelle Kochen zu verlernen. Tüte aufreißen, Inhalt mit Wasser anrühren – fertig! Ist doch ganz einfach, oder?

Wenn wir wieder schmecken wollen wie damals, sind viele Menschen heute auf die Industrie angewiesen. Die klassische Hausmannskost verschwindet mit der klassischen Hausfrau aus Deutschlands Küchen. Der Menschentyp Hausfrau und der Sonntagsbraten sind beide vom Aussterben bedroht. In deutschen Küchen lernt der Nachwuchs allenfalls, die Mikrowelle zu bedienen. Heute wachsen schon in der zweiten Generation Kinder heran, die nicht kochen können, weil sich bereits ihre Eltern durch den Tag gesnackt haben.

»Und die Industrie hat schon vorgekocht«, beklagt Otto Geisel, Vorsitzender von Slow Food Deutschland und Inhaber des Hotels Victoria in Bad Mergentheim. Immer mehr Fähigkeiten gehen dadurch verloren, bald weiß niemand mehr, wann welche Obst- oder Gemüsesorte wächst und wie man sie zubereitet. Otto Geisel engagiert sich deshalb ganz besonders für »die kleinen Genießer, die Essen und Schmecken wirklich erst lernen müssen«. In Schulkantinen bereiten »Slow-Food-Köche« frisch geerntete Lebensmittel aus der Region zu. »Das Essen ist obendrein preiswert – und wir blicken nur in zufriedene Kindergesichter, die an gedeckten Tischen sitzen. Sie lieben es …!«

Wie wächst Sauerkraut?

Die Entfremdung von unseren Lebensmitteln ist erschreckend weit fortgeschritten. Wie wird eine Kuh gemolken? Wie macht man Joghurt und Käse? »Wie wächst Sauerkraut?« Diese Frage wurde Besuchern der Grünen Woche in Berlin von einem Fernsehteam gestellt. Nicht einer der befragten Besucher wusste die

Antwort. Sauerkraut? Hilflos zeichnete eine Frau komische Fäden auf eine Tafel: »So wächst Sauerkraut!« Die Fäden wuchsen senkrecht aus dem Acker. Da bleibt einem das Lachen im Halse stecken.

Wer schlachtet sein Huhn heute noch selbst, bevor er es isst? Dass der Hamburger zwischen dem Brötchen einmal etwas mit einem Rind zu tun hatte, wissen die meisten Kinder nicht. Diese Distanz zum »Lebensmittel Tier« macht Tierfabriken und die unhaltbaren Zustände darin erst möglich. Durch die industrielle Lebensmittelproduktion ist uns auch das Mitleid für unsere Mitgeschöpfe abhanden gekommen.

Wenn ein Mensch 70 Jahre alt geworden ist, hat er statistisch über 100 000 Mahlzeiten verzehrt und sechs Jahre seines Lebens mit Essen zugebracht. Dieser Mensch hat dabei 30 Tonnen Nahrung verdaut, er hat sieben Rinder gegessen, 40 Schweine, zwei Kälber und über 600 Hühner. Obendrein hat er weit über 10 000 Eier verspeist und den Inhalt von 100 Säcken Kartoffeln, 80 Säcken Zucker und Mehl sowie 1000 Kilogramm Käse gefuttert. Was machen all diese Lebensmittel mit uns? Unser Vertrauen in die Nahrung, die wir kaufen, ist gering, und trotzdem futtern wir vor allem billig.

War es früher vielleicht besser bestellt ums Essen? Die »gute alte Zeit« hatte auch ihre Nachteile: Lebensmittel mussten nach der Ernte lange gelagert werden und hatten beim Überwintern hohe Vitamin- und Nährstoffverluste. Schädlinge fraßen die Vorräte weg, und wer nicht richtig konserviert, getrocknet oder geräuchert hatte, konnte sich mit Schimmelpilzen und üblen Bakterien schwere Vergiftungen zuziehen. Man war in größerem Maße als heute, wo wir Lebensmittel aus der ganzen Welt beziehen, von Naturereignissen abhängig, Hagel, Stürme oder Dürre konnten ganze Ernten zunichte machen. Dann drohten Hunger und Tod. Die ständige Verfügbarkeit von Lebensmitteln in hoher Qualität und in großen Mengen, obendrein günstig und für jedermann erschwinglich, war noch vor wenigen Jahrzehnten kaum vorstellbar. Pralinen, einst ein süßes Privileg der Aristokratie bei Hofe, gibt es heute für 99 Cent bei Aldi. Die Käse- und Wursttheken quellen über, und am Obst- und Gemüsestand liegt die Ernte der ganzen Welt: Trauben aus Südafrika, Paprika aus Spanien, Äpfel aus China.

Und unsere einheimischen Lebensmittel? Die drohen auf der Strecke zu bleiben. Verdrängt von billiger produzierter, auf eine schöne Schale und längere Haltbarkeit getrimmter Massenware, deren Produktion ganz und gar den Anforderungen der Lebensmittelindustrie unterworfen ist und der jede Abweichung von der Norm ausgetrieben wird. Wir haben uns von diesem schönen Schein nun schon so lange blenden lassen, dass wir uns kaum noch an den Geschmack der Äpfel aus unserer Kindheit erinnern und fast vergessen haben, wie viele Sorten Birnen es damals noch gab oder wie gesund und frisch der Salat vom Wochenmarkt war und wie gehaltvoll das Fleisch, als es noch nicht aus der Hochleistungsmast stammte.

Ohne den Supermarkt an der Ecke wären die meisten von uns heute kaum überlebensfähig. Das Leben ohne unsere perfekt funktionierende Lebensmittelindustrie mit Importen aus aller Welt ist undenkbar geworden. Das hat allerdings den Nachteil, dass wir abhängiger geworden sind und damit anfälliger für die Nachteile und Gefahren der modernen Essenswelt, in der ein Lebensmittelskandal leicht epidemische Ausmaße annimmt. Deshalb: Bevor Sie sich billig abspeisen lassen, schauen Sie doch mal über den Tellerrand.

Von glücklichen Schweinen und armen Säuen

Glücksschweine« stecken die Nase am liebsten in die Erde. Stets auf der Suche nach etwas Fressbarem, schnüffeln sie mit ihrem hochentwickelten, empfindlichen Riechorgan nach Wurzeln und Früchten, Gräsern und Insekten. Sie lieben Klee und Nüsse, knabbern Käfer und allerlei Samen. So futtern sich die Allesfresser richtig fett, und wenn man sie lässt, werden die robusten, widerstandsfähigen Tiere bis zu 15 Jahre alt.

Früher brauchte die Bäuerin keine Tonne für biologische Abfälle in der Küche, denn im Schweinestall wartete die hauseigene Fressmaschine, die Kartoffel- und Gemüseschalen sowie Essensreste »recycelte« und in wertvollen Dünger verwandelte. Alles, was in der Küche nicht weiterverarbeitet werden konnte, verschwand im Bauch der Schweine. Gut und gerne 400 Kilogramm bringt so ein ausgewachsenes Hausschwein auf die Waage.

Ausgewogene Ernährung macht müde. Nach dem Fressen wird im Leben glücklicher Schweine erst mal ausgiebig geruht. Schweine sind saubere Tiere, die vom Menschen zu Unrecht in die Dreckecke gestellt wurden. Suhlen gehört zur Körperhygiene, um Parasiten gleich im Schlamm zu ersticken. Wie gut das tut, wissen auch wir Menschen, wenn wir in Kurkliniken in Schlammbädern untertauchen. Aber nicht nur in dieser Hinsicht, auch anatomisch gesehen sind Schweine dem Menschen ähnlich. Außerdem sind sie sehr intelligent. Wie Hunde hören sie auf ihren Namen, sind gelehrig und zu komplizierten Dressurleistungen fähig.

Die Paarhufer haben viel Sinn fürs Familienleben. Wenn glückliche Schweine Kinder kriegen, wird den ganzen Tag über liebevoll mit dem Nachwuchs gekuschelt und geschmust. Schweinemütter säugen drei Monate lang ihre Ferkel und verhätscheln die Kleinen zärtlich. Auf der Wiese wird Wegrennen gespielt, Raufen und Muttersau-Ärgern. Wenn Ferkel schlafen, drücken sie sich ganz eng an den Körper der wohlig-warmen Schweinemama und grunzen vor Zufriedenheit. Sie fühlen sich sauwohl im Schweine-paradies.

Werden kleine Ferkelchen von der Muttersau getrennt, leiden sie unter großen Trennungsschmerzen. Oft geht die Trauer der Tierkinder so weit, dass die Schweinchen ihre Nahrung erbrechen oder gar nicht mehr fressen wollen. Sie haben Durchfall und quieken vor Sehnsucht laut und ausdauernd nach der Mutter.

Fabrikschweine

In den gigantischen Schweinemastanlagen zur Produktion von billigem Industriefleisch wird auf Trennungsschmerz keine Rücksicht genommen. Obendrein werden den Ferkeln gleich an den ersten Tagen nach der Geburt körperliche Schmerzen zugefügt. Ohne Betäubung werden die Tiere kastriert, man kneift ihnen die Eckzähne ab und schneidet das Ringelschwänzchen ab. Die Zähne und das Schwänzchen müssen weg, damit sich die Schweine später in der qualvollen Enge der Tierfabriken nicht verletzen. Das Schwänzchen würde von den anderen Schweinen abgebissen, denn Aggressionen und Kannibalismus sind in der Massentierhaltung als Folge von Platzmangel nicht selten. Immer wieder kommt es vor, dass Schweine sich in den Tierfabriken und auf dem Transport zum Schlachthof aus Panik gegenseitig anfressen.

Die Hoden sind ohnehin überflüssig, denn Eberfleisch ist Geschmackssache, und der deutsche Verbraucher isst lieber das Fleisch von Börgen. Das sind die kleinen Kastraten, die als Tierkinder im Alter von sechs Monaten geschlachtet werden. Von wegen »fettes

Schwein«: Die Kastraten bringen nur zwischen 90 und 120 Kilogramm auf die Waage, bevor man ihnen das Bolzenschussgerät aufsetzt oder sie in die Gaskammer schickt. Spanferkelchen, die schon drei Wochen nach der Geburt unters Messer kommen, gibt es bereits ab zwölf Kilogramm Schlachtgewicht.

Da Fabrikschweine kein Liebesleben haben, brauchen sie auch keine Hoden. Die Kastration von Ferkeln wird bis zum siebten Lebenstag durchgeführt, als »schmerzlos« bezeichnet und ohne Betäubung vollzogen. Dass der Kastrationsschnitt und das Herausdrehen der Hoden jedoch zu anhaltendem Leiden führt, kann man leicht am Verhalten der Tierkinder beobachten, die es eine ganze Weile nach dem Eingriff vermeiden, sich hinzulegen. Außerdem schreien sie laut und anhaltend, wenn sie kastriert werden. Sie mögen sich danach nicht bewegen. Ihre Beinchen zittern, einige Ferkel erbrechen sich vor Schmerz.

Der Samen für die Produktion von kleinen Schweinchen für die Tierfabrik stammt von einem sogenannten Spitzenvererber. Das ist ein hochgezüchteter Eber, dessen Samen in einer Besamungsstation von einem Besamungsexperten (ein Mensch!) »abgesamt«, also aufgefangen wird. Der Vorgang ist extrem unromantisch: Der Eber bespringt eine Art Holzgestell, an dessen Ausgang der Samen von dem Besamungsexperten in einem Reagenzglas aufgefangen wird. Dieser Samen wird dann untersucht, bevor man ihn der Zuchtsau verabreicht.

Kuscheln verboten

Die Sau selbst ist eine Gebärmaschine. Sie ist pro Wurf 115 Tage lang trächtig, dann kommen vier bis zwölf Fabrikferkelchen zur Welt. Die Zuchtsau muss etwa 20 Ferkel im Jahr werfen, sonst hängt sie vorzeitig im Schlachthof am Haken. Nach knapp drei

Jahren ist der Körper des Mutterschweins total ausgepowert. Dann wartet der Schlachter auf die arme Sau.

Die Fabriksau kann sich natürlich nicht richtig um den Nachwuchs kümmern. Sie liegt eingepfercht in einem Kastenstand, der von Insidern »eiserne Jungfrau« genannt wird. Mit ihren drei Zentnern Körpergewicht ist die säugende Sau in diesen Käfig gesperrt, der sich fast wie ein Korsett um sie herumlegt und das Tier fixiert. Die arme Sau kann nur liegen oder stehen; laufen und andere Bewegungen sind in dem Käfigknast mit seinen Ausmaßen von 80 mal 200 Zentimetern völlig ausgeschlossen. Schweine sind aber keine Faultiere, sie haben einen natürlichen Bewegungsdrang und leiden in der Enge wie ein Marathonläufer, den man in die Gästetoilette sperrt. Der Mangel an Bewegung führt zu gesundheitlichen Problemen. Viele Zuchtsauen leiden unter Entzündungen am Gesäuge und an der Gebärmutter.

Nestbau und das typische Pflegeverhalten sind der Muttersau unmöglich. Würden Schweine draußen leben, würden sie wie ihre wilden Verwandten Äste, Blätter und Moose sammeln, um für die Ferkel ein Nest zu bauen und es wie ein Kinderbettchen auszupolstern. Dort liegen die Kleinen dann geschützt und werden von Mama zärtlich und liebevoll gepflegt. In Tierfabriken ist Kuscheln verboten.

Schweine sind längst aus dem Schnüffelparadies zwischen Klee und Käfern vertrieben. Nur wenige Glücksschweine leben heute noch artgerecht auf Ökohöfen. Während auf der einen Seite die Massentierhaltung explodiert, musste auf der anderen Seite von Tierschützern ein Zuchtfonds gegründet werden, mit dem artgerechte Tierhalter unterstützt werden, die die Sau rauslassen. Artgerechte Tierhaltung erfordert viel private Förderung und Initiative.

Das schweinereichste Land Europas

»Tiere dürfen nicht länger einer industriellen Logik unterworfen werden – wir müssen sie wieder wie Mitgeschöpfe behandeln.« Der Mann, der das sagt, ist gelernter Metzgermeister und hat mit Massentierhaltung Millionen gemacht. Karl Ludwig Schweisfurth war lange Jahre Chef des Wurstgiganten Herta. Die Techniken zum industriellen Töten von Tieren hat er auf den Schlachthöfen in Chicago gelernt und in den sechziger Jahren mit nach Deutschland gebracht. Später waren ihm Massenschlachtungen am Fließband zuwider. Schon in den frühen Achtzigern verkaufte er die Wurstfabrik und gründete ein Bio-Imperium mit einer Stiftung, die seinen Namen trägt, und einem Musterhof für Biofleisch, der als Symbol für seinen Traum steht, »dass Lebensmittel ökologisch und regional hergestellt werden«. Die Herrmannsdorfer Landwerkstätten sind Lieferanten für hervorragendes Biofleisch.

Deutschland ist das schweinereichste Land Europas, rund 48 Millionen Schweine werden Jahr für Jahr hier geschlachtet. Industriell produzierende Tierfabriken sind Standard und immer weiter auf dem Vormarsch: 100 000 Schweine in einem einzigen Fleischerzeugungsbetrieb sind bald keine Seltenheit mehr. Der Platz pro Tier beträgt nicht einmal einen Quadratmeter. Das sind großindustrielle Maßstäbe! So produziert man Autos, Computer, Fernseher – und leider auch Lebewesen. Kein Wunder: Der Marktanteil von Ökoschweinefleisch liegt bei unter 2 Prozent.

Die moderne Fließbandproduktion von Schweinefleisch erspart den industriellen Haltern jede Menge Arbeitskräfte – und auch Stroh. Aus Fabrikställen ist Stroh verbannt, denn damit entfällt das arbeitsintensive Ausmisten. Wie Ballettänzer müssen die Paarhufer ihr ganzes erbärmliches Schweineleben lang auf Spaltenböden balancieren. »Spaltenböden« nennt man eine Art Betonfußboden mit Schlitzen, durch die Kot und Urin gleich abfließen.

Darunter verlaufen Güllekanäle, die die tierischen Exkremente auffangen. Die Schweine stehen quasi auf ihren eigenen Ausscheidungen in einer Duftwolke aus Ammoniak. Das ist für die empfindlichen Nasen der Tiere die reinste Quälerei. Doch das arme Schwein leidet nicht nur unter dem Gestank. Schmerzhafte Gelenkveränderungen wie Arthrose und Arthritis, Herzerkrankungen und Lungenentzündungen führen immer wieder zu Verlusten in der Schweinezucht.

Die Qual dauert allerdings kein ausgewachsenes Schweineleben von 15 Jahren, denn das würde ja keine Sau aushalten. Außerdem rentiert sich ein langes Leben der Tiere für die Schweinebarone nicht. Allein die Futterkosten würden jeden Profit zunichte machen.

Billig ist teuer bezahlt

Der Verbraucher findet Geiz geil und gibt für Nahrungsmittel etwa 12 Prozent seines Einkommens aus. 1950 waren es noch 40 Prozent. Viele andere Waren, deren Preise ebenso gestiegen sind wie die Einkommen, lassen wir uns etwas kosten, ausgerechnet am Essen jedoch wird gespart. Für das Lebensmittel Fleisch zahlt der Kunde an der Ladentheke heute weniger als vor 50 Jahren. Das führt dazu, dass der Parkplatz in der Innenstadt oft teurer ist als ein Schweinekotelett, das bereits für 4,75 Euro pro Kilo zu haben ist.

Den Preis dafür zahlt das Tier mit einem erbärmlichen Dasein, und der Verbraucher wird mit Gammelfleisch, Schweinepest, illegal eingesetzten Hormonen als Masthilfe und diversen anderen Fleischskandalen bestraft. Außerdem hat der Kunde das Billigfleisch, das er im Sonderangebot ersteht, vorher längst über die gesetzlichen Abzüge von seinem Gehalt bezahlt, denn schließlich werden die Subventionen für die Landwirtschaft – meist auf dem Umweg über die EU – mit Steuergeldern finanziert. Da geht es nicht um Peanuts, sondern um Milliarden, die ganz lieb als »Subventionsbeihilfe« bezeichnet werden. Für die Landwirte gibt es jede Menge Prämien wie die Ackerprämie, Stallbauinvestitionen und Subventionen für EU-Kühllager. Deutschland finanziert insgesamt 33 Prozent der gesamten EU-Gelder, und so zahlt der deutsche Steuerzahler für die Agrarsünden in anderen Ländern gleich mit.

Noch teurer kommt es uns zu stehen, dass die Nutztiere aus den Tierfabriken Lebewesen mit Körpern wie Hochleistungsmaschinen sind, und so anfällig wie der Motor eines Formel-1-Rennwagens für technische Probleme ist, so anfällig sind die überzüchteten Körper der Tiere für Krankheiten. Die Erzeuger haben den Marktdruck im Rücken, ihnen geht es nur um eines: in möglichst kurzer Zeit mit möglichst wenig Aufwand und möglichst geringen Kosten möglichst viel Fleisch zu produzieren. Das heißt für die armen Schweine: wenig bewegen und fressen, fressen, fressen, um schnell viel Körpermasse anzusetzen.

Mit Antibiotika spielt man nicht

Computergesteuerte Futterautomaten geben den Takt vor, in dem Schweine rasant schlachtreif gemästet werden. Gut die Hälfte des Futters wird – wie Soja – aus Ländern importiert, in denen die Menschen wenig zu essen haben. Bis 2006 wurden Antibiotika als »Leistungsförderer« gleich mit dem Futter verabreicht. Die antibiotische Masthilfe bewirkte eine bessere Nährstoffverwertung – auf gut deutsch: Die Schweine setzten schneller Muskelmasse an. Praktischerweise hemmten die Medikamente ganz nebenbei auch das Wachstum schädlicher Mikroorganismen im

Darm. So konnte man die »Masse Tier« im Stall einigermaßen gesund halten.

Doch dass man mit Antibiotika nicht spielen soll, zeigte sich spätestens Ende der neunziger Jahre, als es zu Problemen in der Humanmedizin kam, weil Antibiotika, die wirksamsten Waffen der Ärzte, plötzlich stumpf geworden waren. Obwohl die Ursachen dafür durchaus bekannt waren, wurde der Schwarze Peter zumindest sprachlich den Patienten zugeschoben: Patienten, die auf Antibiotika nicht mehr ansprechen, heißen in der Fachsprache ironischerweise »Therapieversager«.

Vier der sogenannten Leistungsförderer (Spiramycin, Tylosin-phosphat, Virginiamycin und Zink-Bacitracin), die als Zusatzstoffe bei der Tierernährung verwendet wurden, mussten deshalb schon vor der Jahrtausendwende europaweit verboten werden. Da sich in der Tiermedizin eingesetzte Antibiotika im Aufbau unwesent-lich von den Antibiotika in der Humanmedizin unterscheiden, war es zu Resistenzen gekommen, das heißt, man hat sich wi-derstandsfähige Bakterien an den Hals gezüchtet, gegen die die Humanmedizin zunehmend hilflos ist. Zum Beispiel gibt es mehr und mehr Resistenzen gegenüber Fluorchinolonen: 40 Prozent der Campylobacterkeime und Salmonellen sind mittlerweile ge-gen diese Gruppe von Antibiotika resistent, die Keime sind also trotz Medikamenteneinsatz überlebensfähig. Beim Menschen wurden diese Antibiotika, die in der Geflügelzucht eine große Rolle spielen, lange erfolgreich gegen Harnwegsinfekte und Atemwegserkrankungen eingesetzt.

Mittlerweile dürfen Antibiotika zwar nicht mehr als Masthilfe, sondern nur noch zur Behandlung von Krankheiten in den Stäl-len eingesetzt werden. Aber 80 Prozent aller Antibiotika sind von dem Verbot nicht betroffen, denn sie werden den Tieren jetzt zu Therapiezwecken verabreicht. Die Rede ist nicht von ein, zwei Pillen und ein wenig Pülverchen, sondern von mehreren hundert Tonnen Antibiotika, die den Tieren Jahr für Jahr verabreicht werden, denn die sensiblen, bei natürlicher Haltung äußerst robusten Schweine reagieren auf die Qualen in den Tierfabriken häufig mit Krankheiten.

Es gibt eine vorgeschriebene Wartezeit bis zur Schlachtung, damit der tierische Organismus genug Zeit hat, das Medikament abzubauen. So werden Rückstände im Fleisch vermieden. Doch was passiert im Darm der Tiere? In der Gülle, die als Dünger auf die Felder gebracht wird, finden sich die Medikamente wieder und gelangen über frisch geerntetes Gemüse auf den Tisch der Verbraucher. Tetracyclin zum Beispiel können Tiere im Körper nicht ganz verstoffwechseln – es landet mit der Gülle auf den Feldern und später im Gemüse. Selbst Vegetarier sind daher heute nicht mehr sicher vor den Auswirkungen der großindustriellen Tierzucht: Was auf Gülleflächen wächst, kann mit Antibiotika belastet sein. Wissenschaftler haben auf Versuchsfeldern Rückstände von Chlortetracyclin in Feldsalat und sogar in reifem Korn von Winterweizen gefunden. Mit der Gülle landen obendrein Keime, Rückstände aus Zusatzstoffen und Reinigungsmitteln aus dem Stall direkt auf dem Acker.

Ist von Medikamenten in der Massentierhaltung die Rede, zeigen alle Schweinebarone mit Unschuldsmiene sofort auf die »schwarzen Schafe« und reden von »kriminellen Machenschaften«, gegen die niemand gefeit sei. Doch selbst der ganz legale Einsatz von Medikamenten, damit die Tiere den eigenen Tod auf der Schlachtbank noch erleben, reicht nicht immer aus. Die Schweinepest beispielsweise macht seit Jahren immer wieder Schlagzeilen. Bei Massentötungen werden dann ganze Bestände, unter Umständen ein paar hunderttausend Schweine, ausgerottet, ihr Fleisch wird vernichtet, weil sich sonst in den Tierfbriken schnell Krankheiten ausbreiten können. Bei so vielen Tieren auf so engem Raum ist die Gefahr für epidemieartige Ausbrüche groß, denn ein Schwein steckt in der Enge unweigerlich das andere an.

So grassieren Pest und Wahnsinn in den industriellen Tier-fabriken. Auch wegen des Rinderwahnsinns (BSE) wurden viele Millionen gesunde Tiere »gekeult« und auf dem Scheiterhaufen verbrannt – alles mit dem Geld der Steuerzahler. Aber auch die gefürchtete Vogelgrippe wurde in den Megaställen ausgebrütet, denn hinter deren Türen wird nicht nur Fleisch produziert, hier gedeihen auch widerstandsfähige Keime und Bakterien, die mit jedem Umschlag der »Ware Tier« weiterverbreitet werden.

Deutschland, einig Schweineland

Wenn das Fabrikschwein die Mast überlebt, wird es auf Tier-transporter verladen und viele Kilometer über die Autobahn Richtung Schlachthof gekarrt. In Schweinejahren gemessen, sind nur Tierkinder auf der Ladefläche zusammengepfercht, die nach einem kurzen Leben von 180 Tagen vom Fließband der Tier-fabriken rollen. Sie haben Todesangst.

Offiziell bleibt rund 1 Prozent auf der Strecke – das heißt, sie verenden schon vor der Ankunft im Schlachthaus auf der Lade-fläche. Das sind pro Jahr rund eine halbe Million Tiere. Damit die stressempfindlichen Schweine die Fahrt zum Schlachthof über-leben, werden ihnen vorher manchmal vorsorglich Betablocker und Beruhigungsmittel verabreicht. Psychopharmaka erleichtern den Weg zur Schlachtbank ungemein – da geht das Schwein irgendwie entspannter in den Tod …

All die Qualen, die die Fabrikschweine auf ihrem kurzen Le-bensweg vom Stall bis zur Schlachtbank erdulden müssen, werden von Tierschützern, aber auch von Verhaltensforschern und kriti-schen Wissenschaftlern mit Folter verglichen. Tierschützer reden seit langem vom »Krieg gegen die Tiere«, wenn es um Massentier-haltung geht.

Und in Zukunft? Deutschland wird ein »einig Schweineland« mit historischen Dimensionen werden. In puncto Massentierhaltung ist der Osten unaufhaltsam auf dem Vormarsch: Sachsen-Anhalt und Brandenburg ziehen mit dem Weser-Ems-Gebiet in Niedersachsen gleich, wenn es um die Zahl der Schweinehaltungsplätze geht.

Überall in der Republik boomen die Fleischfabriken. Die Schweinebestände werden in den nächsten Jahren einen historischen Höchststand erreichen, so der Bund für Umwelt und Naturschutz (BUND). Deutschland wird mit Megaställen von 80 000 bis 100 000 Mastplätzen, die mit staatlichen Beihilfen aus Steuergeldern gefördert werden, zum Schweineland Nummer eins in Europa.

Gibt es dann wenigstens mehr Arbeitsplätze in der Landwirtschaft? Fehlanzeige. Die Zahl der Schweinehalter hat sich in den letzten Jahren mehr als halbiert, die Zahl der Schweine pro Betrieb dagegen im Durchschnitt verdoppelt, wie die Umweltstiftung Euronatur ermittelt hat. Der Staat fördert ein Mehr an Schweinen und den Abbau von Arbeitsplätzen.

Das gilt generell in der Landwirtschaft: Die Zahl der bäuerlichen Betriebe hat sich in den letzten 50 Jahren von 2,2 Millionen auf knapp 400 000 Betriebe verringert. Die letzten zehn Jahre waren in puncto Höfesterben besonders krass: Anfang der neunziger Jahre gab es noch 650 000 Bauernhöfe, heute sind es ein Drittel weniger, und ein Ende des Höfesterbens ist längst noch nicht abzusehen. Dabei werden nicht nur Existenzen vernichtet, sondern auch Kulturlandschaften zerstört. Pendler ziehen aufs Land, weil sie nach Feierabend eine bäuerliche Idylle suchen, die es in weiten Landstrichen längst nicht mehr gibt.

Etwa 20 000 Landwirte leben in Deutschland von der Schweinehaltung. Viele von ihnen werden in Zukunft den Giganten weichen müssen – »Bauernopfer« im wahren Sinn des Wortes. In den Tierfabriken gibt es keine Bauern mehr, sondern nur noch

Hilfsarbeiter oder Spezialisten, und die heißen »Jungsauenvermehrer«, »Ferkelerzeuger«, »Aufzüchter« und »Mäster«.

Aber noch von einer anderen Seite geraten kleine Betriebe in Deutschland unter immer größeren Druck, denn zugleich rollen international agierende Fleischkonzerne den Markt auf. Die Amerikaner sind auf dem Vormarsch und bereiten den Boden in Polen. Der größte US-Schweinefleischproduzent Smithfield will polnisches Schwein für Produktionskosten von 90 Cent pro Kilogramm vom Band laufen lassen. Dabei sind die Kosten mit 1,30 Euro je Kilogramm Schlachtgewicht schon heute so niedrig, dass Schweinehalter mit einigen hundert Tieren nicht überlebensfähig sind.

Die industrielle Tötung der Tiere wird von wenigen Großkonzernen durchgeführt, die mit Beteiligungsgesellschaften, Tochterunternehmen und Warenvertriebs-GmbHs Unternehmensstrukturen aufweisen wie Stahlhersteller, Pharma- oder Autokonzerne. Ein Gigant wie Westfleisch hatte laut Geschäftsbericht 2005 über 4,3 Millionen Schweine geschlachtet, zerlegt und abgesetzt. Längst gibt es in der Branche Unternehmenszusammenschlüsse und Fusionen, die von der Europäischen Kommission genehmigt werden müssen. Am Ende der Kette stehen Monopolisten.

Wohin mit dem Mist?

Parallel zu Größenwahn und Kostendruck sinken die Umweltstandards rund um die Massentierhaltung. Das jedenfalls beklagt der Bund für Umwelt und Naturschutz Deutschland (BUND) in einer Anfang 2006 veröffentlichten Studie zur Massentierhaltung, die erschreckende Aussichten auf die Zukunft enthält. Denn all die vielen Schweine, Rinder, Hühner und Puten im Land »müssen mal«. Dabei kommen gewaltige Mengen hinten raus: Alle Schweine in Deutschland produzieren 90 Millionen Kubikmeter Gülle im Jahr. Gemeinsam mit den 13 Millionen Rindern und den 110 Millionen Vögeln in der Geflügelindustrie fallen so Jahr für Jahr 360 Millionen Kubikmeter Gülle an.

Reinhild Benning ist Agrarexpertin beim BUND und hat errechnet, dass die ganze »Scheiße« 145 000 Schwimmbecken füllen würde. Jedes einzelne Becken wäre 50 Meter lang, 20 Meter breit und 2,50 Meter tief!

Wohin also mit den Exkrementen? Ab auf die Felder, heißt die naheliegende Lösung. Es gibt bereits »Abnahmeverträge für Gülle«, und trotzdem gelingt es nicht, die Menschen im Umfeld von Mastanlagen vor belasteten Böden und Nitrat im Grundwasser zu schützen. Die massive Überdüngung der Böden mit den Exkrementen aus der Massentierhaltung führt unweigerlich zu einem Stickstoffüberschuss auf dem Acker und zu den gefürchteten Nitratbelastungen. Kurz gesagt: Der Verbraucher hat den Mist hinterher auf dem Teller und im Wasserglas. Und die Kosten für die Reinigung von Grundwasser und Böden darf er sowieso mit seinen Steuergeldern bezahlen.

Menschen, die im direkten Umfeld einer Agrar-Industrieanlage wohnen, klagen häufig über Atemwegserkrankungen und Allergien, die durch sogenannte Bioaerosole aus der Intensivhaltung ausgelöst werden können. Kinder sind besonders anfällig. Unter »Bioaerosolen« versteht man Stallkeime, Pilze und Stäube, die eine Art Asthma hervorrufen können. Von gesunder Landluft kann in der Nähe von Großanlagen nicht mehr die Rede sein. 552 000 Tonnen übelriechender Ammoniakemissionen entstehen jedes Jahr in der Landwirtschaft.

Was sich später auf den Schlachthöfen abspielt, dafür stehen Begriffe wie »Treibgatter«, »Entbluten«, »Ausweiden« und »Abflammen«. Auch beim industriellen Töten gibt es allerlei Entsorgungsengpässe. Für die Millionen Liter Blut, die in Schlachthäusern fließen und aufgefangen und vernichtet werden müssen, gibt es strategische Entsorgungspläne. In den glückseligen Vor-BSE-Zeiten wurde das Tierblut einfach zu Blutmehl getrocknet und als Eiweißkonzentrat an die Futtermittelindustrie verkauft, die das Blutmehl wiederum dem Tierfutter beigemischt hat. Das ist heute verboten. Das Schlachthofblut wird getrocknet und anschließend verbrannt. Allein für die Entsorgung von Blut zahlte ein Konzern wie Westfleisch im BSE-Jahr 2001 laut Geschäftsbericht über 1,5 Millionen Euro.

Bevor im November 2000 das erste BSE-Rind in Deutschland gefunden wurde, wanderten Schlachtabfälle einfach ins Futter. Die Tiere »entsorgten« praktisch die Kadaver ihrer Artgenossen durch Auffressen. Heute dürfen auch Knochen nicht mehr zu Knochenmehl verarbeitet und dann in den Mästereien wieder verfüttert werden.

Die sensiblen Schweine mit ihren feinen Nasen riechen den Tod ihrer Artgenossen schon, bevor sie den Schlachthof erreichen. Dass die Tiere leiden, kann der Fleischesser hinterher schmecken. In Todesangst werden die Muskeln der Tiere mit dem Stresshormon Adrenalin überschwemmt – das Fleisch bekommt den typischen, unangenehm strengen »Schweinegeruch«, der jedem Gourmet den Appetit verdirbt.

Blass, weich und wässrig

Nach all den Qualen schmeckt dem Verbraucher das Billigfleisch am Ende oft nicht. Zu fad sei es, klagt er. Und es schrumpfe in der Pfanne. Dafür gibt es in der Fleischerbranche einen Fachbegriff: Man redet von »PSE-Fleisch«. Die drei Buchstaben kommen aus dem Englischen und stehen für »pale« (blass), »soft« (weich) und »exudative« (wässrig). Was die Werbung als »ein Stück Lebenskraft«

verkauft, verliert beim Garen oder Braten viel Wasser und spritzt dabei die Küche voll. Das ist typisch für Fleisch aus Massentierhaltung, das mit Kraftfutter zu möglichst schnellem Muskelwachstum angeregt wird und dabei Wasser einlagert. Beim Einkauf erkennt man Fabrikfleisch schon an der blassrosa Farbe. Es ist nahezu fettfrei und schwimmt oft schon in der Auslage an der Fleischtheke im eigenen Saft. Doch am Markt ist man erfinderisch. Weil das Fleisch nicht schmeckt, hat die Gewürzindustrie eigens Kotelett- und Schnitzelwürze erfunden, die den Geschmack etwas aufpeppen soll.

Gutes Schweinefleisch braucht nicht viel Würze. Es ist langsam gewachsen, hat eine kräftige, hellrote Farbe und ist marmoriert, das heißt, feine Fettäderchen durchziehen die Muskelfasern. Beim Schwein ist Fett im Muskelfleisch kein Manko, sondern ein Qualitätsmerkmal. Das Fleisch ist saftiger und viel zarter als das Fleisch der mageren Kastraten, die aus der Massentierhaltung in die Supermärkte kommen. Intramuskuläres Fett von langsam gewachsenen Schweinen ist nicht nur Träger all der wunderbaren Aroma- und Geschmacksstoffe, die gutes Schweinefleisch zum Genuss machen, sondern auch wichtig für die Fülle an Vitaminen, die in tierischen Lebensmitteln vorhanden ist: Fleisch von glücklichen Schweinen schmeckt nicht nur besser, es ist auch gesünder.

Da kann das Massenschwein nicht mithalten, denn die Marmorierung ist abhängig vom sogenannten Ausmästungsgrad der Tiere. Fleisch von Jungtieren kann noch keine Marmorierung haben, denn der Muskel hatte keine Zeit, langsam zu wachsen und Fett anzusetzen. Kalorienmäßig schlägt dieser Fettanteil übrigens kaum zu Buche. 100 Gramm Schweineschnitzel haben etwa 200 Kilokalorien, ein Kotelett gut 150 kcal. Fürs Übergewicht ist da schon eher die fette Soße verantwortlich.

»Wer zuviel Fleisch isst, lebt generell nicht gesund«, sagt der Ernährungswissenschaftler Günter Wagner vom Institut für Sporternährung in Bad Nauheim. »Harnsäure und speziell Purine aus Innereien wie der Leber können sich im Körper anreichern und sind nur schwer abbaubar.« Sportler kommen schnell in eine Unterversorgung mit Flüssigkeit, wenn sie beim Training viel schwitzen. »Dann wächst mit dem Purin im Körper die Verletzungsgefahr«, sagt Wagner. Sportmediziner raten heute von zu hohem Fleischkonsum ab und propagieren Bio. Die Mär von einem höheren Fleischbedarf für den Muskelaufbau hält sich jedoch hartnäckig. Dabei ist für einen Muskelaufbau von zehn Kilogramm im Laufe eines Jahres nur etwa ein Mehrbedarf von sechs Gramm Eiweiß am Tag nötig. Das ist die Menge Eiweiß, die in einem 125-g-Becher Joghurt enthalten ist. Die Legende vom kraftspendenden Steak ist dennoch nicht totzukriegen. Dabei sind sehr viele Profisportler weltweit heute Vegetarier. Wer Getreideprodukte clever mit Milch kombiniert (zum Beispiel im Müsli), versorgt den Körper mit allen wichtigen Aminosäuren.

Nur wo Bio draufsteht, ist auch Bio drin

Wenn es um Qualität geht, lässt der Kunde sich leicht an der Nase herumführen. Man kann es kaum glauben, aber es gibt gut 70000 verschiedene Gütesiegel, die den Markt mit Qualitätsversprechen überschwemmen. Im Dschungel der Gütesiegel wird mit Wortspielereien gesundes Landleben suggeriert und eine Heile-Welt-Tierzucht versprochen, obwohl das Produkt geradewegs aus den Tierquälanstalten der Massenhaltung stammt. Von »artgerechter Tierhaltung« ist da die Rede, von »kontrolliertem Anbau« und »traditioneller Produktion«. Klingt gut, doch die Begriffe sind nicht geschützt und damit völlig bedeutungslos. Sie bieten ein perfektes Deckmäntelchen, unter dem sich konventionelle Ware

Biosiegel, die halten, was sie versprechen

als Bio- oder Ökoprodukte tarnen kann. Auch mit Worthülsen wie »bäuerlich« gaukelt die Werbung dem Verbraucher vor, dass er ein Produkt kauft, das direkt bei dem sympathischen Bauern nebenan vom Hof gerollt sein könnte. Auch wer sich auf Begriffe wie »naturnah« oder »alternativ« und »natürlich« verlässt, ist der Dumme.

Nur wo Bio draufsteht, ist auch Bio drin. Gesetzlich geschützt sind die Begriffe »biologisch« oder »Bio«, »ökologisch« oder »Öko« sowie »kontrolliert biologisch/ökologisch«, »biologischer/ökologischer Landbau«, »biologisch-dynamisch« und »biologisch-organisch«. Tierfreunde, die beim Einkauf absolut auf Nummer sicher gehen wollen, können sich an eine einfache Liste halten: Siegel wie Demeter, Naturland, Bioland, Biopark, Biokreis, Gäa und Ökosiegel sind vertrauenswürdig und halten, was sie versprechen.

Ein Gütesiegel für besonders tierfreundliche und artgerechte Haltebedingungen ohne Ökofutter ist Neuland. Das Label wurde vom Deutschen Tierschutzbund, vom BUND und anderen Verbänden schon 1988 gegründet. Fleisch und Eier mit dem Neuland-Siegel stammen von Tieren, die aus artgerechter Produktion kommen – und das wird streng kontrolliert. Die Tiere haben ein Recht auf Glück. Sie haben genügend Auslauf und Platz im Stall, sie dürfen die Sonne sehen und kennen nicht nur dämmerige Stallbeleuchtung. Ist ihr Ende dann gekommen, werden sie maximal vier Stunden transportiert und möglichst schmerzfrei geschlachtet.

Alte Haustierrassen sterben aus

Der Tod des Sonntagsbratens hat die Billigproduktion von Fleisch überhaupt erst möglich gemacht. Früher war es etwas Besonderes, Fleisch zu essen. Heute gibt es auch den Montags-, Dienstags-, Mittwochs-, Donnerstags- und Samstagsbraten. Nur freitags gibt es Fisch, ansonsten die ganze Woche über Braten. Billigbraten.

Wahre Feinschmecker genießen Fleisch heute wieder als etwas, das selten auf den Tisch kommt und dann durchaus seinen Preis haben darf. Die Feinschmeckerschweine von heute, die in den Edelrestaurants von Spitzenköchen zubereitet und serviert werden, sind die Tierrassen von gestern! Alte Haustierrassen wie das Bunte Bentheimer Schwein, das Schwäbisch-Hällische Landschwein, das wegen seines dunklen Kopfes auch »Mohrenköpfchen« genannt wird, und das Wollschwein sind regional wieder im Kommen. Anders als das grobfaserige Mastfleisch hat das gute alte Schwein einen kernigen Geschmack und schrumpft nicht in der Pfanne.

Alte Haustierrassen sind heute wertvoller als Omas Tafelsilber. Von über 6400 anerkannten Nutztierrassen sind seit 1904 über 1000 ausgestorben, 300 davon allein in den letzten 30 Jahren – unwiederbringlich und auf immer verschwunden. Weitere 2000 Rassen sind akut bedroht. In Großbritannien haben alte Haustierrassen sogar königlichen Beistand: Prinz Charles engagiert sich für die »rare breeds«. Dem Prinzen geht es um Klasse, nicht um Masse. Wie Exoten werden alte Haustierrassen heute auch von Greenpeace beschützt, in Tierparks gehalten und dort von Besuchern (keineswegs nur Städter) bestaunt. Die Feinschmecker der Slow-Food-Bewegung haben sogar eine »Arche des Geschmacks«, die bedrohte Nutztierrassen als »Passagiere« aufnimmt und damit adelt. Sie schützen die Tiere, indem sie sie Gourmets auftischen.

Weil in den Ställen der Tierfabriken nur drei Schweinerassen (die Landrasse B, das Deutsche Edelschwein und das Piétrain-Schwein) mit etwa 98 Prozent nahezu den Gesamtbestand ausmachen, steht das Deutsche Sattelschwein mit dem Angler Sattelschwein und dem Bentheimer Schwein und vielen anderen Tierarten wie der Thüringer Waldziege, dem Hinterwälder Rind und unzähligen Hühner-, Enten- und Gänsearten auf der roten Liste der vom Aussterben bedrohten Nutztierrassen. Mit den alten Rassen geht aber nicht nur ein leckeres Stück Fleisch verloren, sondern auch wertvolles Genmaterial, das in modernen Züchtungen fehlt, denn die ursprünglichen Nutztierrassen sind äußerst robuste Tiere, die Krankheiten und Kälte trotzen. Sie sind widerstandsfähig gegen Krankheiten und nicht so stressanfällig wie ihre Verwandten aus den Massenställen. Diese genetische Vielfalt ist für die Gesundheit der Bestände in Zukunft nicht unwichtig.

Das Motto der Tierschützer heißt: Retten durch Aufessen! Greenpeace unterstützt deshalb aktiv die Sammlung alter Haustierrassen im Tierpark »Arche Warder« in der Nähe von Kiel. Besucher können gleich im Hofladen probieren, wie gut die Tierrassen schmecken, die sie vorher beim Spaziergang mit ihren Kindern auf dem Gelände gefüttert haben.

In Eichen- und Buchenwäldern wachsen die besten Schinken. Im Waldboden wühlen Eichelmastschweine den ganzen Tag über nach Samen, fressen Bucheckern und bis zu fünf Kilogramm Eicheln am Tag. Baumsamen sind kleine Kohlenhydratbomben, aber sie sind arm an Eiweiß. Deshalb graben die Schweine instinktiv nach Insekten, um ihren Eiweißbedarf mit den wertvollen Proteinen der Kerbtiere zu decken. Die magere, abwechslungsreiche Ernährung gibt dem Schweinefleisch den ganz besonders aromatischen Geschmack. Bei Feinschmeckern sind Eichelschinken wegen ihres kernigen Aromas hoch geschätzt. In einigen Regionen in Italien und Spanien ist die Eichelmast seit Jahrhunderten Tradition. Das Iberische Schwein liefert den berühmten Pata-Negra-Schinken, der luftgetrocknet wird und drei Jahre bis zur völligen Reife braucht, denn guter Schinken braucht Zeit. Der Begriff »Pata Negra« bedeutet übrigens »schwarzes Bein«, denn der edle Schinken stammt von schwarzhäutigen Eichelmastschweinen.

Bis ins 19. Jahrhundert war die Eichelmast auch in Deutschland verbreitet: Man trieb die Nutztiere zur Futtersuche einfach in den Wald. Überhaupt wurde Viehfutter nicht gekauft, sondern auf dem Hof erwirtschaftet, in der Natur gesammelt oder von den Tieren draußen in der Landschaft erschnüffelt.

Die urigen alten Haustierrassen sind im Gegensatz zu den hochgezüchteten Einheitsschweinen aus der Massentierhaltung robuste Tiere, die im Wald nicht gleich einen Schnupfen kriegen, wenn sie einmal nass werden. Sie sind ausgeglichen, gutmütig und nicht so leicht gestresst wie die empfindlichen, krankheitsanfälligen Fabrikschweine.

Wollschweine & Co.

Ein gutes Beispiel für widerstandsfähige, robuste Schweinerassen ist das Wollschwein. Es stammt wie alle Hausschweine vom Wildschwein ab und kann seine wilden Vorfahren nicht leugnen, so ähnlich sehen sie sich. Wenn die Wollsau früher im Wald nach Fressbarem wühlte, wurde sie hin und wieder auch von Wildschweinebern gedeckt. Das garantiert bis heute gute Gene – ganz ohne künstliche Besamung. Viele Altrassen haben noch heute einen hohen Genanteil ihrer wilden Vorfahren. Die auf Ertrag gezüchteten Fabrikschweine dagegen sind genetisch weit vom Wildschwein entfernt.

Wollschweine sind gedrungene, massive Tiere mit kräftigen Beinen. Den Namen verdanken die geländegängigen Viecher ihren langen, krausen Borsten, die das Tier wie ein dichter Wollmantel vor Kälte schützen. Sie weiden Gras, graben nach Würmern und allerlei Insekten. Es gibt blonde, rothaarige und schwarze Wollschweine. Die schwarzen mit ihrem hellen Unterbauch heißen in Ungarn »schwalbenbäuchige Mangalitza-Schweine«. Sie sind die berühmten Salami-Schweine.

Seit gut 200 Jahren hat sich die Rasse kaum verändert. Ursprünglich lebten Wollschweine auf dem Staatsgebiet des alten Österreich-Ungarn. Ihr Speck ist perfekt fürs Räuchern und damit für die Herstellung von Salami und anderen Dauerwurstspezialitäten geeignet. Auch als Spanferkel stellen Wollschweine ihre modernen Artgenossen in den Schatten. Ihr dunkles, festes Fleisch ist schön saftig, es ist fein marmoriert und hat ein gutes Wasserhaltevermögen – das heißt, es schrumpft nicht in der Pfanne.

Mit den alten Rassen sind auch viele Schweinedelikatessen vom Aussterben bedroht. Das Bentheimer Schwein mit seinen unregelmäßigen schwarzen Flecken und den Schlappohren ist zum Beispiel das perfekte Schinken- und Speckschwein. Der

Schinken des Bunten Bentheimer Schweins hängt sogar im »Schinkenmuseum« in Apen. Eine dicke Speckschicht am Schinken spricht für Qualität. Lange Jahre wurde Bentheimer Schweinefleisch als »zu fett« verteufelt. Heute reißen sich die Gourmets um die Produkte mit der einzigartigen Würze aus der Grafschaft Bentheim in Niedersachsen.

Es ist ursprünglich der Initiative eines einzigen Bentheimer Landwirts zu verdanken, dass die Rasse überlebt hat, denn der wahre Wert der fetten Rasse wurde quasi in letzter Minute erkannt. Anfang 2003 waren nur noch rund 50 Tiere im Herdbuch verzeichnet. Dann schlossen sich Züchter, Halter und Freunde des guten Schweinefleischgeschmacks zusammen und gründeten einen Verein zum Erhalt des dicken Schweins – die Eber wiegen gut 250 Kilogramm, die Sauen bringen immerhin noch 180 Kilo auf die Waage. Heute gibt es wieder über 300 Bunte Bentheimer Schweine und weit auseinanderliegende Linien für gute Gene.

Das Schwäbisch-Hällische Schwein gehört zwar auch zur Familie der bedrohten Rasse der Sattelschweine, doch es hat dank des cleveren Landwirts Rudolf Bühler und seiner Mitstreiter überlebt und mit seinem Qualitätsfleisch sogar einen vernünftigen Weg in die industrielle Produktion von Wurst gefunden: Der Lebensmittelgigant Unilever verwurstet für die Diätlinie »Du darfst« die Schwäbisch-Hällische Landrasse. Über eine Erzeugergenossenschaft sind mittlerweile über 1000 Familienbetriebe im Hohenloher Land im Nordosten Baden-Württembergs mit der Aufzucht der Schweine beschäftigt. Damit zeigen die Schweinebauern ihren Kritikern, dass man Tiere artgerecht halten und trotzdem zuverlässig und wirtschaftlich für Großkunden arbeiten kann.

Bühler ist einer der Retter des guten Schweinegeschmacks. Er hat nicht nur eine alte Haustierrasse vor dem Aussterben bewahrt und bewiesen, dass glückliche Schweine einfach besser schmeckken, er hat auch einer ganzen Region eine bäuerliche Perspektive gegeben. Auch bei Feinkost Käfer in München hat die Ökosau mit dem dunklen Kopf und dem prallen Schweinepopo einen Stammplatz im Angebot. Sterneköche suchen ihre Schweine schon mal höchstpersönlich in Bühlers Stall aus. »Selbst die Bauern konnten die Quälerei im Schweinestall nicht mehr ertragen«, sagt Bühler.

Unglückliche Hühner
und das Gelbe vom Ei

Den berühmten Italienerhahn mit dem grünbraunen Gefieder und den bunten Schwanzfedern, der stolz vom Misthaufen aus seinen Hühnerhof überblickt, gibt es bald nur noch in Kinderbüchern. In Hühnerställen herrscht heute Rassenmonotonie. Robuste Würmerpicker wie der Belgische Kräher, das Deutsche Lachshuhn und der Westfälische Totleger sind bedroht oder stark gefährdet, weil sie zu wenige Eier legen. Und dabei verdankt die alte Hühnerrasse der Totleger beispielsweise ihren Namen besorgten Züchtern, die fürchteten, dass sich der legefreudige Vogel »tot legt«, denn wer einen Totleger auf dem Hof hielt, konnte über 200 Eier im Jahr aus dem Nest holen. »Normale« Hofhühner hatten Ende des 19. Jahrhunderts eine »königlich-preußische Legeleistung« von nur 190 Eiern und wurden dafür noch amtlich bejubelt.

Heutige Industriehühner können darüber nur milde gackern. Der moderne Legetyp mit dem trügerischen Namen »Tradition« liefert pro Jahr über 300 braune Eier. »Typ Tradition« wird von »LSL-Classic« im Legeeifer sogar noch geschlagen. Mit bis zu 350 Eiern, die im Durchschnitt etwa 61 Gramm wiegen, ist LSL-Classic in der Legeleistung ganz weit vorne. Obwohl der Name eher an einen Luxusschlitten im Ausstellungsraum eines Autohauses erinnert als an ein Huhn, stehen Millionen LSL-Classic in den hochmodernen Legebatterien, die versteckt in der Landschaft liegen wie geheime Anlagen eines feindlichen Nachrichtendienstes und mit Alarmanlagen geschützt sind wie Hochsicherheitstrakte.

Die Eier des LSL-Turbo-Huhns haben einen klitzekleinen Haken: Sie sind weiß. Und die Menschen in Deutschland mögen lieber braune Eier. Vielleicht weil der Kunde braune Eier mit »Landleben und Bauernhof« verbindet? Die Farbe der Schale hat übrigens nichts mit der Farbe der Federn zu tun, beides ist genetisch bedingt und völlig unabhängig voneinander. Die Farbe des Dotters dagegen hängt vom Futter ab, und den Dotter mögen die Deutschen am liebsten so richtig schön kräftig gelb. Um diesen satten Farbton zu erzielen, werden von den Produzenten Karotinzusätze ins Futter gegeben. Die Eier von Biohühnern haben daher keine dunklen, sondern hellgelbe Dotter, weil die Vögel viel Grünfutter, Insekten und Würmer fressen. Der blassgelbe Dotter ist ein Qualitätsmerkmal.

Ursprünglich sind Hühner Tiere, die Wind und Wetter trotzen. Das geht jedoch nur, wenn nicht die ganze Energie des Vogels ins Eierlegen investiert werden muss, sondern auch in Widerstandsfähigkeit und Gesundheit. Industriehühner würden vor Schreck womöglich tot umfallen, wenn ein Wurm direkt vor ihrem Schnabel aus der Erde kriecht, denn im Freiland sind die industriellen Einheitsrassen kaum überlebensfähig. Die 100 Gramm Kraftfutter, die sie am Tag picken dürfen, landen computergesteuert automatisch in der Futterrinne vor dem Käfig, und zwar mit dem richtigen Futterfarbstoff für die sattgelben Dotter.

Legehühner werden gerade mal 14 Monate alt. Dann ist ihr Körper ausgemergelt. Sie haben die typischen kahlen Hälse, weil sie den Kopf ständig durch das Drahtgeflecht stecken müssen, um ans Futter zu gelangen. Ausgerupfte Federn und Verletzungen sind die Folge der Enge. Legehennen können nicht mit den Flügeln schlagen. Sie müssen sich mit einem Raum von der Größe eines DIN-A4-Blatts begnügen. Das macht die von Natur aus bewegungsfreudigen Vögel aggressiv. Sie picken sich in den Käfigen gegenseitig an und verletzen sich dabei oft schwer. Die Fußballen der Laufvögel sind am Ende ihres erbärmlichen Hühnerlebens geschwollen, denn Legehennen stehen bis zum bitteren Ende auf Gitterböden, damit der Kot nach unten fallen kann. Ist ihre Lege-

44

zeit abgelaufen, wird der ganze Bestand zur Schlachtung transportiert. Dann wird der Stall mit den Käfigen desinfiziert und neu besetzt. Die Rotation im Stall soll Krankheiten verhindern. Ein Teil der ausgepowerten Legehennen landet dabei als Suppenhuhn im Topf, die anderen gehen als Kadaver in die Tierfutterindustrie. Auf Omas Hühnerhof konnten die munteren Vögel über 15 Jahre alt werden, und ihr Gefieder sah am Ende immer noch prachtvoll aus.

Eierlegen im Akkord

Von den rund 44 Millionen Legehennen in Deutschland leben über 80 Prozent in Käfigbatterien. Wer heute weniger als 100 000 Hennen hält, wird von den Eiergiganten belächelt. In den größten Eierfarmen der Welt legen sich bis zu 20 Millionen Tiere den Hintern blutig. In China produzieren tausend Millionen Hennen über 300 Milliarden Eier im Jahr. In Deutschland werden 13 Milliarden Eier gelegt. Das sind unvorstellbare Mengen, die die Tanks von Ozeanriesen füllen.

Hühner arbeiten heute im Akkord, bis sie von der Stange fallen. Wie anstrengend ihr Job ist, sieht man manchmal auch bei den Eiern: Blutige Punkte im Ei sind nicht etwa angebrütete Küken – denn Hähne haben schon lange keinen Zutritt mehr auf dem industriellen Hühnerhof –, vielmehr handelt es sich um blutige Einschlüsse, die beim Legen durch die poröse Schale ins Innere des Eis gelangt sind. Eier ohne Dotter (auch das gibt es) entstehen durch Stress. Das Eiklar wird quasi in die Schale verpackt und dann gelegt, bevor der Dotter reif war.

Früher, als die Hühnerwelt noch in Ordnung war, legten die Weibchen die Eier, und der Hahn machte sich auf dem Hühnerhof so lange wichtig, bis er als knuspriger Braten auf dem Tisch gelandet ist. Heute erinnert nichts mehr an die Hühnerhofidylle bei Oma und Opa auf dem Land. Die Eier, aus denen Legehennen schlüpfen, werden maschinell ausgebrütet. Moderne Küken haben kein Nest. Sie kommen aus den Brutschränken der industriellen Anlagen. Wer nicht schnell genug schlüpft, landet vorzeitig im Abfall. So wie 45 Millionen männliche Eintagsküken, die maschinell vernichtet werden. Kaum sind sie als winzige gelbe Federbällchen aus dem Ei geschlüpft, laufen sie über ein Fließband in den Schredder und werden wie Abfall vernichtet. Der Grund: Die Männchen legen keine Eier. Aber warum mästet man die Männchen nicht und verwertet ihr Fleisch? Für die Mast ist die Rasse der Legehühner nicht geeignet, denn »Leger« setzen nicht genug Fleisch an. Und so werden die unnützen Küken eben aussortiert und vernichtet.

Rassehühner werden seit gut 40 Jahren nur noch nach dem Aussehen und der Farbe und Anordnung ihrer Federn gezüchtet. Die Zucht von Hühnerrassen, die Eier und Fleisch liefern, haben die privaten Züchter komplett der Industrie überlassen, und seither sind sie von der industriellen Zucht gnadenlos abgehängt worden. Heute kommen über 90 Prozent aller Tiere aus Hybridzüchtung, aus der Tiere mit besonders reinen Eigenschaften hervorgehen, die sich entweder durch eine gute Fleischproduktion auszeichnen oder durch eine hohe Legeleistung. Legehennen werden schon als Eintagsküken weitertransportiert, um dann als Legemaschinen in den Hühnerbatterien zu enden. Den Song der Comedian Harmonists »Ich wollt, ich wär ein Huhn« können heute allenfalls noch Biohühner gackern, die bis zur Vogelgrippe ein Luxusleben im Freien führten, wo sie nach Herzenslust Würmer picken durften und auch schon mal Möhren und Rote Beete zu knabbern bekamen, damit die Dotter tiefgelb werden.

Hühner haben einen großen Bewegungsdrang. Sie laufen auf der Suche nach Futter den ganzen Tag über umher, flattern und baden im Sand, um ihr Gefieder zu pflegen. Um Eier zu legen, suchen sich Hühner normalerweise ein ruhiges Plätzchen. In den lärmenden Hühnerbatterien kriechen sie dafür unter die Gefieder der Artgenossinnen, die mit ihnen zusammen in einem Käfig eingepfercht sind. All seine natürlichen Triebe kann ein Käfighuhn nicht ausleben.

Verbraucher wollen keine Käfigeier – und essen sie doch

Doch die Eierkunden haben Mitleid. Ein Frühstücksei aus einem gequälten Hennenhintern wollen viele Menschen heute nicht mehr im Eierbecher haben, und deshalb greift eine immer größere Zahl ganz bewusst zu Ökoeiern. Sie zahlen lieber für zehn Stück aus Freilandhaltung 1,98 Euro statt 76 Cent für Eier aus Käfighaltung. So wird beim Eierkauf ganz eindeutig gegen die Quälerei abgestimmt. Man achtet auf die Kennzeichnung, kauft Eier aus Freiland- oder Ökohaltung – und ist trotzdem gezwungen, Batterieeier zu essen, ohne es zu ahnen. Denn die Hälfte aller konsumierten Eier kommt in Form von Nudeln, Desserts, Soßen und Suppen, allerlei Teigwaren sowie Fertiggerichten und Panaden aus der Lebensmittelindustrie auf den Tisch. Diese Eier sind gewiss nicht von glücklichen Hühnern, denn die Hersteller kaufen ihre Zutaten billig ein.

Für viele Vorgänge bei der Herstellung von Lebensmitteln sind Eier unverzichtbar. Eier lockern, binden, treiben und haben emulgierende Wirkung. Die Proteine im Eigelb helfen zum Beispiel, Mayonnaise zu binden. Aus Eidottern wird Schaum erzeugt, der diverse Cremes auflockert. Die Schaumbildungsfähigkeit des Eiklars wird bei der Lebensmittelherstellung verwendet, um Süßspeisen und Desserts zu lockern. Bei Suppen, Soßen und Brühen binden die Eiklarproteine Schwebeteilchen. Eier sind in Soße hollandaise, in Fertigfrikadellen, Feinkostsalaten und Tiramisu versteckt. Die Lebensmittelindustrie verarbeitet Eier in Form von pasteurisierten Flüssigeiern, von Eiweißgranulat oder Trockeneipulver. Auch Emulgatoren, die heute aus modernen Produktionsprozessen nicht mehr wegzudenken sind, bestehen zu einem großen Teil aus Eiern.

Für all die Eier, die an die Nahrungsmittelindustrie geliefert werden, besteht keine Kennzeichnungspflicht. Der Kunde im Laden kann später nicht erkennen, welche Eier in seinen Nudeln verarbeitet worden sind. Aber er kann generell davon ausgehen, dass es Käfigeier waren. Wer dem Fabrikei aus dem Weg gehen will, muss auf Bioprodukte zurückgreifen. Die Biobranche verarbeitet nur Ökoeier. Auch der Verzicht auf industrielle Fertiggerichte ist ein Weg.

Geflügelzucht: ein Leben für den Grill

Industriell gemästete Brathähnchen vom Grill haben mit den Hühnern, die die Eier legen, nichts mehr gemein, es handelt sich um zwei völlig unterschiedliche Rassen. Masthühner werden auf extrem schnellen Fleischansatz hin gezüchtet, Legehennen auf Eierleistung. Da ein Masthähnchen schon nach einem Monat sein Schlachtgewicht haben muss, handelt es sich bei Masthähnchen um nicht ausgewachsene Vogelkinder. Das kann man an dem großen, weißen Knorpel des Brustbeins erkennen, wenn man ein Brathähnchen isst.

Wer Fleisch aus Tierfabriken isst, verspeist aber nicht nur Tierkinder, sondern auch Krüppel. Deformierte Gliedmaßen sind bei überzüchteten Masthühnern die Regel. Das Skelett und vor allem die Beine der Masthühner sind so verkrüppelt, dass sie sich nicht schmerzfrei bewegen können. Durch das schnelle Fleischwachstum leiden Herz und Kreislauf; Kreislaufschwäche ist die Hauptursache der hohen Todesrate im Stall.

Während die Masthähnchen zu Fressmaschinen gezüchtet werden, damit sie möglichst schnell viel Fleisch ansetzen, müssen die Elterntiere der Broiler oft hungern. Sie sollen zwar den Nachwuchs mit den fressgierigen Genen produzieren, dürfen aber dem Züchter den Profit nicht wegpicken. Deshalb leiden die Vögel unter ständiger Futterrestriktion. Auf gut deutsch: Sie hungern, damit der Züchter Geld sparen kann.

Auch Masthähnchen haben nie die Sonne gesehen. Sie vegetieren bei einer Lichtintensität von 20 Lux in einer Art ewigem Dämmerlicht im Stall, das dafür sorgt, dass die Tiere ruhig sind und schneller Fleisch ansetzen. Bei einer tierschutzgerechten Haltung werden dagegen 150 bis 225 Lux während der sogenannten Hellphase empfohlen. Die hohe Besatzdichte verhindert, dass die Tiere ausreichend scharren, im Sand baden und picken können.

Der industrielle Umgang mit Geflügel ist Quälerei. Auch Puten, Enten und Gänsen ergeht es nicht besser. Damit Mastputen sich in der Enge nicht gegenseitig verletzen, wird ihnen mit einem Lasergerät, dem sogenannten Beaker (englisch »beak« = Schnabel), der Oberschnabel gekürzt. Der Laser brennt sich durch den Schnabel, der betroffene Teil fällt später ab. Wird der Schnitt zu weit oben angesetzt, leidet der Puter beim Fressen unter chronischen Schmerzen. Zuchtziel ist das begehrte Putensteak, ein schwerer Brustmuskel, der fast ein Drittel des gesamten Körpergewichts des Vogels ausmachen kann. Am Ende der Mast liegen viele Puter apathisch auf ihrem prallen Brustmuskel im Stall. Die Vögel sind dem Gewicht des »Putensteaks« einfach nicht gewachsen. Auch Sehnen und Gelenke des großen Vogels können die unnatürliche Gewichtszunahme nicht verkraften. Nach nur 24 Wochen Mast hat der Puter über 20 Kilogramm Gewicht zugelegt. Die langen

Röhrenknochen der Oberschenkel brechen unter den enormen Fleischpaketen, die Gelenke verformen oder entzünden sich, die Zehen verkrümmen, der Rücken verkrüppelt. Am Ende der Mast können die Vögel kaum noch laufen. Sie sterben an plötzlichem Herztod, leiden unter eitrigen Lungenentzündungen und zahlreichen Infektionskrankheiten.

In der Entenmast spielen sich hinter verschlossenen Stalltüren ebenfalls wahre Tragödien ab. Die schwimmfreudigen Wasservögel sitzen in abgedunkelten Ställen auf Lattenrosten. Den Enten werden die Schnäbel beschnitten, weil es in der Enge immer wieder zu Kannibalismus und Federrupfen kommt. Nach etwa zehn Wochen haben die Entchen das Schlachtgewicht von nur 2,5 Kilogramm erreicht. Ohne je einen See gesehen zu haben, geht es zum Schlachthof.

Auch die äußerst sensiblen und hochintelligenten Gänse hat der Mensch nicht verschont. Die Zwangsmast für die begehrte Gänseleberpastete ist eine 20 Tage dauernde Folter. Die Gänse werden mit Maisbrei, der über ein Metallrohr direkt in den Magen der Tiere geleitet wird, gestopft, bis ihre Leber verfettet. Statt 120 Gramm wiegt die Leber nach der Zwangsmast oft ein bis zwei Kilogramm, und aus diesem krankhaft vergrößerten Organ wird dann die berühmte Paté de Foie gras gemacht. Die Gänseleberproduktion konzentriert sich in Polen und Ungarn, denn in Deutschland ist die Quälerei verboten – nicht aber die Paté de Foie gras beim kalten Büfett.

Relikte aus längst vergangener Zeit

Früher gehörten Rassen wie die Lippegans, die Emdener Gans und die Deutsche Legegans sowie die Diepholzer Gans zum alltäglichen Bild auf dem Lande. Wenn es Frühling wurde, trieb man die Diepholzer Gänse zu Tausenden auf die Feuchtwiesen. Dort fraßen die genügsamen Tiere Gräser, Kräuter und Würmer. Manchmal paarten sie sich mit wilden Graugänsen. Das hielt die Gene der Gänse gesund und machte die Diepholzer Gans zu einem robusten Vogel. Erst im Herbst wurden die Gänse wieder zusammengetrieben und dann in offenen Ställen mit Hafer- und Gerstenschrot gemästet. Schließlich kam die Gans Weihnachten als Festtagsbraten auf den Tisch. Da die Landgans den Sommer über auch das magere Moorgras gefressen hatte, bekam das Fleisch einen ganz speziellen Geschmack. Es war fettarm, feinfasrig und zart. Auch die Federn der Diepholzer Gans waren begehrt und wurden bis nach Frankreich exportiert. Aus ihnen machte man noch bis zum Ende des 18. Jahrhunderts Schreibfedern. Heute steht die Diepholzer Gans auf der roten Liste der vom Aussterben bedrohten Nutztierrassen. Ihr Bestand ist auf wenige hundert Tiere geschrumpft.

Extrem gefährdet sind auch alte Entenrassen wie die Deutsche Pekingente und die Pommernente. Wie Relikte aus längst vergangenen Zeiten werden die Rassen von Hobbyzüchtern gehätschelt. Die Deutsche Pekingente wurde als »Rasse des Jahres 2000« hoch gelobt. Die muskulöse Ente mit dem zartgelblichen Gefieder und dem kurzen breiten Schnabel ist anspruchslos. Sie wächst schnell und war deshalb bis zum Zweiten Weltkrieg als Wirtschaftsente bei Bauern äußerst beliebt. Die Pommernente mit ihrem blaugrauen Gefieder stammt aus der Nähe von Stralsund. Sie ist ungemütlicher Witterung angepasst, brütet zuverlässig und zieht robuste, schnell wachsende Entchen groß. Die Rasse ist heute nur noch bei Biobauern und Hobbyzüchtern auf Anfrage zu kaufen. Feinschmecker schwärmen von der exzellenten Fleischqualität.

Wenn Vögel Grippe kriegen

Mit der genetischen Verarmung und der Verdrängung alter Rassen wächst die Krankheitsanfälligkeit der Tiere. Die Welternährungsorganisation FAO (Food and Agriculture Organization) der Vereinten Nationen fürchtet sogar, dass mit der genetischen Verarmung auch die Gefahr für unsere Ernährungssicherheit wächst. Wissenschaftler fordern deshalb auf internationalen Treffen sehr wortreich mehr »Agro-Biodiversität« – also Vielfalt im Stall und auf dem Acker. Doch das Gegenteil ist der Fall, und die Folgen könnten eines Tages geradewegs in die Katastrophe führen.

Wenn heute in Geflügelställen gestorben wird, kann es auch die gefürchtete Vogelgrippe sein. Für die aggressiven Viren sind solche Massen an Tieren, wie sie in den Zuchtanlagen auf engstem Raum zusammengepfercht werden, ein gefundenes Fressen. Die Anlagen in Südostasien und Brasilien stellen sowohl von ihren gigantischen Ausmaßen als auch vom brutalen Umgang mit den Tieren her europäische Hühnerfabriken weit in den Schatten. Neben Betrieben in China, Thailand oder Brasilien wirken deutsche Anlagen, die wie in Sachsen mit 780 000 Legehennen oder wie im Emsland mit 465 000 Masthühnern besetzt sind, allenfalls wie harmlose Nebengebäude. In den Megaställen der Drittweltländer vegetieren viele Millionen Tiere ihrem Tod auf dem Schlachthof entgegen. Sie landen später in sogenannten Convenience-Produkten wie Chicken Wings, Hähnchen-Nuggets und vorgewürzten Brustfilets auf unserem Tisch.

Die Folge der Massenquälerei hat einen Namen: H5N1, die Vogelgrippe. Das Epizentrum des Ausbruchs lag anfangs in Asien. 1997 sprang der Erreger in Hongkong erstmals auf einen Menschen über. Ein dreijähriger Junge starb, sechs weitere Opfer erlagen der Infektion. In der Folge kam es zu Massenschlachtungen von Geflügel, etwa zwei Millionen Tiere wurden in Hongkong getötet. 2003 brach H5N1 dann gleich in mehreren Ländern aus.

Die Vogelgrippe ereichte Südkorea, Indonesien, Vietnam und China, ein Jahr später wurde sie auch in Kambodscha, Taiwan und Thailand gemeldet. Und immer wieder tobte der Erreger in China. Viele hundert Millionen Vögel wurden rein präventiv geschlachtet. Dann erreichte das Virus Russland und letztendlich auch Europa. 2005 verendeten Möwen in Finnland an Vogelgrippe. Von hier aus wanderte das Virus zunächst nach Brasilien, um kurze Zeit später auch in Bulgarien, Polen und Ungarn aufzutauchen. Ein Jahr später wurden an einem Fähranleger auf der Insel Rügen zwei tote Schwäne gefunden: Sie waren an der Vogelgrippe verendet.

Mit Schuldzuweisungen sind die internationalen Geflügelgiganten, Politiker und verantwortliche Gesundheitsbehörden schnell bei der Hand: Wildvögel und kleine Geflügelbauern in Asien sollten schuld sein am Ausbruch von H5N1. Es hieß, freilaufende Hühner, Enten und Gänse auf den Hinterhöfen würden die Vogelgrippe verbreiten. Seit es im Norden Chinas am Qinghai-See zum Massenexodus von Wildgänsen kam, wurden Zugvögel mit Argwohn betracht. Als dann die Vogelgrippe auch in Kasachstan, Russland und der Türkei ausbrach, schauten die Menschen weltweit angstvoll in den Himmel. Es müssten Zugvögel sein, die die Seuche verbreiten, wurde vermutet. Doch die Jahreszeit passte nicht zu diesem Erklärungsmuster, denn der gefürchtete Vogelflug hatte noch nicht begonnen. Auch die Flugrouten der Zugvögel konnten diese Annahme nicht stützen. Doch das wollte niemand hören. Hauptsache, es war endlich ein Schuldiger für den Ausbruch gefunden. Wildtiere sind für die Rolle besonders gut geeignet, denn sie gehören niemandem, der dafür verantwortlich wäre. Außerdem können sie sich gegen die Anschuldigungen nicht zur Wehr setzen.

Dass von der Ansteckung mit H5N1 bis zum Ausbruch der Krankheit und dem Tod der Vögel häufig nur zwei, drei Tage vergehen und infizierte Zugvögel den kräftezehrenden Langstreckenflug kaum überleben würden, zog man ebensowenig in Betracht wie die Tatsache, dass die ersten Infektionen in der Türkei, in Nigeria, Indien und Ägypten direkt in großen Geflügelbeständen aufgetreten sind. Der nigerianische Landwirtschaftsminister erklärte öffentlich, dass das Virus importiert worden sei: mit Küken aus China. »Wildvögel sind die Opfer der Industrievögel und keinesfalls umgekehrt«, betont denn auch Claus-Peter Hutter, Präsident der Umweltstiftung Euronatur.

Ein kritischer Blick auf die Region rund um den Qinghai-See in China, wo das Virus erstmals massiv aufgetreten ist, hätte genügt, die Wildvögel sofort für unverdächtig zu erklären. Entlang des Sees gibt es gigantische Geflügelfarmen. Hühnerkot wird dort einfach als Dünger auf die Felder ausgebracht, damit man ihn unkompliziert und schnell los wird. Lastwagen und Züge transportieren Industriehühner, Kot und Kadaver über Hunderte von Kilometern durchs Land, und sie verbreiten nicht nur Chicken Nuggets und Hühnerbrüste. Lokale Kleinbauern stocken ihren Minibestand an Federvieh oft mit Küken und billigen Ausschusstieren aus den Großanlagen auf. Außerdem beziehen sie Futter aus den Hühnerfabriken. Das erklärt, warum auch bei ihnen im Hinterhof das Virus ausgebrochen ist, denn Hühnerkot, -federn und -kadaver sind als wichtige Eiweißquelle Bestandteile in industriellem Hühnerfutter, da die Proteine am billigsten über Hühnerabfall zu bekommen sind. Obendrein picken freilaufende Vögel den belasteten Dreck auf, der direkt aus den Mastanlagen auf die Felder und damit in die Umwelt ausgebracht wurde. Laut Weltgesundheitsorganisation (WHO) können Vogelgrippeviren in Hühnerkot bis zu 35 Tage überleben.

Die Mär von den todbringenden Zugvögeln und den kleinen Hühnerhaltern hielt sich auch in Asien nicht dauerhaft. Ende 2004 entdeckten die Behörden in Kambodscha nach einem Ausbruch von Vogelgrippe die Quelle allen Übels in einer Hühnerfabrik: Tiere des thailändischen Geflügelempires Charoen Pokphand, kurz

CP, sollen das Böse ins Land gebracht haben. Plötzlich tauchten überall CP-Hühnchen auf, mit denen der Tod in die Ställe gekommen sein sollte. Auch in Laos, China, Indonesien, Vietnam und der Türkei ist der Konzern dick im Hühnergeschäft. Außerdem ist der Monopolist auch Hersteller von Hühnerfutter. Natürlich hat der Gigant jede Schuld oder Mitverantwortung abgestritten.

Man könnte Nutztiere wie Hühner, Enten und Gänse durchaus gegen Vogelgrippe impfen. Aber auch geimpfte Vögel könnten theoretisch das Virus ausscheiden und das Geschäft begrenzen, und wenn es etwas gibt, was die internationale Geflügelindustrie fürchtet wie der Teufel das Weihwasser, dann sind es Beschränkungen des ungehinderten internationalen Handels. Die Mär von den todbringenden Zugvögeln, die in Kontakt mit Freilandhühnern kommen könnten, und die irreale Angst der Bevölkerung vor der Vogelgrippe wurden von den industriellen Hühnerhaltern gnadenlos ausgenutzt. Erschien es nicht auf einmal ganz logisch, dass alle Hühner wieder eingesperrt werden müssen? Damit haben die Hühnerbarone dem Ökomarkt einen gehörigen Stoß versetzt, denn die Vogelgrippe machte die Stallpflicht und die damit verbundene Quälerei für das Federvieh erst wieder hoffähig. Dahinter stecken handfeste wirtschaftliche Interessen, denn die Verbraucher weigern sich immer häufiger, Produkte von gequältem Geflügel zu kaufen.

Dabei ist die Vogelgrippe für Geflügelzüchter nichts Neues. 1878 wurde die Virusinfektion, die bei erkrankten Tieren mit Fieber, Atemproblemen und schwerem Durchfall einhergeht, erstmals in Italien beobachtet. Als harmlose Variante existierte das Virus seit vielen Jahrzehnten. In Südostasien jedoch, wo die Masse Tier in den Megaställen dafür gesorgt hat, dass das Virus rasend schnell mutieren konnte, verwandelte es sich in einen Killer. Noch ist ein Ende nicht abzusehen. Holt das Killervirus und die Mär vom gefährlichen Vogelflug irgendwann die letzten Wildvögel vom Himmel? Das wäre eine Tragödie.

Die Spur der Hähnchen

Der internationale Hühnerhandel ist schwer zu kontrollieren. Die Brütereien der Hastavuk Company in der Türkei produzieren über 100 Millionen Eier pro Jahr, die nach Osteuropa und in den Mittleren Osten exportiert werden. Gerade in Brütereien gedeihen Viren hervorragend.

Ungeachtet dessen wird weltweit munter weiter hin und her ex- und importiert. Der legale und illegale Handel und Transport von Futter, Vögeln und deren Abfällen läuft uneingeschränkt in großem Stil. Hühner, Futter, Abfall, Eier und viele, viele Nuggets überwinden mühelos die Grenzen von Ost nach West und von Nord nach Süd. Hühner und ihre Bestandteile sind für den Verbraucher unauffindbar in Fertiggerichten, Soßen, Würzen und Suppen verarbeitet.

Hähnchenfleisch ist eine globale Ware, die oft nur unzureichend kontrolliert ins Land kommt. Über 150 000 Tonnen Geflügelfleisch wurden 2005 aus außereuropäischen Ländern nach Deutschland importiert. Davon kamen 120 000 Tonnen aus Brasilien, dem nach China und den USA drittgrößten Geflügelfleischproduzenten der Welt, wo in einem Jahr über 1,5 Milliarden Hühner verarbeitet werden. Bei Kontrollen und Stichproben werden immer wieder Nitrofuran und Chloramphenicol im Fleisch gefunden. Diese Antibiotika werden in der Mast eingesetzt, damit die Tiere schneller wachsen – in Deutschland sind sie in der Tiermast allerdings verboten, denn sie gelten als krebserregend.

Nach der Schlachtung wird das Fleisch mit chlorhaltigem Wasser bearbeitet, um Salmonellen abzutöten. Bei diesem Prozess wird gleichzeitig das Gewicht des Fleischs erhöht. Weil Importe von rohem Geflügelfleisch aus Vogelgrippeländern wie Brasilien und Thailand verboten sind, wird das Fleisch gekocht oder anderweitig verarbeitet, bevor es ausgeführt wird. Dann kann auch Geflügel aus diesen Ländern legal nach Deutschland eingeführt werden.

Die Herkunft ist später kaum zu erkennen, denn die Kennzeichnung ist fragwürdig: Wird das Fleisch in Großverpackungen importiert, wird es in deutschen Betrieben portioniert und neu verpackt. Dann erhält es das begehrte »DE«-Zeichen auf dem Etikett, eine Hygienenummer, die dem Verbraucher deutsche Ware vorgaukelt.

Der Sündenfall Apfel oder
Die Vertreibung aus dem
Obst- und Gemüseparadies

Schneewittchen muss an einem Supermarktapfel erstickt sein: harte Schale, fader Kern! Ihre Stiefmutter, die böse Königin mit dem Spiegel und dem ausgeprägten Schönheitstick, hat – wie es heute im industriellen Obstanbau allgemein üblich ist – die Frucht ordentlich mit Gift bespritzt. Wie der Obstkäufer im 21. Jahrhundert ist Schneewittchen auf das perfekte Aussehen des Apfels mit den roten Bäckchen hereingefallen. Schneewittchen ist der Biss in den Apfel nicht bekommen. Ob das Stück Apfel, das ihr dann im Hals steckengeblieben ist, vorher wenigstens geschmeckt hat, ist nicht überliefert.

Der Kunde von heute fällt zwar nicht scheintot um wie die Märchenprinzessin, aber er hat nicht selten einen Giftcocktail zu verdauen. Besonders dann, wenn er weitgereiste Früchte kauft und den heimischen Winter zum fruchtigen Obstsommer machen will. Die sogenannten Flugerdbeeren, die ohne Wachstumsregler, Düngemittel und Gifte gegen Pilze und Insekten nie das Licht der Supermarktwelt erblicken würden, sind als verführerische Giftbömbchen in die Geschichte der Lebensmitteluntersuchungen eingegangen. Importware wird immer wieder auffällig, wenn sie aus der großen, weiten Welt angereist kommt und dann in deutschen Untersuchungsämtern unter der Lupe liegt. Auch Himbeeren, Blaubeeren und Brombeeren können mit Schadstoffen belastet sein, die nicht nur Käfern und Raupen schaden.

Der Apfel, den die böse Königin dem armen Schneewittchen angedreht hat, dürfte der Importware von heute optisch sehr ähnlich gewesen sein. Äpfel wie von Rubens gemalt kommen aus

Neuseeland, Argentinien, Chile und Südafrika. Prall und rund und leuchtend rot liegen sie im Laden. Etwa 1,5 Millionen Tonnen Äpfel werden importiert, nur 900 000 Tonnen kommen aus deutschem Anbau – und auch die sind mit Vorsicht zu genießen, wenn der Apfelbauer kein Öko war.

Äpfel im Koma

Doch vor weitgereisten Früchtchen muss der Konsument besonders auf der Hut sein, denn sie werden für ihre 30-Tage-Tour im Kühlraum eines Apfeldampfers chemisch gründlich vorbereitet. Nur unreife Apfelkinder gehen auf die Reise, denn das einzige geschmackliche Qualitätskriterium der Massenware heißt: Knackig muss sie sein! Für Apfelforscher ist »knackig« ein Schimpfwort. »Jeder kann knackige Äpfel produzieren: Man muss sie nur pflücken, bevor sie reif sind«, sagt Eckart Brandt verächtlich. Der Pomologe (lateinisch »poma« = Baumfrucht) sammelt alte Apfelsorten und ist der Hüter des guten alten Apfelgeschmacks.

Damit die knackigen, aber geschmacksneutralen Äpfel nicht matschig auf der Strecke bleiben, werden sie vor der Abfahrt meist in Antioxidationsflüssigkeit gebadet und gegen Pilzkrankheiten wie die Gloeosporium-Fäule gespritzt oder in ein Fungizidbad getaucht. Eine stinknormale Made traut sich längst nicht mehr in die Nähe von Industriefrüchten. Mit einer Wachsschicht überzogen, treten die Importäpfel dann in einer Art Koma ihre Reise nach Deutschland an, wo derartige chemische Nachbehandlungen verboten sind – nicht jedoch der Import so behandelter Früchte.

Der Grund für all die Reisevorbereitungen: Es gilt, den natürlichen Alterungsprozess zu stoppen. Wie alle Früchte nehmen

Äpfel Sauerstoff auf und geben Kohlendioxid ab: sie atmen. Doch das Atmen macht Äpfel alt, denn dabei findet ein Abbau von Pektin statt, Stärke- und Säuregehalt verändern sich, die Ware wird gefährlich weich. So schrumpelt der Apfel mit jedem Atemzug und verliert, was ihn als Massenware so wertvoll macht: seine Knackigkeit. Um den Alterungsprozess zu stoppen, drehen Importeure den Früchten kurzerhand die Luft ab. Wie Schneewittchen fallen sie in einer »Controlled Atmosphere« (CA) in eine Art Todesschlaf, der Einfluss auf die Stoffwechselprozesse im Apfel hat. Bei der sogenannten CA-Lagerung verringern die Importeure den Sauerstoffgehalt unter 5 Prozent und erhöhen gleichzeitig den Kohlendioxidgehalt. Äpfel werden unter dieser kontrollierten Atmosphäre bis zu sechs Monate gelagert, und selbst die Sensibelchen unter den Früchten können so wochenlang überleben, Erdbeeren bis zu 20 Tage.

Nach dem Aufwachen aus diesem künstlichen Koma schmeckt der Apfel leider ein bisschen tot, da den unreif gepflückten Früchten die wertvolle Zeit am Baum fehlt, die sie brauchen, um Stärke in Zucker umzuwandeln und Säuren abzubauen. Denn erst mit dem Abbau von Chlorophyll beginnt der volle Reifeprozess. Dann treten die gelben und roten Pigmente in Aktion, die die Früchte so schön weich und saftig werden lassen. Holt man das Obst zu früh vom Baum, wird dieser natürliche Vorgang unterbrochen.

Der ganze Früchtezauber ist für den Kunden auch hinsichtlich der Vitaminbilanz eine Fehlinvestition, denn trotz Todesschlaf und aller Vorsicht bleiben neben dem Aroma auch Vitamine auf der Strecke. Der Vitamingehalt von Früchten steigt mit dem Reifegrad, und die letzten Sonnenstunden vor der Ernte sind es, die der Frucht noch einen Extrakick geben und den Zuckeranteil auf mindestens 13 Prozent hochschrauben. Zu früh gepflückte Industrieäpfel, wie sie zuhauf in den Supermarktregalen zu finden sind, liegen weit darunter.

Dafür ist der Industrieapfel optisch einwandfrei, so dass selbst Schneewittchen wieder in die roten Apfelbäckchen beißen würde – und sie sind EU-genormt, das heißt, Durchmesser, Länge, Gewicht und Gleichmäßigkeit der Farbe sind festgelegt. Bei Äpfeln der Klasse 1 darf schon mal der Stiel fehlen, aber die Bruchstelle muss glatt und unbeschädigt sein. Schalenfehler werden in Quadratzentimetern gemessen, für die Farbe gibt es Listen mit Farbtabellen, die Größe wird nach dem Querdurchmesser bestimmt: Äpfel der Klasse Extra müssen mindestens einen Durchmesser von 60 Millimetern haben, für die Klasse 1 reichen 55 Millimeter. Runzeln und Schrumpeln sind verpönt. Bei der Extraklasse müssen drei Viertel der Gesamtfläche »sortentypisch« gefärbt sein.

Für nahezu ewige Frische sorgt ein Mittel namens »Smart-Fresh«, das dem Reifegas Ethylen nicht unähnlich ist und die Ethylenrezeptoren von Früchten und Pflanzen so beeinflusst, dass diese nicht mehr auf das Ethylen reagieren, das normalerweise den Reifungsprozess auslöst. SmartFresh verleiht den Äpfeln Frische, erhält die Festigkeit und Farbe, obwohl die Frucht in Obstjahren gemessen schon uralt ist. Der Verbraucher isst unter Umständen einen Apfel aus der letzten Saison und merkt es nicht. Die normale Lebenserwartung eines Apfels dauert von der Ernte im Herbst bis zum Ende des Jahres, dann fangen Äpfel an zu schrumpeln. Wir sind inzwischen jedoch so daran gewöhnt, dass es auch im Januar, Februar und März »frische« deutsche Äpfel gibt, und machen uns keine Gedanken darüber, wie das möglich ist.

Als Treffpunkt für Liebende nicht geeignet

Auch einheimische Äpfel sind Industrieäpfel. Der moderne Apfel wächst heute in den großen Obstanbaugebieten wie dem Alten

Land vor den Toren Hamburgs nicht an Bäumen, sondern auf schwach wachsenden Unterlagen. Man nennt die Krüppelbäumchen, die von Gestellen wie mit Krücken gestützt werden, auch »Träger« oder »Produktionseinheiten«, und der Apfelbauer bezeichnet sich gern als »Erzeuger«. Seine Industriebäumchen sind plantagengeeignet und anspruchslos. Sie heißen wie Geheimagenten zum Beispiel »M9« und sind als Treffpunkt für Liebende völlig ungeeignet. Wer seine Freundin unter einem »M9« küssen will, muss ein Zwerg sein, denn der Baum ist kaum größer als ein Busch. Dafür ist die Ernte ganz ohne Leiter ein Kinderspiel.

Die Krüppelbäumchen tragen eine schwere Last: Wer 3000 »M9« auf einer Produktionseinheit von einem Hektar stehen hat, kann gut und gerne mit 40 000 Kilo Äpfeln rechnen. Ohne den Einsatz von Chemie ist das unmöglich, und auch für die Lebenserwartung des Baumes ist diese Hochleistungsproduktion nicht ohne Folgen: Während Apfelbäume früher das stattliche Alter von 100 Jahren erreichten, sind all die vielen »M9« schon nach 15 Jahren reif für die Säge.

Äpfel mit dem Geschmack
von Zartbitterschokolade

Im 19. Jahrhundert gab es mehrere tausend Apfelsorten, heute gibt es vielleicht noch ein knappes Dutzend im Handel. Sie heißen Braeburn, Jonagold, Elstar, Royal Gala und schmecken alle irgendwie gleich. Alle sind gleichmäßig rot, gleichmäßig groß und riechen ein bisschen wie chemisch gereinigt. Vor ein paar Jahren sah der Standardapfel noch anders aus, aber auch Äpfel sind einem Modediktat unterworfen. Der Golden Delicious beispielsweise ist in der Fruchtszene einer von gestern. Die Farbe Gelb ist megaout. Auch Giftgrün ist irgendwie nicht mehr so angesagt in der

Apfelmodewelt, der grüne Granny Smith jedenfalls hat kräftig Marktanteile eingebüßt. Jetzt steht das Einheitsrot auf der Hitliste des faden Geschmacks ganz weit oben.

Dabei gibt es eine Apfelsorte, die nach Rosen riecht. Sie heißt Signe Tillisch und wird heute von Liebhabern und Pomologen in Obstgärten gesammelt und wie ein Juwel gehütet. Äpfel müssen auch nicht immer rund sein: Die Taubenäpfel sind schmale, längliche Sorten mit ungewöhnlichen Farben. Wenn sie reif sind, sind sie violett. Ausgefallene Geschmacksrichtungen wie beim Nathusius-Taubenapfel, der nach Bittermandel schmeckt, sind heute extrem selten. Der Mutterapfel erinnert an Marzipan, und der Bockenhusen aus Oldenburg schmeckt nach Zartbitterschokolade, hat dabei ein zartes Mandelaroma und einen leicht süßlichen Nachgeschmack. »Wer diese Äpfel einmal probiert hat, vergisst ihr Aroma nie wieder«, schwärmt Apfelexperte Eckart Brandt aus Großenwörden im Landkreis Stade.

Der Pomologe hat es sich zur Lebensaufgabe gemacht, alte Apfelsorten zu retten. Er kämpft gegen den EU-genormten Einheitsgeschmack und hat eine Art Apfelgenbank mit seltenen, vom Aussterben bedrohten Sorten zusammengetragen. Seine Sammlerstücke sind real existierende Bäume mit Früchten aus der guten alten Apfelzeit, die in mehreren Apfelgärten stehen. Ein Stück Vergangenheit, das einem auf der Zunge zergeht. Äpfel wie diese haben Geschichte geschrieben: Wilhelm Tell schoss seinem Sohn einen Apfel vom Kopf, Isaac Newton erforschte mit Äpfeln die Gravitationskräfte, und Eva verführte mit dieser Frucht ihren Adam im Paradies.

Heute weiß man, dass Eva eine Asiatin gewesen sein muss, wenn die Geschichte mit dem Apfel stimmt. Denn die Heimat des Urapfels liegt irgendwo im Südwesten Chinas. Im Tien-Shan-Gebirge in Kasachstan wächst auch heute noch der Wildapfel Malus sieversii, der mit unseren Kulturäpfeln eng verwandt ist. In Asien gibt es viele Wildapfelsorten, die bei Apfelzuchten eingekreuzt werden. »Die Menge der Apfelsorten könnte unendlich groß sein«, erklärt Eckart Brandt. »Wenn man die Kerne in die Erde steckt, erhält man nicht etwa die gleiche Apfelsorte.« In den Kernen steckt ein Kreuzungsprodukt. Man könnte also immer neue Apfelsorten erhalten, wenn man nur Kerne aussät. »Das ist leider nicht besonders aufregend«, sagt Brandt, »denn die meisten Äpfel wären viel zu sauer und ungenießbar.« Deshalb muss der Apfelbauer die Bäume mit Pfropfen von Reisern vermehren.

Alter Apfeladel

Äpfel sind nicht nur historisch gesehen ein vielseitiges Obst, auch in der Küche wollen sie nicht als Einheitsfrüchtchen verbraten werden: Es gibt Sorten wie den Gravensteiner, die sich perfekt für Apfelmus eignen, während der Horneburger Pfannkuchen, der Holsteiner Cox und der Boskoop ideale Tafeläpfel sind oder sich bestens zum Kuchenbacken eignen. Doch der alte Apfeladel, den Eckart Brandt so liebevoll hofiert und dem berühmte Dichter wie Heinrich Heine und Theodor Fontane eigene Apfelgedichte geschrieben haben, ist akut vom Aussterben bedroht. Die letzten ihrer Art heißen Kaiser Alexander, Königlicher Kurzstiel und Herbstprinz, oder sie haben so märchenhafte Namen wie Schafsnase oder Schöner aus Wiedenbrück. Der Wilstedter Apfel erhielt sogar das Prädikat »besonders wertvoll«, obwohl er unregelmäßig geformt und eher unscheinbar ist. Jetzt gibt es nur noch einige wenige Bäume in Norddeutschland, denn leider gehen die alten Sorten heute im primitiven Apfelsortenallerlei unter.

Die irrste Apfelidee kommt natürlich aus dem Land der unbegrenzten Zuchtmöglichkeiten: In Amerika wurde jetzt der »Apfel light« erfunden. Man hat die Erbanlagen der Apfelbäume so manipuliert, dass statt Fructose der Zuckeraustauschstoff Sorbitol in die

Frucht eingelagert wird. Dadurch spart der Apfelesser etwa 40 Prozent der Kalorien ein. Da Äpfel mit weniger als 80 kcal pro Frucht ohnehin nicht zu den Dickmachern gehören, ist der wissenschaftliche Erfolg wohl eher »Geschmackssache«.

Wenn man Äpfel mit Birnen vergleicht, kommt die Lieblingsfrucht der Deutschen (statistisch gesehen isst jeder etwa 100 Äpfel im Jahr) jedoch trotz allem noch besser weg, denn Birnen sind die absoluten Stiefkinder im Obstladen. Früher gab es gut 2500 Sorten, die man zwischen Tafel- und Kochbirnen unterschied, heute liegen maximal zwei Sorten im Supermarkt. Die Früchte sind so knallhart, dass man mit ihnen Scheiben einschlagen kann. Es ist schwierig, Sorten wie die Gellerts Butterbirne oder Williams Christ im Laden zu finden. Da Birnen eher zu den empfindlichen Früchtchen gehören, weil sie leicht braune Flecken bekommen und mehlig werden, sind sie aus dem Obstkorb der Durchschnittsfrüchteesser verschwunden. Dabei liefern alte Birnensorten gesunde Folsäure, sie entwässern und entgiften den Körper.

Gesunde Früchtchen

Nur Bioäpfel und Biobirnen können den guten alten Geschmack noch retten. Außerdem enthalten sie einen signifikant höheren Vitamin-C-Gehalt und haben erhöhte Phenolwerte. Dieser »sekundäre Pflanzenstoff« gilt als Krebsabwehrstoff. Im Mittelalter wurden Äpfel sogar gegen allerlei Zipperlein empfohlen. Hildegard von Bingen etwa riet gesunden Menschen zum Verzehr von rohen Äpfeln, und Kranken empfahl sie, schrumpelige, gekochte Früchte zu essen.

Heute haben Wissenschaftler Hinweise darauf, dass Herbizide, die bei der industriellen Obstproduktion angewandt werden, die Bildung von Vitamin C negativ beeinflussen können. Stickstoffdünger, der im Ökolandbau durch organischen Dünger ersetzt wird, hemmt ebenfalls die Bildung von Vitamin C. Das liegt an der mangelhaften Ausbildung von Kohlenstoffverbindungen und den davon abhängigen Metaboliten – wie zum Beispiel Vitamin C.

Biologisch gedüngte Pfirsiche und Birnen hatten bei Untersuchungen höhere Polyphenolgehalte. Biotrauben wiesen sogar mit rund 26 Prozent einen höheren Resveratrolgehalt auf – so heißen die krebshemmenden Phenole in der Schale von roten Trauben.

Es scheint erwiesen, dass Pestizide die Entwicklung vieler sekundärer Pflanzenstoffe stören. Sekundäre Pflanzenstoffe, sogenannte SPS, sind ein Sammelbegriff für viele tausend Substanzen in Obst und Gemüse. Hinter den drei Buchstaben stecken Farb- und Bitterstoffe, schwefelhaltige Substanzen und antibakterielle Sulfide. Sie heißen beispielsweise Carotinoide, Polyphenole und Glucosinolate, Sulfide und Flavonoide. Sie helfen, vor Krebs und Herzinfarkt zu schützen, das schädliche LDL-Cholesterin zu senken, den Blutdruck zu regulieren und das Immunsystem zu stärken. Sie wirken antibakteriell, antiviral und antioxidativ.

In Tomaten heißt die hochgelobte Wundersubstanz *Lycopin*, ein Farbstoff, der das Lieblingsgemüse der Deutschen erröten lässt. Wissenschaftler empfehlen ernsthaft, mindestens zwei erhitzte oder zu Mark verarbeitete Tomaten am Tag zur Vorbeugung gegen Krebs zu essen.

Carotinoide sind pflanzliche Farbstoffe im Spektrum Rot-Gelb. Sie stecken in allen Beerenfrüchten und Äpfeln, in Gemüse wie Möhren, Rotkohl und Tomaten, aber auch in grünen Feldfrüchten wie Brokkoli. Brokkoli gehört wegen der komplexen Zusammensetzung seiner sekundären Pflanzenstoffe zum gesündesten Gemüse überhaupt. Die *Isothiocyanate* in Brokkoli gelten als Krebskiller, weil sie die krebsauslösenden Stoffe im Körper zerstören, bevor sie Schaden in den Zellen anrichten können. Aus Langzeitstudien weiß man, dass Menschen, die viele Carotinoide zu sich nehmen, ein geringeres Risiko haben, an Lungenkrebs, Gebärmutterhals- und Prostatakrebs zu erkranken. Die Farbstoffe fangen die freien Radikale ein, das sind die »bösen« Substanzen, die die Zellen angreifen.

Glucosinolate sind schwefelhaltige Verbindungen, die in allen Kohlsorten, aber auch in Senf und Kresse vorkommen. Sie regen in der Leber Enzyme an, die den Körper entgiften. Auch *Sulfide* sind schwefelhaltige Verbindungen. Sie kommen hauptsächlich in Zwiebelgewächsen vor und wirken gegen Bakterien, Pilze und Viren.

Saponine sind Bitterstoffe in Hülsenfrüchten, Erbsen und Bohnen. Sie gelten als cholesterinsenkend und ebenfalls als krebshemmend. *Flavonoide* vermindern das Risiko für Herz-Kreislauf-Erkrankungen.

Das geht alles aus Langzeitstudien hervor. Der Spruch »one apple a day keeps the doctor away« (ein Apfel pro Tag erspart den Doktor) kommt nicht von ungefähr.

Überall verstecken sich sekundäre Pflanzenstoffe. In Heidelbeeren ist es der Gerbstoff Tannin. Das kräftige Blau, das man nach dem Essen alter Beerensorten so schwer von Zunge und Zähnen entfernen konnte, ist der Farbstoff Anthozyan. Die Farbe Blau steht für Qualität, denn Anthozyan enthält wertvolle Antioxidantien zur Krebsabwehr. Noch ist das Zusammenspiel von Vitaminen und sekundären Pflanzenstoffen in Obst und Gemüse nicht ausreichend erforscht. Niemand wagt heute schon zu sagen, wie all die vielen tausend SPS zusammenwirken, sich ergänzen und gegenseitig verstärken. Man weiß nur, dass die Pflanzen sie als Schutz- und Abwehrstoffe gegen Insektenfraß und Witterungseinflüsse einsetzen. Ihre Wirkung auf den Menschen wird derzeit intensiv erforscht.

Dramatische Abnahme von Mineralstoffen und Spurenelementen

Noch bevor die Wirkung der sekundären Pflanzenstoffe für die Gesundheit ausreichend erforscht ist, verlieren industriell produzierte Früchte, was sie ursprünglich so wertvoll gemacht hat. In biologisch gedüngten Tomaten wurde beispielsweise ein deutlich höherer Lycopingehalt nachgewiesen als in konventioneller Ware. Biokarotten enthalten mehr Betacarotine, Ökokartoffeln haben mehr Polyphenole. Der Gehalt an Flavonoiden ist bei Bioware nahezu doppelt so hoch, und die Menge an Mineralstoffen und Spurenelementen ist ebenfalls deutlich erhöht.

Obst und Gemüse aus industriellem Anbau dagegen zeigt einen dramatischen Rückgang von Mineralstoffen und Spurenelementen, wenn man sie – wie in einer englischen Untersuchung geschehen – mit Feldfrüchten vergleicht, die vor 50 Jahren geerntet wurden. Brokkoli verlor in diesem Zeitraum beispielsweise 75 Prozent seines Kalziumgehalts, Möhren verloren die gleiche Menge an Magnesium, bei Spinat und Steckrüben nahm der Eisengehalt um über 60 Prozent ab. Bei Rhabarber, Brombeeren, Himbeeren und Erdbeeren waren Einbrüche beim Kalium- und Kalziumgehalt zu verzeichnen. Die Gründe führen Wissenschaftler auf die Düngung zurück. Kunstdünger enthält Phosphor und fördert das schnelle Wachstum, liefert aber nicht genügend Mineralien. Die Böden werden durch die Monokulturen ausgelaugt. Ernährungswissenschaftler propagieren fünf Obst- und Gemüseportionen am Tag, doch die Pflanzen, die früher eine perfekte Prophylaxe gegen allerlei Krankheiten boten, sind heute zwar optisch perfekt und lagerfähig bis ultimo, aber inhaltsleerer als früher.

Wenn man der Giftspritze entgehen will, kann man sich auf Bioobst aus ökologischem Anbau verlassen. Die Ware in Reformhäusern und Bioläden unterliegt strengen Kriterien, die immer wieder überprüft werden. Im konventionellen Anbau dagegen waren bis vor kurzem 840 verschiedene Pestizidwirkstoffe in Europa zugelassen. Obwohl jetzt 350 Wirkstoffe von der Giftliste gestrichen wurden, lagern die Rückstände in den Obstbäumen, im Boden und im Grundwasser. Allein in Deutschland werden pro Jahr 30 000 Tonnen Pestizide auf dem Acker versprüht.

Bei einem Ökomonitoring zeigte sich, dass 75 Prozent des konventionell angebauten Obsts und Gemüses Pestizidrückstände aufwiesen, die allerdings nicht in allen Fällen die Grenzwerte überschritten haben. Bioware wurde dagegen nur in 7 Prozent der Fälle auffällig, denn Produkte aus ökologischem Anbau werden ohne chemische Pflanzenschutzmittel produziert, haben aber oft konventionelle Nachbarn. Ganz abgesehen davon, dass sie nicht so stark belastet sind, schmecken Bioprodukte besser. Das fällt nicht nur bei Verkostungstests mit Menschen auf, sondern auch im Tierversuch. So wussten Ratten Bio durchaus zu schätzen. In einem Fütterungsversuch, der in Österreich durchgeführt wurde, knabberten die Nager lieber ökologisch, wenn sie die freie Wahl zwischen Biomöhrchen und konventionell gewachsenen Karotten hatten.

Massenware mit Giftspuren

Der Giftcocktail bei Produkten aus konventionellem Anbau besteht aus Herbiziden, Insektiziden, Fungiziden und Nematiziden. Diese Pestizide werden als Spritz- oder Pflanzenschutzmittel gegen Krankheiten eingesetzt. Herbizide wirken gegen Wildkräuter (sogenanntes Unkraut), Insektizide gegen Insekten, Fungizide gegen Pilze und Nematizide gegen Würmer. Nach einem Bericht der Weltgesundheitsorganisation (WHO) gibt es weltweit etwa 28 000 Tote im Jahr, die auf den Spritzmitteleinsatz in der Landwirtschaft zurückzuführen sind. Die Opfer leben vorwiegend in

Entwicklungsländern und müssen unter völlig unzureichenden Arbeitsbedingungen in der Landwirtschaft mit den gefährlichen Stoffen hantieren. Der Kunde in Deutschland muss natürlich nicht fürchten, dass er gleich tot umfällt, wenn er hin und wieder Früchte isst, bei denen die Pestizidhöchstwerte überschritten sind. Fürchten muss sich bei uns nur, wer als Apfeldieb zur Spritzzeit auf der Plantage klauen geht. Doch obwohl keine akute Gefahr für Leib und Leben besteht, weiß heute noch niemand mit Bestimmtheit zu sagen, wie sich der Schadstoffcocktail langfristig auswirkt. Grundsätzlich haben Gifte gleich welcher Art in Lebensmitteln nichts zu suchen.

Fungizide lassen sich durch gründliches Waschen relativ gut von Obst und Gemüse abspülen, komplett entfernen kann man sie allerdings nie. Spritzmittel gegen Schimmelpilze können auf der Außenhaut sitzen. Andere Gifte dagegen dringen über die Wurzeln direkt in die Pflanze ein und lassen sich durch einfaches Waschen nicht entfernen.

Mit all der Chemie belastet, verliert auch das gesündeste Obst an Wert. Tafeltrauben enthalten normalerweise wertvolle Folsäure für die Blutbildung, viele B-Vitamine, der Pflanzenfarbstoff Anthozyan in blauen Trauben gilt als Prophylaxe gegen Krebs. Erdbeeren sind bessere Vitamin-C-Lieferanten (60 mg pro 100 g) als Zitronen. In ihnen ist viel Folsäure gespeichert, auch Kalzium, Kalium und Phosphor sind reichlich in Erdbeeren enthalten. Paprika ist ein urgesundes Gemüse, das ebenfalls reich an Vitamin C ist. Doch was nützen all die gesunden Bioaktivstoffe, wenn man gleichzeitig eine Restmenge an Giften aufgetischt bekommt?

Als Massenware gezüchtet, haben all die gesunden Früchte ihre Schattenseiten. Greenpeace hat im Sommer 2006 bundesweit in Filialen der sechs größten deutschen Supermarktketten Beeren und Kirschen aus konventionellem Anbau auf Rückstände von 350 Pestiziden getestet. In jeder fünften Beere wurden Spritzmittel gefunden, zum Teil waren die Grenzwerte für die Gifte überschritten; in einigen Proben fanden die Lebensmittelchemiker eines anerkannten Speziallabors sogar drei Pestizide gleichzeitig. Einige davon gelten als krebserregend, können Hormonhaushalt und Zeugungsfähigkeit beeinflussen.

Auch Tafeltrauben werden immer wieder auffällig, wenn nach Rückständen, vor allem nach Pestiziden, gesucht wird. Die Erzeuger in Italien, Griechenland, Spanien und der Türkei, aber auch in Chile und Südafrika sind beim Verteilen von Giften in ihren Monokulturen nicht zimperlich. Das gleiche gilt für den Paprikaanbau und für Früherdbeeren.

Es kann davon ausgegangen werden, dass Importware am meisten mit Schadstoffen belastet ist. Besonders auffällig sind immer wieder italienische Erdbeeren und Weintrauben. Bei Zitrusfrüchten aus Südafrika, Spanien und der Türkei empfiehlt Greenpeace sogar, nach dem Schälen die Hände zu waschen. Pestizide und Konservierungsmittel stecken in der Schale von Orangen, Mandarinen und Grapefruit. Da die Früchte in gigantischen Monokulturen wachsen, muss kräftig gedüngt werden, sonst wächst nichts. Bei Paprika empfehlen Experten, die Haut nach dem Blanchieren abzuziehen. Aber wer macht das schon? Generell gilt also: Augen auf, nicht nur beim Traubenkauf!

Alles und zu jeder Zeit

Die Konsumenten sind an der ganzen Misere nicht unschuldig. Müssen wir wirklich im Winter frischen Spargel, Kopfsalat und an 365 Tagen im Jahr Erdbeeren essen? Weitgereiste Früchte sind auch ökologisch nicht vertretbar, denn sie haben mehr Reisemeilen auf dem Konto als der Kunde.

Doch die tropischen Früchte, die der Verbraucher im Urlaub probiert hat, will er auch zu Hause naschen. Die Fruchtbranche hat längst reagiert: Heute liegen Mangos und Papayas neben Äpfeln im Supermarktregal. Ananas und Bananen gehören wie selbstverständlich in die Obstschale, Karambolen und Physalis oder Sharon und Litschis sind nicht nur den Fruchtimporteuren ein Begriff. Der Kunde liebt Exoten und ist oft enttäuscht, dass sie nicht so schmecken, wie er es im Urlaub erlebt hat. Doch auf dem weiten Weg ins kalte Deutschland verlieren sie schnell ihr »Like fruit in the sunshine«-Aroma. Sie sind knallhart, giftgrün und obendrein geschmacklos. Mangos sind blassgelb und faserig, Papayas schmecken wie Tempotücher. Die Fruchtimporteure kennen das Problem und beklagen den massiven Preisverfall bei einer gleichzeitigen Invasion tropischer Früchte. Da bleibt die Qualität auf der Strecke.

Es gibt Früchte, die im heimischen Obstkorb noch nachreifen, andere werden einfach nur faul. Zur ersten Gruppe gehören Äpfel, Birnen und Bananen. Sie gewinnen sogar an Geschmack, wenn sie ein bisschen liegen. Erdbeeren, Kirschen, Tafeltrauben, Ananas und Zitrusfrüchte wie Mandarinen, Orangen und Grapefruits werden dagegen durch die Lagerung daheim nicht besser. Einmal gepflückt, ist der Reifeprozess abgeschlossen.

Tropische Früchte werden unreif in Süd- und Mittelamerika oder Gott weiß wo gepflückt, aufs Schiff verladen und bei etwa 8 bis 13 Grad im Kühlcontainer übers Meer geschippert. Bei Bananen und Mangos darf die Temperatur nicht unter 12 Grad sinken, um Kälteschäden zu vermeiden. Kälteunempfindlich sind dagegen Feigen, Kiwi und Kaki, die bis kurz über den Gefrierpunkt heruntergekühlt werden können. Bananen kommen aus Costa Rica, Mangos, Ananas und Papayas sind von Mittel- und Südamerika aus lange unterwegs. Ausgereifte, köstliche Papayas, die das Urlaubsfeeling auf die Zunge zaubern, würden den Transport nicht überstehen; als Schiffsobst ist die Frucht einfach zu empfindlich. Wenn die Schale der Supermarktpapayas grün-gelb ist und schwarze Flecken hat, sind schon auf dem Transport in der

Kühlung Zellen abgestorben, Pilzkrankheiten können sich ungehindert ausbreiten, wofür die schwarzen Flecken sprechen. Kein Wunder, dass die Supermarktpapayas nicht schmecken.

Was für lange Schiffsreisen zu empfindlich ist, wird von Edelfruchtimporteuren für das zahlungskräftige Feinschmeckerpublikum aufs Flugzeug gepackt. Wer ein funktionierendes Umweltgewissen hat und an den CO_2-Ausstoß und die Klimakatastrophe denkt, dem muss beim Genuss von Jet-Set-Obst jeder Bissen im Halse steckenbleiben. Tropische Früchte sind eben keine Massenfrüchte. Ein Anflug von Einsicht kam dem probierfreudigen Käufer vielleicht mit der Karambole: Die gelbgrüne Sternfrucht fällt im Obstsalat als saftiger Himmelskörper zwar optisch angenehm auf, doch der Geschmack lässt mehr als zu wünschen übrig. Da schmeckt jeder deutsche Apfel besser. Wen wundert es?

Ernährungswissenschaftler und Umweltschützer predigen seit Jahren einstimmig: Kauft saisonal und regional! Auf gut deutsch: Verzichtet auf Exoten und esst erst dann Erdbeeren, wenn die begehrten Feldfrüchtchen in Deutschland reif sind. Der gute Rat gilt nicht nur für Erdbeeren …

Alte Nutz- und Kulturpflanzen werden verdrängt

Mit dem Einzug von Exoten und vor allem durch die marktbeherrschende Importware findet ein Verdrängungsprozess statt, dem die alten Nutz- und Kulturpflanzen zum Opfer fallen. Alte Obst- und Gemüsesorten werden durch industriefreundliche Früchtchen ersetzt, die unaufhaltsam den Markt erobern. Auf diese Weise haben wir in den letzten 100 Jahren gut 75 Prozent unserer Kulturpflanzen verloren. Auf einer Kartoffelausstellung in Thüringen wurden 1875 noch 2644 verschiedene Sorten gezeigt – heute sind noch knapp 100 Sorten im Handel. Industrie-

Saisonal und regional –
Obst und Gemüse rund ums Jahr

		Januar	Februar	März	April	Mai	Juni	Juli	August	September	Oktober	November	Dezember
OBST													
Beeren	Erdbeere					●	●	●					
	Heidelbeere/ Blaubeere						●	●	●	●			
	Himbeere						●	●	●	●			
	Johannisbeere/Stachelbeere						●	●	●				
Kern- und Steinobst	Apfel	□	□	□	□	□	□	□	●	●	●	□	□
	Birne								●	●	●		
	Kirsche						●	●	●	●			
	Zwetschge/ Pflaume						●	●	●	●	●		
GEMÜSE													
Hülsenfrüchte	Bohne					◆	◆	●	●	●	●		
	Dicke Bohne						●	●	●				
	Erbse						●	●	●				
Blattgemüse	Blattsalate				◆	◆	●	●	●	●	◆	◆	
	Feldsalat	●	●	●	●					●	●	●	●
	Mangold				◆	●	●	●	●	●	●		
	Radicchio	□	□							●	●	●	□
	Rucola/Rauke	◆	◆				●	●	●	●	●	◆	◆
	Spinat	◆	◆	●	●	●	●	●	●	●	●	◆	◆
Fruchtgemüse	Aubergine					◆	◆	◆	◆	◆	◆		

● Freiland   ◆ Gewächshaus   □ Lager

		Januar	Februar	März	April	Mai	Juni	Juli	August	September	Oktober	November	Dezember
	Gurke				♦	♦	♦	●	●	●	♦		
	Kürbis, Hokkaido	□	□	□	□			●	●	●	●	●	□
	Paprika						♦	♦	♦	♦	♦		
	Tomate					♦	♦	♦	♦	♦	♦		
	Zucchini						●	●	●	●	●	♦	
Kohl	Blumenkohl, Brokkoli						●	●	●	●	●	●	
	Grünkohl/ Braunkohl	●	●	●								●	●
	Kohlrabi				♦	♦	●	●	●	●	●	♦	♦
	Rosenkohl	●	●	●						●	●	●	●
	Weisskohl, Spitzkohl, Rotkohl	□	□	□	□	□	□	●	●	●	●	●	□
	Wirsing	●	●	□	□		●	●	●	●	●	●	●
Stielgemüse	Rhabarber				●	●	●						
	Spargel				●	●	●						
Wurzeln & Knollen	Kartoffel	□	□	□	□	□	●	●	●	●	●	□	□
	Möhre/ Karotte	□	□	□	□	□	●	●	●	●	●	□	□
	Radieschen			♦	♦	●	●	●	●	●	●		
	Rote Beete	□	□	□	□			●	●	●	●	●	□
	Schwarz- wurzel	●	●	●						●	●	●	●
	Steckrübe/ Speiserübe	●	●	●						●	●	●	●
	Teltower Rübchen					●	●	●	●	●	●		
Zwiebel- gemüse	Küchenzwie- bel, Schalotte	□	□	□	□	□	□	●	●	●	●	□	□
	Lauch/Porree	●	●	●	●			●	●	●	●	●	●

Quelle: *Greenpeace Magazin*

kartoffeln zur Stärkeherstellung mitgerechnet. Es gab gut 1000 unterschiedliche Bohnensorten, von denen heute vielleicht noch 100 bekannt sind. In der industriellen Landwirtschaft zählt allein, ob die Frucht maschinentauglich ist und ohne Aufwand geerntet werden kann. EU-Normen legen heute fest, wie 1a-Früchtchen auszusehen haben: Spargel der Güteklasse »Extra« muss einen Durchmesser von mindestens 12 mm aufweisen, Kartoffeln müssen 35 mm dick und Bananen mindestens 14 cm lang sein.

Bei all dem industriellen Ackern gehen die guten alten Sorten verloren. Heute halten die Kandidaten in Quizshows Topinambur für ein indisches Musikinstrument, Pastinaken für ein asiatisches Reitervolk und Mangold für einen Fußballtrainer. Wer weiß heute schon noch, dass es sich in allen drei Fällen um urwüchsige Gemüsesorten handelt, die köstlich schmecken und obendrein sehr gesund sind? Auch Stielmus, Steckrüben, Schwarzwurzeln und Rote Beete sind vom Wochenmarkt weitgehend verschwunden. Nur in Feinschmeckerkreisen erleben die Urgemüse eine ungeahnte Renaissance. In Sternerestaurants kommen die Klassiker aus den Hungerjahren nach dem Krieg zu neuen Ehren. Mangold gibt es als Antipasti mit Parmesan überbacken. Die Blätter schmecken auch roh im Salat oder wie Spinat zubereitet.

Schon die Kräuterhexen im Mittelalter haben die Wirkstoffe der Urgemüse zu schätzen gewusst. Schwarzwurzeln wurden gegen allerlei Krankheiten verkocht und zum Beispiel bei Husten und Schwindel verabreicht, Ärzte setzten die Wurzel gegen Schlangenbisse ein. Unter der korkartigen, erdigen Schale stecken Kupfer, Magnesium und Kalium. Steckrüben sind außerdem reich an Folsäure und Ballaststoffen, Stielmus enthält wertvolle Senföle, und Rote Beete wurden gegen Müdigkeit sogar am Hof von Zar Nikolaus II. in St. Petersburg serviert. Mangold wurde von den Ärzten der alten Ägypter geschätzt. Es enthält viel Jod, Kalium, Kalzium, Eisen und hat einen hohen Vitamin-C-Gehalt. Das Gänsefußgewächs gehört wie die Pastinaken und Topinambur zu den ältesten Kulturpflanzen überhaupt. Archäologen fanden Reste von Pastinaken bei Siedlungen aus der Jungsteinzeit. Im Mittelalter war das Gemüse bei Hofe sehr beliebt und wurde mit Wildbret gereicht. Und Rote Beete wurden schon im antiken Griechenland auf den Märkten verkauft. Mit den Römern kam das Gemüse dann in die Nordprovinzen und damit auch nach Germanien. Topinambur dagegen ist erst seit dem 17. Jahrhundert in Europa bekannt. Es kommt ursprünglich aus Nordamerika, von wo es die Franzosen mitgebracht haben. Bis ins 18. Jahrhundert war der Korbblütler in Deutschland ein Grundnahrungsmittel in der Armenküche, bevor er dann von der Kartoffel verdrängt wurde.

Ungeahnte Kartoffelvielfalt

Was heute als Trendfood auf der Menükarte der Edelrestaurants steht, wurde über Jahrhunderte von Bauern auf guten Geschmack, Widerstandsfähigkeit und Formenvielfalt hin gezüchtet. Heute kennen die meisten Menschen nur gelbe, runde Einheitskartoffeln und entscheiden sich für die festkochende Hansa oder die mehligkochende Saturna. Dabei können Kartoffeln auch violett sein oder zartrosa. Die Trüffelkartoffel ist in rohem Zustand dunkelblau und nach dem Kochen dunkelviolett. Liebhaber schwärmen von ihrem dezenten Nussaroma und zahlen in Feinschmeckerrestaurants viel Geld dafür. Da die Trüffelkartoffel, von den Bauern früher auch »Negerlein« genannt, mit ihrer erdigen Farbe im dunklen Ackerboden jedoch schwer zu finden ist, wurde sie im Lauf der Zeit den maschinengängigen Sorten geopfert.

Auch die Poorlander, Red King Edward und Highland Burgundy Red sind – wie die Namen vermuten lassen – rotschalige Sorten, die wegen ihres kernigen Geschmacks von Feinschmeckern geschätzt werden. Alte Landsorten wie die Bamberger Hörnchen wurden schon um 1870 angebaut. Diese Sorte beweist, dass Kartoffeln nicht unbedingt rund sind. Die längliche, sehr ertragreiche alte Landsorte ist innen zartrosa gefärbt. Die Bamberger Hörnchen sind festkochend und bei Feinschmeckern nicht nur wegen Form und Farbe geschätzt, sondern weil sie phantastisch schmecken. Trotzdem sind sie genauso vom Aussterben bedroht wie die letzten Tiger.

Für eine gewisse Linda sind die Bauern sogar auf die Barrikaden gegangen und vor Gericht gezogen. Das Saatgutunternehmen, das die wohlschmeckende Biokartoffel vom Markt nehmen wollte, hatte sicher nicht mit so viel Widerstand der Landwirte gerechnet, die sogar einen »Freundeskreis« für Linda gegründet haben. Der Lärm um Linda ist leider eine Ausnahme.

Von Mairübe bis Blondköpfchen: vergessene Kulturpflanzen

Die meisten alten Sorten verschwinden sang- und klanglos erst vom Acker und dann aus dem Gedächtnis der Menschen. Zu den vergessenen Kulturpflanzen, die heute allenfalls noch von Hobbygärtnern angepflanzt werden, gehört die Zuckerwurzel, eine Pflanze aus der Familie der Doldengewächse, die in einem alten Kräuterbüchlein aus dem 16. Jahrhundert erstmals erwähnt wird. Früher hat man aus ihr einen süßen Brotaufstrich gekocht oder sie als Gemüse oder in der Suppe gegessen. Oder Mairüben, die im Geschmack dem Kohlrabi ähnlich sind und roh im Salat ebenso schmecken wie als Cremesuppe oder Auflauf; Mairüben enthalten viel Vitamin C und wertvolle Senföle. Teltower Rübchen waren Goethes Lieblingsgemüse. Er schätzte das milde, leicht süßliche Gemüse zu Gans und Fleischklößchen. Die kleinen Knollen lassen sich auch hervorragend als Rohkost verspeisen.

Oder wer kennt heute noch Spargelerbsen, Mauswicke, Melde, Guter Heinrich und die Nachtkerze, deren Wurzel (die »Schinkenwurzel« man als Gemüse isst?

All diese Sorten, deren Namen nicht einmal mehr geläufig sind, wurden vom Hochleistungsgemüse verdrängt, das industriell gezüchtet, gezogen und vermarktet wird. Doch auch ganz alltägliche Früchte wie Linsen sind von deutschen Feldern völlig verschwunden. Nach dem Zweiten Weltkrieg brach der Linsenanbau zusammen. Heute werden die Hülsenfrüchte aus Kanada, der Türkei und Chile importiert. Kaum jemand weiß noch, wie vielfältig Linsen sind. Neben der gängigen braunen Sorte gibt es marmorierte, gestreifte, grün-blau gesprenkelte, rote, gelbe, grüne und schwarze Linsen. Zuckerlinsen sind kleiner als vier Millimeter, Riesenlinsen etwa doppelt so groß. Je kleiner die Linse ist, um so schmackhafter ist sie auch. Die Luxuslinse heißt Beluga, und sie erinnert wirklich an Kaviar, denn sie ist schwarz, klein und glänzt wie die edlen Fischeierchen. Ihr feines Aroma wird mit Maronen verglichen. Die Hülsenfrucht gehört zu den ältesten Ackerfrüchten überhaupt. Archäologen fanden am Euphrat in Mesopotamien Reste von Linsen, die über 10 000 Jahre alt waren.

Bohnen haben die Menschen schon in der Steinzeit gegessen. Bei den Griechen und Römern waren sie ein typisches Armeleuteessen. Während die Oberschicht es ablehnte, überhaupt Bohnen zu essen, waren die Früchte für die armen Bauern rund ums Mittelmeer über Jahrtausende ein Grundnahrungsmittel. Im Mittelalter wurden die Samen wie Perlen an Ketten aufgezogen, um sie haltbar zu machen. Es gab viele hundert unterschiedliche Sorten, von denen die meisten in Vergessenheit geraten sind.

Auch bei Tomaten ist die ursprüngliche Vielfalt immens. Weit über 400 unterschiedliche Sorten sind bekannt. Es gibt fleischige große und ganz kleine, runde und längliche, glatte und sogar gezahnte Variationen des Nachtschattengewächses. Aber am meisten verblüfft den Laien, der sich an die Einheitstomaten aus dem Su-

permarkt gewöhnt hat und als »Delikatesse« allenfalls noch Cher-
ry- und Strauchtomaten isst, das ungeheure Farbenspektrum der
Frucht. Tomaten können ganz dunkel sein wie die »Black Plum«,
fast weiß wie die »Beauty Blanche«, gelb wie das »Blondköpfchen«
und sogar gestreift wie die »Tiger striped«. Es gibt Tomaten, die
bleiben grün, auch wenn sie reif sind; in Indien wird diese Sorte
zu Chutney verarbeitet. Gelbe Tomaten sind so süß, dass sie früher eingekocht wurden und man sie als Konfitüre aufs Brot aß.
Das Nachtschattengewächs kommt ursprünglich aus Mittel- und
Südamerika und wurde von den spanischen Eroberern um 1525
erstmals nach Europa geschifft.

Als Gentomate verlor die Frucht Anfang der neunziger Jahre
ihre Unschuld und machte als »Anti-Matsch-Tomate« negative
Schlagzeilen. Eigentlich heißt die Gentomate »FlavrSavr« und ist
eine Erfindung der Amerikaner. Die kalifornische Firma Calgene
baute eine Nukleinsäure in die Pflanze ein, um sie länger lagerfähig zu machen. Und die Tomate hielt wirklich wochenlang,
ohne sich äußerlich zu verändern. Im Innern allerdings verlor sie
mit der Zeit all die Nährwerte, die Tomaten so wertvoll machen –
man konnte es ihr nur nicht ansehen.

Zusammen mit dem Genmais gehörte die Anti-Matsch-Tomate zu den ersten gentechnisch veränderten Lebensmitteln der Welt.
Sie hat sich wegen ihres langweiligen Aromas und der harten
Schale auf dem Markt nie richtig durchsetzen können. Schließlich
wurde sie in den USA zu Ketchup verarbeitet.

Tomaten auf der Intensivstation

Industrietomaten werden heute in gigantischen Gewächshäusern
wie Intensivpatienten aus maschinell gesäten Samen in ihr erbärmliches Gemüseleben gezüchtet. Sie sind bei der Ernte makel-

los und schnittfest, ewig haltbar und können in ihrer harten Haut problemlos durch ganz Europa gekarrt werden. Doch der feine Tomatengeschmack, der vom Zucker-Säure-Verhältnis abhängig ist und sich erst im letzten Reifestadium der Pflanze durch die Sonneneinstrahlung optimiert, ist den meisten Sorten verlorengegangen. Wenn Tomaten grün gepflückt und künstlich zur Reife gebracht werden, schmecken sie nicht einmal halb so gut.

Beim Anbau muss alles schnell und rationell zugehen. Hochmoderne Treibhäuser erinnern an Intensivstationen. Besucher dürfen die Anlagen nur betreten, wenn sie weiße Kittel und Überschuhe anziehen. Die Angst vor Erregern und Krankheitskeimen ist groß, denn Industrietomaten sind empfindlich. Wie Patienten werden sie über Schläuche ernährt. Ihre Wurzeln stehen nicht fest in der Erde, sondern wackelig auf künstlich angelegten Beeten aus Substraten wie Steinwolle, Kokosfaser und Nährsubstrat. Die Pflanze muss gestützt werden, denn die Wurzeln, die normalerweise über einen Meter tief in die Erde reichen, kriechen bei den Plantagentomaten auf engstem Raum über die Steinwolle und geben der Pflanze keinen Halt. Natürliche Erde mit all ihren Bakterien und Pilzen ist den professionellen Tomatenerzeugern in den Niederlanden und sonstwo auf der Welt zu gefährlich. Natürliche Erde ist nicht kontrollierbar.

Wie das Rechenzentrum eines Krankenhauses sieht das Herzstück einer großen Tomatenplantage aus: Wachstum und Nährstoffzufuhr der Pflanzen werden vom Computer gesteuert, Wasser, Dünger und Nährlösungen sind exakt dosiert. Die Tomatenpatienten werden automatisch mit Eisen, Magnesium, Stickstoff, Phosphor, Pottasche, Kalzium und vielem mehr gefüttert. Dafür liefert eine Pflanze weit über 200 Tomaten im Jahr. Um den Ertrag zu erhalten, muss chemisch gedüngt und gespritzt werden. Deshalb sind drei Viertel der Tomaten mit Rückständen von Pestiziden belastet, viele sogar mit mehreren Wirkstoffen gleichzeitig.

Wenn ein Lebensmittel eingeführt werden soll, für das in an-

deren EU-Ländern andere Grenzwerte gelten, gibt es Sonder-
genehmigungen für Gemüseimporteure vom Bundesamt für Verbraucherschutz und Lebensmittelsicherheit. Das kann Wirkstoffe
betreffen, die in Deutschland verboten sind. Im Tomatenanbau
heißen die Mittel beispielsweise Fludioxonil, Cyprodinil oder
Pyrimethanil. Die Erlaubnis, dass so behandelte Tomaten trotzdem
eingeführt und verkauft werden dürfen, basiert auf anderen Kli-
maverhältnissen in den Anbauländern. Was für die europäischen
Nachbarn gilt, ist deutschen Tomatenanbauern häufig nicht erlaubt. Deshalb ist es besser, in der Saison deutsche Tomaten zu
kaufen, für die nicht all die Ausnahmeregelungen für Importware
gelten. Unser Lebensmittelrecht ist strenger.

Die moderne Tomate sieht die Sonne nur selten, spürt Wind
und Regen nie auf der Haut. Dafür bestraft sie den Konsumenten
mit einem eher faden Einheitsgeschmack. »Hollandtomate« ist
zum Schimpfwort geworden, und doch verkaufen die Niederlän-
der ihr rotes Gold in alle Welt, bis nach Japan und in die USA.
Mittlerweile haben die Einheitssorten, die als »gefärbtes Wasser«
verhöhnt werden, Konkurrenz aus dem eigenen Land bekommen.
Denn als der Kunde der Geschmacklosigkeit überdrüssig wurde,
griff er im Supermarkt immer häufiger zu kanarischen Tomaten.
Um im Geschäft zu bleiben, haben die Holländer sich Testfrüchte
aus aller Welt einfliegen lassen, gut 100 unterschiedliche Sorten
mit Wildformen gekreuzt und schließlich die supermarktfähige
Strauchtomate erfunden.

Dass die Strauchtomate etwas aromatischer schmeckt als die
anderen Fabriktomaten, hängt von der Sorte ab. Auch die Strauchtomate ist ein Fließbandprodukt, das intensiv gedüngt und gespritzt werden muss. Ausschlaggebend ist wieder die Optik. Sechs
Tomaten müssen an einer Rispe hängen, wenn des Deutschen
liebstes Gemüse endlich im Supermarkt liegt. So will es der Handel, und der bestimmt ganz wesentlich, wie Obst und Gemüse
auszusehen hat. Der Blumenkohl zum Beispiel muss mit fünf an-

deren Köpfen genau in eine Kiste passen, die Gurke darf nicht
krumm sein, muss 250 Gramm auf die Waage bringen und 25
Zentimeter lang sein. Dass kleine Gurken besser schmecken, ist
den Zentraleinkäufern der Supermarktketten erst mal egal. Und
der Kunde ist glücklich, weil die Fabrikgurke billig ist. Wie lecker
natürlich gewachsene, krumme Gurken sind, wird er vielleicht nie
erfahren.

Plastikplanen-Land ernährt Europa

Im Süden Spaniens verschandelt der industrielle Gemüseanbau
ganze Landstriche. Almería ist zum Plastikland der Agroindustrie
geworden und macht den Holländern heftig Konkurrenz. Wer
einen Blick unter die Planen wirft, sieht auch menschliches Elend:
Afrikanische Wanderarbeiter ackern hier unter erbärmlichen
Arbeitsbedingungen.

Man erahnt sofort, wieviel Wasser nötig ist, um in der Wüsten-
landschaft im Süden Spaniens Gemüse zu ziehen. Viele hundert
Milliarden Liter Wasser sind es, die aus einem fossilen Reservoir
aus rund 50 Metern Tiefe aus dem Wüstenboden gepumpt werden, Saison für Saison, Jahr für Jahr. Der Preis für billiges Gemüse
ist hoch: pestizidbelastete Böden, hoher Energieverbrauch, die
Plünderung uralter Grundwasservorräte und die Versalzung des
Bodens. Denn im Schwemmland an der Küste läuft Salzwasser in
die wertvollen Süßwasserreservoirs nach, wenn dort das Wasser
abgepumpt wird.

Die Spanier gelten als die schlimmsten Giftspritzer in Europa,
doch das Geschäft mit dem Grünzeug boomt: 1,4 Millionen Tonnen Tomaten, Paprika, Zucchini, Auberginen, grüne Bohnen und
Honigmelonen gedeihen pro Saison im Plastikland an der Küste
im Süden Spaniens. Die Gewächshausproduzenten in Almería füt-

tern Deutschland, den mit Abstand wichtigsten Kunden, mit über 800 000 Tonnen Gemüse. Hier wachsen auch die »Longlife«-Tomaten, die »Daniela« oder »Vanessa« heißen und selbst nach 20 Tagen noch nicht matschig sind.

Alle Gemüsesamen, die maschinell ausgesät werden, sind Hybridzüchtungen. Korn für Korn müssen sie in jeder Saison aufs neue von der international agierenden Saatgutindustrie, wie zum Beispiel dem kalifornischen Konzern Petoseed, gekauft werden. Der amerikanische Samenmulti hält mit dem holländischen Rijk-Zwaan-Konzern und dem größten deutschen Saatzüchter, der KWS Saat AG, sowie dem US-Konzern Monsanto die Samenfäden in der Hand. KWS macht in einem Geschäftsjahr rund 500 Millionen Euro Umsatz. Der Vorstand des Konzerns kann zuversichtlich in die Welt blicken. Man profitiert von den globalen Veränderungen in der Landwirtschaft. Der Weltmarkt für Saatgut liegt bei immerhin 13 Milliarden Dollar, und der Bedarf der Gemüsebauern an immer neuen Samen bleibt gesichert, denn Hybriden sind unfruchtbar und nur für ein einziges Anbaujahr geeignet. Dann muss wieder neues Saatgut gekauft werden – und zwar bei den immer gleichen Konzernen.

Hybriden entstehen, wenn man zwei Inzuchtlinien miteinander kreuzt, ein Vorgang, der so in der Natur nicht vorgesehen ist. Vielleicht sind Hybriden deshalb meistens steril. Die Produktion steriler Samen ist heute eine Hightechindustrie. Seminis, einer der großen multinationalen Gemüsesaatguthändler, hat sogar die Macht, einfach Sorten vom EU-Markt zu nehmen und durch seine Hybridprodukte zu verdrängen.

Doch manchmal wendet sich die Inzucht auch gegen die Erzeuger. Das Bananengeschäft zum Beispiel steht vor einem großen Problem, weil alle Bananen, die weltweit gehandelt werden, mehr oder weniger zu ein und derselben Varietät gehören. Sie heißt Cavendish und ist bedroht von einem Pilz, dem schwarzen Sigatoka. Da die moderne Banane züchterisch quasi eine Einbahnstraße ist und niemand weiß, wie der Pilz zu besiegen ist, hat sich sogar die Welternährungsorganisation (FAO) eingeschaltet, denn es wird befürchtet, dass das Überleben der Banane bedroht ist. Ein Obstladen ohne Bananen? Undenkbar! Das Überleben der begehrten Frucht ist abhängig von alten Sorten, und die sind durch die jahrzehntelange genetische Spezialisierung und Konzentration auf Erntemengen verlorengegangen.

Wer sich die Konzernstrukturen der Hybridlieferanten (nicht nur im Bananengeschäft) genauer anschaut, entdeckt im Firmengeflecht häufig Chemieriesen wie zum Beispiel Novartis. Die Saatzuchtindustrie und die Agrochemie gehen Hand in Hand. Weltweit wird für den sogenannten Pflanzenschutz die unvorstellbare Summe von 30 Milliarden Dollar ausgegeben. Es geht um Insektenvertilgungsmittel, Unkrautvernichter und Chemikalien gegen Pilze. Ein lohnendes Geschäft, denn ohne Chemie läuft im Anbau nichts mehr.

Da haben wir den Salat!

Nicht nur Tomaten, auch Fabriksalate müssen jede Menge Pflanzenschutzmittel schlucken. Bei Untersuchungen von Kopfsalat liegt häufig jede zehnte Probe aus konventionellem Anbau über dem Grenzwert. Völlig unbelastete Ware ist so selten wie ein Lottogewinn. Schadstoffe wie Nitrat werden heute wie selbstverständlich mit Salat in Verbindung gebracht. Und trotzdem glaubt der Verbraucher, Salat sei gesund. Pro Haushalt werden 3,4 Kilo im Jahr gekauft, besonders beliebt sind Eisberg- und Kopfsalat. Die heimische Ernte reicht längst nicht mehr aus, um die Nachfrage zu erfüllen. Aus Holland, Spanien, Italien, Frankreich und Belgien müssen all die grünen Köpfe importiert werden, die den deutschen Salathunger stillen.

Doch die grünen Verheißungen sind leere Versprechungen. Kopfsalat müsste eigentlich in Flaschen abgefüllt werden, denn er besteht zu über 95 Prozent aus Wasser. Die Vitaminbilanz ist kläglich, die Mengen von Vitamin C und Betacarotin sind nicht nennenswert. Dafür liegt die vermeintliche Fitnesspflanze bei Schadstoffmessungen gerade im Winter häufig im roten Bereich. Der Grund ist simpel: Ohne Sonnenlicht kann das Nitrat aus dem Dünger in der Pflanze nicht abgebaut und in pflanzliche Eiweiße und Vitamine umgebaut werden. Es reichert sich statt dessen im Salat an. Da helfen auch die Lampen nicht, die all die Köpfe 18 Stunden lang bescheinen und die Landschaften rund um Treibhäuser auch nachts erhellen. Blattsalate wie Rucola, Kopf- und Feldsalat – die besonders beliebten Sorten – fallen leider besonders häufig negativ auf. Forscher haben sogar nachgewiesen, dass Feldsalat, der mit Gülle gedüngt wurde, Antibiotika enthalten kann.

Unser Körper kann Nitrat in Nitrit verwandeln. In Verbindung mit körpereigenen Eiweißstoffen im Magen können sich aus Nitrit krebserregende Nitrosamine bilden. Nitrit kann sich auch an die roten Blutkörperchen heften und den Sauerstofftransport im Blut erschweren. Ernährungsexperten empfehlen sogar, Salat immer mit Zitronensaft zuzubereiten, denn Vitamin C hemmt die Bildung von Nitrit. Nitrat ist jedoch kein originäres Salatproblem: Auch Radieschen, Spinat, Kohlrabi, Rettich und Rote Beete können speziell im Winter stark damit belastet sein.

Salat aus Bioanbau ist durchweg weniger belastet, weil dort kein Mineraldünger eingesetzt wird. Im Freiland angebaut, ist Salat dem Wetter ausgeliefert. Die zarten Blätter müssen Sonne, Wind und Regen widerstehen, und sie bauen Schutzstoffe gegen das Wetter ein, die auch für den Menschen gesund sind. Freilandsalat wächst langsamer und bildet mehr Mineralien und vor allem die gesunden sekundären Pflanzenstoffe. Für guten Salat gibt es grüne Faustregeln: Je fester die Struktur des Blattes ist, um so langsamer ist der Salat gewachsen. Bitterer Geschmack ist ebenfalls ein gutes Zeichen, denn er deutet auf einen höheren Mineralstoffgehalt hin. Feldsalat gehört zu den gesunden Sorten unter all dem Grünfutter. Er überlebt im Winter selbst unter harten Außenbedingungen und hat deshalb viele Schutzstoffe eingebaut. Allerdings fällt er auch durch hohe Nitratwerte negativ auf. Bei Salat ist Kontrolle also immer besser als Vertrauen und Bio allemal besser als Treibhausware.

Einheimisches Wintergemüse

Wer sich auch im Winter vitaminreich und gesund ernähren will, sollte nicht in die Ferne schweifen, sondern vertrauensvoll auf heimische Gemüsesorten zurückgreifen, denn sie haben einiges zu bieten. Kohl hat unser Image im Ausland zwar schwer beschädigt, aber davon sollten wir uns nicht beeindrucken lassen. Die Engländer nennen uns »krauts«, was von »Sauerkraut« abgeleitet ist und soviel wie Kohlfresser bedeuten soll, doch einer ihrer eigenen Nationalhelden, Kapitän James Cook (1728–1779), strafte all das dumme Geschwätz um die Kohlfresser Lügen. Der Entdecker und Weltumsegler hat nämlich das Vitamin-C-reiche Sauerkraut gebunkert, um seine Mannschaft vor Skorbut zu bewahren. Sauerkraut als Proviant an Bord half der Crew, auf den langen Reisen im Pazifik ohne Mangelerkrankungen zu überleben. Bei den Franzosen gibt es diese Imageprobleme nicht; Sauerkraut heißt bei ihnen »Choucroute« und klingt in Feinschmeckerohren nach Schlemmerreisen ins Elsaß.

Trotzdem heißt es, Kohl stinkt, bläht und macht dick. Kein anderes Gemüse ist zu Unrecht mit so vielen Vorurteilen belastet und beleidigt worden wie Kohl. Dabei haben Kohlköpfe jede Menge Wintervitamine faustdick hinter den Blättern. Schon eine

200-Gramm-Portion Grünkohl hat doppelt soviel Vitamin C wie 100 Gramm Orangen und deckt den Tagesbedarf. So ganz nebenbei hat genau die gleiche Portion Grünkohl auch noch soviel Kalzium wie zwei Gläser Milch (420 mg).

Wer sich mit dem verschrienen und als altmodisch geltenden »Arme-Leute-Essen« Kohl über den Winter rettet, kommt in der Vitaminbilanz besser weg, als wenn er Salat isst. 100 Gramm Sauerkraut haben nur 17 Kilokalorien, aber jede Menge Natrium, Kalium, Kalzium, Vitamin B_6 und B_{12} sowie Vitamin C. Außerdem macht Sauerkraut im Winter glücklich. Sein Gehalt an Acetylcholin soll sogar gegen Depressionen helfen.

Klassisches Kraut gibt es heute fast nur noch in Reformhäusern. Dafür wird der Weißkohl erst gehobelt, dann werden die Kohlstreifen unter Luftabschluss in einem Gärbottich zu Sauerkraut. Durch ständiges Pressen — früher machte man das mit den nackten Füßen — lässt der Kohl jede Menge Wasser. Viele Millionen Milchsäurebakterien verwandeln anaerob, also ohne Hilfe von Sauerstoff, den Fruchtzucker des Kohls in Milchsäure. Knackiges Frischkraut ist eine Spezialität der Reformhäuser. Es kommt wie früher direkt aus dem Fass, ist erst zwei Wochen alt und befindet sich mitten im Gärungsprozess. Es enthält lebende Milchsäurebakterien, die mit Spezialdeckeln sorgsam unter Luftabschluss gehalten werden. Diese Mikroorganismen räumen den Darm auf. Gutes Sauerkraut hat Biss, ist gräulich-gelb und leicht durchsichtig. Es darf nicht zerfallen und keinesfalls glitschig sein. Sauerkraut ist das ideale Wintergemüse, schmeckt roh oder herzhaft zubereitet. Und, sorry, liebe Briten, Sauerkraut ist keineswegs typisch deutsch: Vor über 2000 Jahren konservierten die Römer den Kohl in einer Salzlake. Aber seine eigentlichen Erfinder sind die Chinesen, die Kohl in Reiswein eingelegt haben.

Das Fazit lautet: Wer sich nach dem Saisonkalender ernährt, auf heimische Sorten und traditionelle Anbaumethoden vertraut, lebt gesünder! Das richtige Aroma und all die wertvollen Inhaltsstoffe bilden sich erst, wenn Früchte sich auf heimischem Boden gegen Wind und Wetter behauptet haben. Dieses Argument wird von konventionellen Produzenten gern ignoriert. Doch durch Sonne bildet sich zum Beispiel in Tomaten mehr Zucker. Außerdem enthalten die Früchte weniger Nitrat. Die besten Tomaten kommen deshalb im Sommer aus dem eigenen Garten oder aus dem Bioanbau. Obwohl Tomaten Sonnenfrüchte sind, finden sie auch in Deutschland optimale Licht- und Temperaturbedingungen vor. Wenn sie reif geerntet werden, haben sie auch einen höheren Anteil an Vitaminen und sekundären Pflanzenstoffen, während in Tomaten aus Spanien und Italien immer wieder mehrere Pestizidwirkstoffe nachgewiesen wurden.

Weil das Wissen um regionales und saisonales Obst und Gemüse und um die Zusammenhänge in der Landwirtschaft immer mehr schwindet, wollen die Internationale Umweltstiftung Euronatur und die Vereinigung Slow Food Deutschland mit ihrer Aktion »Gourmets for Nature« ein neues Verständnis der Zusammenhänge bei Kindern erreichen. »Wenn Schüler selbst eine Tomatenpflanze großziehen und Radieschen ernten, bekommen sie einen ganz anderen Bezug zur Natur«, erläutert Otto Geisel von Slow Food, der von Schulgärten überall im Land träumt, in denen das Gemüse für die Kantine wächst. »Und sie bekommen einen anderen, einen besseren Bezug zu Lebensmitteln.«

Bio erobert den Supermarkt

Die Kunden haben den industriellen Einheitsfraß immer häufiger satt. Beim Anblick von Gammelfleisch war Geiz plötzlich gar nicht mehr so geil. Auch die Pestizide im Gemüse schlugen dem Verbraucher gehörig auf den Magen. Plötzlich wurden mit Biolebensmitteln über 4 Milliarden Euro umgesetzt (2005). Das war ein sattes Plus von gut 14 Prozent im Vergleich zum Vorjahr, und das war auch schon nicht schlecht gelaufen.

Als Bioprodukte plötzlich zweistellige Zuwachsraten verzeichneten, wollten Supermarktketten wie Rewe und Tengelmann sowie Discounter wie Aldi und Lidl das Geschäft nicht mehr ausschließlich den Reformhäusern und Biomärkten überlassen. Sie stiegen groß ins Biogeschäft ein und etablierten eigene Ökomarken auf dem Markt. So ist Plus mit der Marke »BioBio« im Geschäft, Spar mit »Pro Natur«, Plaza mit »rinatura« und real mit »Grünes Land«. Lidl zog als letzter Riese mit der Eigenmarke »Bioness« nach. Famila hat sogar über 600 Artikel seiner Marke »BioGreno« im Angebot, und Aldi ließ zur Überraschung aller Kritiker relativ früh die Hühner frei und verkaufte Eier aus Freilandhaltung. Die Discounter hatten Bio als »dynamisch wachsendes Sortiment«, so ein Lidl-Sprecher, erkannt.

Und wo Bio draufsteht, ist auch Bio drin; auch beim Discounter. Discounter-Bioware wird nach EU-Qualitätsrichtlinien produziert und kontrolliert und ist damit auf jeden Fall besser als konventionelle Produkte. Damit ist ein Mindeststandard gesichert. Auch Billigbioartikel sind praktisch frei von chemischen Rückständen, enthalten weniger Nitrat als herkömmliches Gemüse, haben einen höheren Gehalt an sekundären Pflanzenstoffen und Vitaminen. Außerdem sind sie jetzt für jedermann erschwinglich, denn sie sind deutlich billiger als die Ur-Ökoware.

Im Vergleich mit den klassischen Bioerzeugern wie Demeter, Neuform, Neuland oder Bioland verkaufen Discounter jedoch »Bio light«, ein Begriff, den Kritiker geprägt haben. Die Richtlinien der Ur-Ökos sind noch wesentlich strenger. Wenn es zum Beispiel um den Tierschutz geht, schneiden die Klassiker besser ab als die Discounter. Während in Biolandbetrieben zehn Schweine auf einem Hektar zusammen Fleisch ansetzen und auf den Schlachter warten, sind es in Discounter-Ökoställen 14 Tiere. Bei

Hähnchen fällt der Vergleich mit 280 zu 580 Tieren pro Hektar aus, bei Legehennen ist das Verhältnis 140 zu 230.

Im Biolandbau ist Massentierhaltung absolut untersagt. Obwohl im Milchviehbereich die Mutterkuhhaltung mit Kälbern die Ausnahme ist, stehen Kälbchen ebenso wie die Muttertiere auf der Weide, Hühner haben Auslauf, und auch bei Schweinen wird die Sau rausgelassen. Blut-, Fleisch- und Knochenmehle sind im ökologischen Landbau als Dünger verboten. Die Ökos verfüttern nur Biofutter. Die Zahl der Zusatzstoffe in Lebensmitteln ist auf 26 begrenzt – bei Billigbioprodukten sind es über 50. Außerdem sind Ökobauern Landschaftspfleger, sie beleben regionale Wirtschaftskreisläufe und erhalten Arbeitsplätze.

Käse –
ein Laib ohne Seele

Gourmets fachsimpeln gern über Käse. Käsekenntnisse gelten bei Gourmets und solchen, die es sein wollen, als Zeichen von Lebensart. Dabei »reist« man an der Käsetheke gern nach Frankreich, französischer Käse ist schick (vielmehr: chic!). Ratgeber liefern die Lautsprache für die einzelnen Sorten in einem Käselexikon gleich mit, damit es beim Einkauf nicht peinlich wird: Man kauft Chabichou du Poitou (»Schabischu dü Poatuh«), Crottin de Chavignol (»Krottäng dö Schawinjoll«) oder Chevrotin (»Schäwrotäng«).

Die Basis der Käseherstellung funktioniert nach folgendem Prinzip: Man gibt Lab in die Milch und lässt sie gerinnen, ein Vorgang, den man als »Dicklegung« bezeichnet. Der flüssige Bestandteil heißt Molke, das Dicke nennt man Käsebruch. Man kann die Dicklegung auch den Milchsäurebakterien überlassen. Sie stecken schon in der Milch und werden bei 20 Grad so richtig aktiv, indem sie den Milchzucker in Milchsäure verwandeln, die die Milch gerinnen lässt. Wenn die Molke abtropft, hat man Quark. Man kann den Quark gleich essen oder Sauermilchkäse aus ihm machen.

In jedem Fall muss die Molke vom dicken Teil der Milch, dem Käsebruch, getrennt werden. Dieser Bruch muss dann weiter »gebrochen« werden, damit guter Käse aus ihm wird. Je feiner die Krümelchen, um so fester wird später der Käse. Aus dem Bruch von der Größe einer Erbse entsteht Schnittkäse. Für Hartkäse darf der Bruch nicht größer als ein Reiskorn sein.

Schließlich wird aus dem zerschnittenen Bruch ein Laib geformt, der in Salz gebadet wird, um dem Laib weitere Flüssigkeit zu entziehen. Das Salz sorgt für die Bildung der Rinde und für den guten Geschmack. Frisch gebadet, muss der Babykäse dann ruhen. Wer am längsten liegt, wird schön hart und trocken. Weichkäse braucht nur ein paar Tage, Hartkäse reift über Monate. Mit der Zeit verändern sich die Inhaltsstoffe, und das Aroma wird intensiver. Guter Käse ist reich an Vitamin A und B_2, enthält jede Menge Kalzium und Phosphor.

So wurde über Jahrhunderte überall im Land gekäst. Ganz früher nahm man einen getrockneten Kälbermagen zur Käsegewinnung. Er wiegt etwa 60 Gramm und enthält genug Lab, um 3500 Liter Milch in Käse zu verwandeln. In den Magenwänden der Kälber wird das Lab produziert, damit die Muttermilch nicht zu schnell den Verdauungstrakt passiert und dem Kalb alle Nährstoffe verlorengehen. Die meisten Käsesorten sind Labkäse (zum Beispiel auch Gouda und Camembert). Auch Biokäse wird mit tierischem Lab hergestellt, was für manche Tierfreunde und Vegetarier ein Problem ist. Sie können im Reformhaus zu Biokäse greifen, der aus mikrobiellem Lab hergestellt wird.

Ob es sich um Weich-, Schnitt oder Hartkäse handelt, entscheiden Fett- und Wassergehalt. Fester Hartkäse hat den geringsten Wassergehalt und am meisten Trockenmasse. Nach dem Fettanteil in ebendieser Trockenmasse (»Fett i. Tr.«) wird die Käsewelt in acht Fettstufen eingeteilt. Die Palette reicht von Magerkäse mit unter 10 Prozent Fett i. Tr. bis zu Doppelrahmkäse, der bis zu 85 Prozent Fett i. Tr. enthalten kann. Mit jeder Reifestufe ändert sich auch der Wassergehalt, deshalb die komplizierte Rechnung mit der Trockenmasse. Denn »i. Tr.« stecken all die Eiweiße, Vitamine und Mineralstoffe, die Käse so wertvoll machen, und je höher der Gehalt an Trockenmasse ist, um so gehaltvoller ist auch der Käse.

Käsenation Deutschland

Wer an guten Käse denkt, denkt vor allem an Frankreich, vielleicht noch an Holland und die Schweiz – aber an Deutschland? Dabei ist Deutschland noch vor den Franzosen eine Käsenation. Hinter den USA ist Deutschland sogar mit über zwei Millionen Tonnen pro Jahr das Land mit der höchsten Industriekäseproduktion weltweit. In der EU liegen die Germanen damit noch vor Frankreich und den Niederlanden. Von Flensburg bis Passau werden weit über 150 Käsesorten hergestellt. Die Deutschen futtern pro Kopf über 22 Kilogramm im Jahr. Der deutsche Supermarktkunde kauft vor allem Gouda, Emmentaler und Edamer. Auf Platz vier liegt etwas abgeschlagen der Camembert, dann der Tilsiter, gefolgt vom Butterkäse. All die Supermarktsorten schmecken Tag für Tag, Sommer wie Winter und Jahr für Jahr gleich.

Dabei hat das Käseland Deutschland viel mehr zu bieten als ein paar Sorten aus dem Supermarkt. Doch die Käsetradition, die viele Jahrhunderte zurückreicht, geht heute leider im Industriekäsesortiment unter. Sauermilchkäse ist genauso alt wie die Viehzucht nördlich der Alpen. Käsesorten wie der bayerische Handkäse, aber auch der Emmentaler wurden urkundlich erstmals 1200 erwähnt, und ein Text aus dem Jahr 1282 erzählt von der Kunst der Herstellung von Appenzeller. Die Mönche in den Klöstern überall im Land hielten die alten Rezepturen und Techniken der Käseherstellung schriftlich fest. Klöster gelten wie auch beim Bierbrauen und Weinkeltern als Wiege der Käsekultur.

Wie Käse »erfunden« wurde, liegt im Dunkel der Geschichte. Die erste Berührung mit einer Art von Käse hatten sicherlich Steinzeitjäger. Sie haben im Magen getöteter Kälber, die noch von der Muttermilch abhängig waren, einen weißlichen Klumpen entdeckt und die gallertartige Masse probiert. Was die Steinzeitmenschen da verzehrten, war Milch, die durch das Labenzym verdaut wurde – eine Vorstufe von Käse.

Mit dem Beginn der Viehhaltung und der Domestizierung von Ziegen und Schafen hat der Mensch dann allmählich aus der Not heraus gelernt, wie man überschüssige Milch haltbar machen kann. Möglicherweise kam ihm der Zufall bei der Entdeckung von Käse zu Hilfe, und jemand hat Milch zur Aufbewahrung in einen Kälbermagen abgefüllt und so überraschend die Auswirkung von Lab auf Milch erfahren.

Im späten Mittelalter und in der Renaissance wurde die Kunst, Käse zuzubereiten, in Deutschland perfektioniert. Dabei spielten Emigranten aus Holland, die im 16. Jahrhundert vor der religiösen Verfolgung im eigenen Land nach Schleswig-Holstein flüchteten und ihr Käsewissen mitbrachten, eine große Rolle. Zur Blütezeit stellten über 500 Meiereien im hohen Norden landesübliche Käse her.

Berühmt für die Region ist noch heute der elfenbeinfarbige Tilsiter mit seinen unverwechselbaren schlitzförmigen Löchern. Nach dem Bad in der Salzlake wird der Laib mit Rotschmiere gebürstet, die den Käse vor unerwünschten Keimen schützen soll. Die Rezeptur für Tilsiter wurde 1840 erstmals niedergeschrieben; seine ursprüngliche Heimat liegt allerdings in Ostpreußen. Der kleine, aber pikante Bruder des Tilsiters heißt Steinbuscher. Er ist geformt wie ein Backstein und wird erstmals 1860 schriftlich erwähnt. Zur Tilsiterfamilie gehört auch der Wilstermarschkäse.

Regionale Käsespezialitäten

Jede Region in Deutschland hat ihre ureigene Käsetradition. Sauermilchkäse ist typisch für Hessen. Hier schätzt man Mainzer Handkäse, Harzer Roller oder Olmützer Quargel. Handkäs und Spundekäs waren ein deftiges Armeleuteessen, zu dem es einen Kanten Brot, Zwiebeln und Apfelwein gab. Für die Fuhrleute der damaligen Zeit war der Spundekäs, eine Mischung aus Quark, Schmand und Frischkäse, als Wegzehrung auf weiten Touren beliebt. Handkäse ist ein Sauermilchkäse, der mit der Hand zu kleinen Rollen geformt wird. Durch die Reifung wird er leicht glasig und passt perfekt zum hessischen »Äppelwoi«, dem Apfelwein. In Scheiben geschnitten und mit Essig, Öl, Zwiebeln und Kümmel wie Salat angemacht, genießt man den »Handkäs mit Musik« rund um Frankfurt am Main. Die Bezeichnung »mit Musik« deutet die Verdauungsgeräusche an, die nach dem Verzehr des Odenwälder Nationalgerichts früher oder später unvermeidlich zu hören sind.

Im Süden Hessens ist der Frühstückskäse zu Hause, ein cremiger Weichkäse mit Rotkulturen, der, nach seinem Herkunftsdorf benannt, auch als »Hüttenthaler« bekannt ist, eine original Odenwälder Spezialität. Er wurde von den Melkern als morgendliche Vesper gegessen, daher der Name »Frühstückskäse«. Seine Herkunftsbezeichnung ist geschützt.

Die Hessen waren recht findig, wenn es um neue Käsesorten ging. 1886 beschloss man in Lauterbach, einen »Fettkäse französischer Art« herzustellen. Der erste deutsche Camembert war erfunden.

In Sachsen ist der Altenburger Ziegenkäse Tradition. Der rahmige Käse ist mit weißem Camembertschimmel überzogen und gehört zu den ältesten Weichkäsesorten Deutschlands. Obwohl er Ziegenkäse heißt, besteht er hauptsächlich aus Kuhmilch und nur zu 15 Prozent aus Ziegenmilch. Der Teig ist blassgelb. Was man als kleine braune Flecken wahrnimmt, sind Kümmelsamen. Der pikante Käse wird in Sachsen traditionell mit eingelegten Gurken oder Rote Beete auf Brot gegessen. Auch der Name »Altenburger Ziegenkäse« ist als Herkunftsbezeichnung geschützt.

Der bekannte Heinrichsthaler Camembert verdankt einer mutigen Sächsin namens Agathe Zeis seine Existenz. Die Dame zog 1881 von ihrer Heimat aus nach Frankreich ins Mutterland der

Weichkäse. Als sie vier Jahre später wieder nach Sachsen zurückkam, brachte Agathe das Camembert-Geheimnis mit.

Rund um Leipzig ist der »Blaue« beliebt, ein Sauermilchkäse im Edelpilzgewand. Der »Blaue« ist ein Stangenkäse mit graublauem Edelschimmel.

Selbst Regionen, die auf Anhieb niemand mit Käse in Verbindung bringen würde, haben eine alte Käsetradition. In Nordrhein-Westfalen beispielsweise gibt es nicht nur Kohle und Stahl, an Rhein und Ruhr reifen seit über 200 Jahren regionale Käsespezialitäten wie der Nieheimer Käse. Er ist leicht gekümmelt, wird aus Magermilch hergestellt und von den Käsemeistern zum Trocknen in Leinenbeuteln aufgehängt. Am bekanntesten jedoch ist der Höhlenkäse, der in der Atta-Tropfsteinhöhle bei Attendorn zwischen Stalaktiten und Stalagmiten reift. Auch in den ländlichen Regionen im Sauerland, im Bergischen Land oder der Eifel gibt es zahlreiche Bauernkäsespezialitäten, die aus Rohmilch hergestellt und direkt ab Hof verkauft werden.

Bayern ist bekannt für Allgäuer Emmentaler (der eigentlich in der Schweiz seinen Ursprung hat) und Allgäuer Bergkäse, die beide das »g.U.«-Zeichen der Europäischen Union als »geschützte Ursprungsbezeichnung« tragen, das vor Nachahmern schützen soll. Die Milch für den Bergkäse stammt aus dem Allgäu, das als *die* deutsche Käseregion schlechthin gilt. Alte Allgäuer Spezialitäten wie Bauernkäse, Kümmel- und Räucherkäse, Sennerkäse und Ziegencamembert sind bei Feinschmeckern beliebt. Gourmets touren durchs Allgäu, um in kleinen Käsereien und Hofläden die wunderbaren Käse zu kaufen. Doch nur noch wenige Milchbauern machen heute ihren Käse selbst – sie verkaufen statt dessen die Milch an Großmolkereien.

Am Anfang steht die Turbokuh

Auch im Allgäu, das in Werbespots gern mit glücklichen Kühen und romantischen Alpenwiesen samt Sennerin und Melkschemel auftrumpft, bringen Tankwagen die Milch zur Molkerei. Ein Milchgemisch von Abertausenden Kühen fließt in Großmolkereien zusammen, durch deren Rohre mehrere Millionen Liter Milch pro Jahr laufen. Die Zahl kleinerer Betriebe nimmt stetig ab. 1990 gab es noch 360 Molkereien, 14 Jahre später waren es nur noch 108 Unternehmen. Der Milchindustrie-Verband geht davon aus, dass es 2010 nur noch 30 Molkereiunternehmen geben wird, denn die Konzentration nimmt weiter zu. Die ersten drei auf der Hitliste der deutschen Milchmultis sind die Humana Milchunion, Nordmilch und die Molkerei Alois Müller. Sie machen Milliarden mit Milch. Die Milchindustrie insgesamt bringt es auf einen Umsatz von über 20 Milliarden Euro im Jahr.

Im Milchbusiness von heute ist die glückliche Kuh genauso selten wie eine lila Kuh. Da Kühe zweimal am Tag gemolken werden müssen, stehen sie im Stall. Der Gang auf die Weide ist den Milcherzeugern heute viel zu aufwendig.

Das Zuchtziel, möglichst viel Milch aus dem Tier zu zapfen, hat zu krankheitsanfälligen Turbokühen geführt. Sie liefern zwar bis zu 7000 Liter Milch im Jahr, leiden dafür aber nicht selten unter Euterentzündungen und Gelenkerkrankungen. Immer mehr Milchleistung steht für immer mehr Tierleid. Der Körper einer Hochleistungskuh ist eine Art Aufhängeapparat für ein gigantisches Euter, das bis zu zwei Zentner wiegen kann. Die meisten dieser lebenden Milchmaschinen verbringen ihr Dasein kurz angebunden im Stall und nicht zwischen Blümchen auf der Bergwiese. Durch das ständige Stehen auf Betonboden ohne Einstreu leiden die Tiere häufig unter schmerzhaften Klauenerkrankungen.

Schon nach wenigen Jahren ist die Lebensleistung einer Turbokuh ausgeschöpft. Während alte Landrassen früher bis zu 30 Jahre alt wurden, ist für das hochgezüchtete Milchvieh von heute nach spätestens fünf Jahren die Zeit im Stall abgelaufen.

Das Leid der Massenmilchkuh fängt beim Kalb an. Damit sich die Tiere in der Enge der Ställe mit ihren Hörnern nicht gegenseitig verletzen, werden mehr als die Hälfte aller 13 Millionen Rinder (4,2 Millionen davon sind Milchkühe) in Deutschland enthornt – ein Prozess, der bei Kälbern bis zum Alter von sechs Wochen ohne Betäubung erlaubt ist. Die gängige Praxis der Verstümmelung ist schmerzhaft: Das Horn wird mit einer säurehaltigen Flüssigkeit aus einem Ätzstift oder mit einer Paste eingerieben; durch die Säure wird das Gewebe zerstört, und das Horn fällt später ab. Die zweite Methode ist nicht weniger brutal: Mit einem Elektrobrenner oder Lötkolben wird das Gewebe über dem Knochen einfach weggebrannt. Die Tiere schlagen mit dem Kopf, bäumen sich auf, laufen rückwärts oder stehen apathisch im Stall und rühren sich nicht. In der Schweiz ist die Betäubung der Tiere bei der Enthornung vorgeschrieben.

Um überhaupt Milch geben zu können, müssen Kühe kalben. Damit das Kalb dem Menschen die Milch jedoch nicht »wegtrinkt«, wird es kurz nach der Geburt von der Mutter entfernt. Dann ist das Geschrei im Kuhstall groß, denn zwischen Kuh und Kalb herrscht eine große Tierliebe. Der Körper der Kuh vibriert vor Erregung: Sie will ihr Kalb zurück. Das Geschrei dauert stundenlang. Die Kuh stampft und stöhnt und schreit oft bis zur Erschöpfung. Auch das Kalb jammert bitterlich. Bis zu 15mal täglich will es bei der Mutter saugen. Statt dessen wird es mit Milchaustauschern aus dem Eimer ernährt. Eine Art Plastikschnuller ersetzt die warme Zitze des Muttertiers.

Für Milchbauern sind Kälber ein überflüssiges Nebenprodukt, das sich nicht profitträchtig vermarkten lässt. Einfach großziehen und dann aufessen geht nämlich nicht, denn wie bei Hühnern sind auch Rinder in zwei Zuchtlinien getrennt: Es gibt Rinderrassen zur Fleischproduktion und Rinderrassen zur Milcherzeugung. Und der Konsument will nicht so viel Kalbfleisch essen, wie landauf, landab heranwächst. Sein Appetit hinkt dem Überangebot gewaltig hinterher.

Von Ur-Kühen und einer Genrettungsaktion

Während vor gut 100 Jahren noch 80 verschiedene Rinderrassen überall auf den Weiden in Deutschland gegrast haben, gehören heute weit über 90 Prozent der Rinder lediglich vier Rassen an. Die meisten Industrierinder zählen zur Rasse der Schwarzbunten. Sie heißen in der Fachsprache »Holstein Friesian« und werden schlicht »HF« abgekürzt.

Die Vorfahren dieser Turbokühe verschwinden immer mehr von den Weiden, so auch das Altdeutsche Schwarzbunte Niederungsrind. Es lieferte nicht nur Milch, sondern auch Fleisch. Mit der Auswanderungswelle Ende des 19. Jahrhunderts reiste die deutsche Ur-Kuh nach Amerika und wurde dort zur reinen Milchkuh hochgezüchtet. Bei ihrer Rückkehr um 1965 war sie zur Turbokuh mutiert. Heute ist das Altdeutsche Schwarzbunte Niederungsrind eine Rarität und vom Aussterben bedroht. Die Fachleute sprechen in solchen Fällen von »Verdrängungszucht«, das heißt, ursprünglichen Rassen werden die Gene von industriell gezüchteten Hochleistungsrassen eingekreuzt. Damit wird der Genpool der alten immer weiter verwässert, bis sie als reine Rasse nicht mehr existieren.

In Schweden ist man Mitte 2006 zur Rettung einer Rinderrasse sogar so weit gegangen, die Gene der letzten »gehörnten Värmlandkuh« für die Nachwelt zu erhalten, weil die uralte schwedische Rasse sonst mit Runa, einer 22 Jahre alten Kuh, ausgestorben wäre. Runa war die letzte ihrer Art, aber vielleicht können ihre Eier ja eines Tages künstlich befruchtet werden. Per

Gnadenschuss wurde das Tier von Experten fachmännisch erlegt. Dann entnahm man dem Rindvieh die Eierstöcke und Gewebeteile. Gehörnte Värmlandrinder lebten genetisch isoliert über Jahrhunderte auf den Wiesen der Region Värmland in Mittelschweden. In Schweden träumt man davon, die Rasse durch Klonen wiederaufleben zu lassen. Fleisch und Milch der schwarz-weiß gescheckten Värmländer galten als besonders delikat.

Zu den extrem gefährdeten deutschen Rassen gehört das Angler Rind. Die rote Milchkuh war einst als norddeutsche Vorzeigekuh weit über die Landesgrenzen von Schleswig-Holstein hinaus bekannt. Heute ist der Bestand auf rund 350 Tiere geschrumpft. Das Rind ist robust, genügsam und passt sich perfekt an extreme Klimabedingungen an. Die Rasse wurde vor allem wegen der wertvollen Inhaltsstoffe ihrer Milch geschätzt.

Milch ist nicht gleich Milch

Es ist erstaunlich, wie deutlich die Qualität der Milch von der Fütterung und Haltung der Tiere abhängig ist, denn ob eine Kuh auf der Alm Kräuter und Klee frisst oder im Stall Gras- und Maissilage verdauen muss, macht sich später in der Milch bemerkbar. Früher wusste jeder, dass Sommerbutter ganz anders schmeckt und aussieht als Winterbutter. Heute glaubt man, Milch sei Milch und schmecke immer gleich. Doch das ist ein Irrtum.

Die gesunden Stoffe in der Milch sind von vielen Faktoren abhängig, unter anderem von der Höhe der Alm, auf der die Kuh ihr Gras gefressen hat. Je weiter es die Berge hinaufgeht, um so größer ist die Artenvielfalt auf den Wiesen. Die Vereinigung der Schweizer Milchproduzenten (SMP) hat herausgefunden, dass parallel dazu auch die ungesättigten Fettsäuren in den Pflanzen und Gräsern zunehmen. Somit ist die Zusammensetzung des

Milchfetts höhenabhängig, und deshalb hat Berg- und Alpenmilch einen wesentlich höheren Gehalt an gesunden mehrfach und einfach ungesättigten Fettsäuren. Weidehaltung erhöht auch den Gehalt von Omega-3-Fettsäuren im Fleisch von Biorindern.

Im Vergleich zu Stalltieren, die mit Silage gefüttert werden, hat die Milch von Biokühen bei Weidehaltung einen dreimal so hohen Gehalt an konjugierten Linolsäuren (engl. Abkürzung: CLA). Diese Fettsäuren werden im Pansen von Rindern gebildet. Im Tierversuch haben sich die CLA damit hervorgetan, dass sie die Bildung von Krebszellen hemmen. Sie sind gut fürs Herz und beeinflussen zahlreiche Stoffwechselprozesse im Körper des Menschen positiv. Wer etwas für seine Figur tun will, ist mit CLA auf dem richtigen Diätweg. »Die konjugierten Linolsäuren unterstützen den Abbau von Fett und den Aufbau von Muskeln«, sagt Günter Wagner vom Institut für Sporternährung in Bad Nauheim. Noch ist längst nicht alles rund um die konjugierten Linolsäuren erforscht.

Das Kalzium in Milchprodukten, das als Allzweckwaffe gegen Knochenschwund (Osteoporose) propagiert wird, hat obendrein auch einen Diäteffekt, denn wenn Kalzium im Blut ist, wird eine Kette von Reaktionen in den Fettzellen losgetreten. Wer sein Gewicht senken will, sollte etwa 1000 mg des Milchkalziums am Tag zu sich nehmen. Mit Kalziumtabletten scheint der Abnehmtrick nicht zu funktionieren, denn er ist offenbar an die bioaktiven Eiweiße in der Milch gekoppelt.

Guter Käse kommt aus den Eutern von glücklichen Kühen, die ein stressfreies Leben im Freien führen und den ganzen Tag saftige Gräser und Kräuter wiederkäuen. Mal knabbern sie Klee, dann kauen sie Wiesenblumen, der Milchbauer füttert hin und wieder Futterrüben und gekeimtes Getreide dazu. Über das Futter gelangen nicht nur die Fettsäuren der Pflanzen in die Milch, sondern auch die typischen Bodenbakterien der Region. Diese Bakterien sind später für das ganz spezielle Aroma eines Käses wichtig, denn in der Käserei entsteht aus der unbehandelten Rohmilch mit ihren individuellen Keimen und geschmacksbildenden Kulturen ein Laib mit Seele.

Genauso wie die positiven Bakterien der Wiesenpflanzen über die Kuh in die Milch gelangen, kommen über nasse Silage und eine schlechte Haltung aber auch negative Bakterien in die Milch. Die Rede ist von den gefürchteten Listerien in Rohmilch, die eine bakterielle Infektion, die Listeriose, auslösen können.

»Deshalb durfte früher das Milchvieh im Winter nicht mit Silage, sondern nur mit Rüben und Heu gefüttert werden«, sagt Lutz Ribbe, Direktor der umweltpolitischen Abteilung von Euronatur und Mitglied im Wirtschafts- und Sozialausschuss der EU. »Die Milch wurde zweimal am Tag vom Hof geholt«, beschreibt Ribbe im Report *Futter fürs Volk*. »Sie wurde nicht gekühlt, um all die wertvollen Bakterien zu erhalten.«

Was einen guten Käse ausmacht

Die Qualität von Käse lässt sich also bis zur Kuh zurückführen. Für Käsepuristen ist sogar die Rinderrasse maßgeblich, denn das Vieh soll aus der Region stammen und den dort herrschenden Wetterbedingungen angepasst sein. Ob von Hand gemolken wird oder die Tiere an Melkmaschinen hängen, ist ebenfalls nicht ohne Bedeutung für den Käsegeschmack. Ganz wesentlich ist die Reinigung des Melkgeschirrs. Die langen Rohre moderner Anlagen sind nur mit Desinfektionsmitteln wirklich keimfrei zu halten. Trotzdem können sich Keime in porösen Dichtungen bilden. Diese Keime spalten die Eiweiße und Fette der Milch. Um jede Verkeimung der Massenmilch zu vermeiden, wird sie für den Sammeltransport in Tankwagen heruntergekühlt und später beim Pasteurisieren auf 74 Grad erhitzt. Dabei wird die gesamte Mikroflora der Milch eliminiert. Dadurch ist Milch zum vereinheitlichten Massengut und Käse zum standardisierten, immer gleich schmeckenden Lebensmittel geworden. Keimfrei und banal, ein Laib ohne Seele.

Damit aus pasteurisierter Milch Massenkäse gemacht werden kann, kommen die Milchsäurebakterien und Reifekulturen aus dem Labor. »Sie imitieren den typischen Käsegeschmack nur«, sagt Otto Geisel, Vorsitzender von Slow Food Deutschland. »Je mehr Technik, um so weniger Geschmack!«

Guter Käse reift unter den Händen eines Affineurs zur Vollendung. Der Affineur, wie der Beruf des »Käseverfeinerers« heißt, bringt frischen Käse aus kleinen Käsereien unter idealen Verhältnissen zur perfekten Reife. Dabei spielen Temperatur, Luftfeuchtigkeit und vieles mehr eine Rolle, denn Bakterien sind empfindliche Wesen, die sofort auf Veränderungen reagieren. Affineure bürsten, klopfen und waschen ihre Käse regelmäßig, um das optimale Aroma zu erreichen. Sie arbeiten nicht nur mit Salzwasser, sondern auch mit Wein oder Bier, um bestimmte Bakterien zu fördern. Bei anderen Sorten pflegen sie die gleichmäßige Schimmelflora. Für Feinschmecker ist Käse immer eine regionale Spezialität, die im Norden eines Landes ganz anders schmeckt als im Süden. Denn auch Bakterien sind regionale Wesen, die von den Bodenverhältnissen ihrer Heimat, von Wind und Wetter abhängig sind.

Industriekäse dagegen wird nicht vom Affineur gewaschen, sondern allenfalls wie in einer Autowaschanlage von rotierenden Bürsten gescheuert. Die industrielle Käseerzeugung wurde durch Louis Pasteur erst möglich, der im 19. Jahrhundert erkannte, dass Mikroorganismen für Reife-, aber auch für Fäulnisprozesse verantwortlich sind und dass man sie durch Erhitzen abtöten kann.

»Mit der Fabrikkäseproduktion kamen immer mehr chemische Zusatzstoffe zum Einsatz«, sagt Lutz Ribbe. Die Schutzschicht aus Wachs, unter der einige Käse unter Luftabschluss ihrem faden Geschmack entgegenreifen, gehört da noch zu den harmlosen Methoden. Farbstoffe wie Betacarotin oder Lactoflavin, Salze wie Natriumnitrat (Salpeter, E 251), Enzyme wie Lysozym (E 1105) und Konservierungsmittel wie Sorbinsäure oder Natamycin (E 235) sind in Käsefabriken ständig im Einsatz.

Fabrikkäse – ohne Zusatzstoffe nicht denkbar

Natamycin ist ein Stoff, den die Humanmediziner als Antibiotikum unter anderem gegen Fußpilz verschreiben. Es wirkt antibiotisch gegen Schimmelpilze und wird zur Oberflächenbehandlung von Käse eingesetzt. Der Laib wird etwa drei Sekunden in eine natamycinhaltige Lösung getaucht. Verbraucherschützer wettern schon seit langem gegen Natamycin, weil Arzneimittel generell nicht bei Lebensmitteln angewendet werden sollen. Außerdem gelangt der Stoff beim Schneiden des Käselaibs leicht auf die Schnittfläche und mit dem Käse dann aufs Brot. Obwohl Natamycin nur von außen an der Oberfläche der Rinde bleiben soll und nicht tiefer als fünf Millimeter eindringen darf, wurde das Mittel auch schon in den tieferen Schichten eines Käselaibs nachgewiesen. Deshalb wird empfohlen, die Rinde großzügig abzuschneiden und auf keinen Fall mitzuessen. Die Kennzeichnung »Oberfläche mit Natamycin behandelt« ist Pflicht.

Nitrat wird bei der Fabrikkäseproduktion gleich mit in die Kesselmilch gegeben, um sogenannte Spätblähungen bei Hartkäse und Schnittkäse zu verhindern. Die Gase im Käse werden durch die gefürchteten Clostridien ausgelöst. Das sind Sporen, die die Pasteurisation überleben und im Käselaib faustgroße Hohlräume bilden können. Auch Lysozym wirkt gegen Spätblähungen und macht gemeinsam mit dem Nitrat all die Hygienefehler wieder gut, die beim Füttern und Melken in den Massenställen passieren.

Kalziumchlorid wird eingesetzt, um die Gerinnungsfähigkeit der Milch zu erhöhen, die durch das starke Herunterkühlen und durch die Pasteurisierung gelitten hat.

Carotinoide gleichen die Farbe des Käses an, damit er immer schön gleichbleibend gelb aussieht. Außerdem vermindern Carotinoide den Fettverderb, weil sie leicht oxidieren.

Schmelzsalze sind eine Mischung aus Natrium-, Kalium und Kalziumcitraten, die gemeinsam mit Phosphaten dafür sorgen, dass Hartkäsereste oder minderwertige, beschädigte Käse (zum Beispiel solche mit Rindenfehlern) zu Schmelzkäse »verschmolzen« werden. Die Käse werden entrindet, zerkleinert und gemahlen. Zusammen mit den Schmelzsalzen, Wasser und anderen Zutaten wie beispielsweise Sahne wird der Käse erhitzt. Die Salze stabilisieren die Käsemasse und verhindern, dass sich Fett, Wasser und Eiweiße wieder voneinander trennen.

Auch Ökokäse wird heute vorwiegend in Großbetrieben hergestellt, doch viele Zusatzstoffe wie Natamycin dürfen nicht verwendet werden. Außerdem ist der Einsatz von gentechnisch hergestelltem Lab (Chymosin) verboten. Dass die Kühe, die die Milch für den Käse liefern, vernünftig gehalten werden, versteht sich von selbst.

Industriekäse hat mit dem Naturprodukt aus Rohmilch nur noch wenig gemein. Während heute ein »Leerdammer Yoghu« mit markigen Worten gefeiert wird, weil er nach Joghurt schmeckt, gehen individuelle Sorten wie der Kerntaler Schnittkäse, in dem neben Thymian auch Basilikum den Geschmack verfeinert, verloren. Ein Geheimnis seines Geschmacks war – neben der Basilikumsorte, über die die Milchbauern streng wachten – die Milch: Für den Kerntaler kam sie vom Angler Rind.

Die Milchmacher

Milch und Milchprodukte stehen auf der Einkaufsliste der Deutschen ganz oben und gehören mit Brot und Wurst zu den beliebtesten Lebensmitteln im Lande. 75 000 Tonnen Milch werden jeden Tag verarbeitet. Davon trinkt der statistisch relevante Durchschnittsdeutsche ein kleines Glas am Tag. Im Jahr kommt jeder Deutsche so auf etwa 63 Liter. Milch ist billig: Musste ein Arbeitnehmer vor 30 Jahren noch zehn Minuten für einen Liter Milch arbeiten, sind es heute gerade mal drei Minuten. Beim Discounter an der Ecke kostet ein Liter manchmal unter 30 Cent, ein Spottpreis! Trotzdem setzt die Milch- und Molkereiwirtschaft jedes Jahr über 21 Milliarden Euro in Deutschland um. Doch die kleinen Hersteller stöhnen, denn die Preise am Markt decken nicht einmal ihre Produktionskosten. Die Milchmädchenrechnung der Discounter geht für kleine Milchbauern nicht auf.

Frisch gezapft und unverarbeitet ist Milch ein leicht verderbliches Lebensmittel. Was früher einfach »Kuhmilch« hieß, heißt heute »Rohmilch« und wird mit Warnhinweisen versehen und fast wie ein Gefahrengut behandelt. Nach dem Melken wird Rohmilch gefiltert und gekühlt – fertig! Kein Homogenisieren, Pasteurisieren, Sterilisieren, Ultrahocherhitzen und Einstellen des Fettgehalts. Dem großstädtischen Milchtrinker und vor allem den Großmolkereien ist das suspekt, und folglich wird Schwangeren und Schwachen, Alt und Jung vom Rohmilchkonsum dringend abgeraten, obwohl sie einen deutlich höheren Anteil an den Vitaminen B_1, B_6, B_{12}, Folsäure und Vitamin C hat. Die Angst vor Mikroorganismen treibt in unserer Gesellschaft oft seltsame Blüten. Wie haben die Sumerer vor 5000 Jahren den Angriff der Killer-Milchbakterien nur überlebt? Archäologen fanden Tontafeln, die belegen, dass schon die Bewohner der Stadt Ur Milch getrunken haben – und die war gewiss nicht ultrahocherhitzt …

Rohmilch gibt es auch heute noch, aber sie ist zum Rand-produkt der Ökos und Hofläden geworden. Statt dessen gibt es pasteurisierte Frischmilch, die 20 Sekunden lang auf 75 Grad erhitzt wurde. Sie büßt dabei rund zehn Prozent ihrer B-Vitamine ein. H-Milch, die auf 135 Grad erhitzt und homogenisiert wird, verliert gleich die doppelte Vitaminmenge, ist dafür aber ungeöffnet mindestens acht Wochen haltbar.

Milch ist ein streng kontrolliertes Produkt, denn im Kuhstall können allerlei Schweinereien passieren: Durch feuchte Silage oder Euterentzündungen können Keime in die Milch kommen, auch Reste von Tierarzneimitteln tauchen immer wieder in der Milch auf und müssen eliminiert werden. Die Keimzahl ist ein Gradmesser für die Hygiene im Stall, die Zahl der Immunzellen (sogenannte somatische Zellen) ein Indikator für den Gesundheitszustand der Kuh. Molkereien sind heute steriler als ein Krankenhausbetrieb, die Mitarbeiter sind ständig auf der Suche nach Keimen. Wenn sie fündig werden, wird die Milch vernichtet. In der Milchverordnung ist alles exakt festgelegt.

Was aus vielen Millionen Zitzen abgezapft wird, fließt in Molkereien zusammen und wird dort in ein standardisiertes Industrieprodukt verwandelt. Bei 6000 Umdrehungen pro Minute wird den letzten Keimen in einem Separator, einer speziellen Zentrifuge, der Todesstoß versetzt. Die Milch wird dabei auf 50 Grad erwärmt, denn im warmen Schleudergang trennen sich Magermilch und Sahne leichter. In der Zentrifuge wird die Magermilch nach außen geschleudert, während die Sahne sich im Innern des Separators sammelt. Dann wird der Fettgehalt »eingestellt«, das heißt, die einzelnen Bestandteile (Magermilch und Rahm) werden je nach dem erwünschten Produkt zu Vollmilch (mindestens 3,5 Prozent Fett), Magermilch (höchstens 0,3 Prozent Fett) und zu fettarmer Milch (1,8 Prozent Fett) wieder zusammengerührt. Es gibt also keine speziellen Kühe für die unterschiedlichen Milchsorten – der Mensch in der Molkerei mischt die Milch ganz nach seinem Anforderungsprofil. Ließe man die Milch unberührt, dann hätte sie mit einem Fettgehalt um 4 Prozent so viele Kalorien wie eine Currywurst (1 Liter/600 kcal).

Buttermilch (maximal 1 Prozent Fett) verdankt ihren »fetten« Namen übrigens der Herstellung von Butter. Die magere Flüssigkeit, die übrigbleibt, wenn der Rahm entfernt wird, ist Buttermilch. Molke ist dagegen ein Nebenprodukt der Käseherstellung.

Joghurt & Co.: Hauptsache leicht, luftig und low fat

Joghurt gehört zusammen mit Buttermilch, Dickmilch und Kefir zu den gesäuerten Milchprodukten, und sie alle stehen im Supermarkt im Kühlregal, sehen trendy aus und versprechen ein langes Leben, starke Knochen, Fun & Fitness, aber vor allem eine schlanke Linie. Sie geben vor, die reine Unschuld vom Lande zu sein, dabei sind Joghurt & Co. heute dem Zeitgeist unterworfene Hightechprodukte. Mal kommen Joghurts – entweder »linksgedreht« oder »rechtsgedreht« – ganz »light« daher, dann wird für sie probiotisch mit Bakterien für die Darmgesundheit geworben und kurze Zeit später überrollt plötzlich eine »Wellness-Welle« die Kühlregale. Der Begriff »Diät« ist irgendwie zum lustfeindlichen No-Wort geworden und durch eine Flut von Fit-Fit-Fit-Formeln wie »vital« oder »pur« ersetzt worden. Die Sahnefraktion unter den Joghurts vegetiert ganz hinten im Kühlregal; nur hin und wieder findet sich jemand, der nicht abnehmen will und zugreift.

Im Milchparadies ist alles möglich, und die scheinbare Vielfalt wird je nach Saison noch um Sommer- oder Wintervariationen geschmacklich bereichert. Zu Weihnachten gibt es Zimt-, zu

Ostern Zitronengeschmack im Milchprodukt. Die Milchindustrie ist eine phantasievolle Wachstumsbranche. 2005 erreichte der Verkauf von Milchfrischprodukten knapp drei Millionen Tonnen. Die Zuwachsrate lag allein für Joghurt bei 5,5 Prozent. Über 1,6 Millionen Tonnen Joghurt wurden gegessen, wobei Joghurts mit 0,2 Prozent und weniger Fett mittlerweile 17 Prozent des Gesamtmarkts ausmachen.

Joghurt, der gar keiner ist

Ob Joghurt stichfest, cremig oder flüssig ist, hängt nicht nur von den Reifungskulturen ab. Stichfester Joghurt ist im Becher gereift, während Rühr- und Trinkjoghurts in großen Tanks säuern und dann abgefüllt werden.

Der Verbraucher futtert etwa 17 Kilogramm Joghurt im Jahr – oder, besser gesagt, das, was er für Joghurt hält. Denn der Begriff ist eng an zwei Bakterienstämme gekoppelt, einer davon ist Streptococcus thermophilus – der Wärmeliebende. Bei Temperaturen zwischen 40 und 43 Grad blüht Thermophilus auf, dann wächst er prächtig und fühlt sich so richtig wohl. Er wird im Joghurt gemeinsam mit dem Klassiker Lactobacillus bulgaricus eingesetzt. Wie gute Freunde fördern und ergänzen sich die Bakterien gegenseitig und säuern dabei die Milch wie die Weltmeister.

Der »echte« Joghurtgeschmack, der beim Einsatz dieser beiden Klassiker herauskommt, ist dem Gaumen vieler Verbraucher aber einfach zu sauer. Drei Viertel aller Joghurtfreunde greifen deshalb lieber zu »Joghurt mild«-Produkten. Um den »milden« Geschmack zu erzielen, werden jedoch völlig andere Bakterienstämme eingesetzt. Lactobacillus acidophilus und bifidus schmeicheln den Rezeptoren auf der Zunge und kurbeln den Verkauf in deutschen

Supermärkten an, doch die beiden Bakterien haben einen Haken: Sie sind schuld daran, dass der »Milde« im Ausland nicht als Joghurt vermarktet werden darf. Denn »Joghurt« ist definiert durch »thermophilus und bulgaricus«. Jenseits deutscher Landesgrenzen darf der beliebte »Joghurt mild« deshalb nur als »fermentiertes Milchprodukt« bezeichnet werden – und das klingt extrem unsexy.

Doch im Joghurtgeschäft ist man findig, und dank vieler fleißiger Forscher ist einiges möglich. Mikrobiologen haben im Labor den Bulgaricus-Stamm so bearbeitet, dass er mutiert ist und dadurch wesentlich weniger sauer, ja sogar angenehm mild schmeckt. Das heißt: Für »milden« Joghurt wären die Grenzen zum internationalen Markt geöffnet. Er kann mit reinem Gewissen ins Ausland verkauft werden. Ob der Forschererfolg am Institut für Mikrobiologie der Bundesforschungsanstalt für Ernährung und Lebensmittel in Kiel eines Tages auch von der Milchindustrie angewandt wird, bleibt abzuwarten. Vielleicht läuft der »echte« Milde ja bald als fertiges Produkt vom Band der Joghurtfabrik.

Geschmack und Konsistenz aus dem Labor

Hinter verschlossenen Labortüren tut sich also einiges, um Milchprodukte immer weiter zu optimieren. Laien können sich kaum vorstellen, welche Rolle Know-how und Technologie heute bei einem schlichten Produkt wie Joghurt spielen. Beispielsweise hat die internationale Lebensmittelindustrie den Begriff »mouthfeeling« (wörtlich: Mundgefühl) geprägt. Hinter dem harmlosen Wort verbergen sich ungeheure wissenschaftliche Anstrengungen, die Geschmacksrezeptoren des Konsumenten zu täuschen. Im Fall von Joghurt sind Bakterien nicht nur bei der Säuerung, sondern auch für das Gefühl auf der Zunge von zentraler Bedeutung. »Es gibt Bakterien, die bilden Substanzen, die wiederum die Eigenschaft haben, Wasser zu binden«, erläutert Professor Knut J. Heller von der Bundesforschungsanstalt für Ernährung und Lebensmittel in Kiel. »Dabei entsteht eine Art Schleim, der eine gewisse Cremigkeit vortäuscht.« Der Bakterienschleim in Joghurt ist schon heute die perfekte Substanz fürs »mouthfeeling«.

Mitschuld an der »Schleimmisere« hat die Generation all der Diätenwahnsinnigen, die jede überflüssige Kilokalorie eliminieren wollen. Denn Cremigkeit hängt wie der gute alte Geschmack ganz eng mit dem Fettgehalt zusammen. Die Fettkügelchen in Milchprodukten »rollen« quasi über die Zunge und erzeugen so das angenehme Gefühl der Cremigkeit. Das heißt aber auch: Je magerer ein Joghurt ist, um so mehr Tricks müssen sich die Hersteller einfallen lassen, um eine natürliche Cremigkeit vorzutäuschen.

Mit Proteinen aus dem Fooddesigner-Labor kann man Fettkügelchen imitieren. Durch Mikropartikulierung der Proteinketten, also durch die Zerkleinerung von Eiweißen, entstehen »Kügelchen«, die die Geschmacksrezeptoren auf der Zunge angenehm umspielen. Je höher der Proteingehalt, um so cremiger schmeckt das Produkt. Die Proteine werden aus Milcheiweiß und Molke gewonnen. Für eine angenehme Konsistenz sorgen aber auch Zusatzstoffe wie Stabilisatoren, Stärke, Agar-Agar (eine Art Gelatine, die aus Rotalgen gewonnen wird) und Guarkernmehl (E 412; ein Verdickungsmittel, dem nachgesagt wird, dass es die Verdauung beeinträchtigt und die Darmflora verändert).

Um Geschmack in magere Joghurtprodukte zu zaubern, greifen die Hersteller noch in ganz andere Trickkisten. Bei Joghurts, die mit reduziertem Fettgehalt Diäterfolge versprechen, müssen Fruchtzusätze das Geschmacksdefizit ausgleichen. Wer mit fettarmen Fruchtjoghurts abnehmen will, muss aufpassen: Er macht leicht einen schweren Fehler, denn was bei der Kalorienbilanz an Fett fehlt, kommt durch Zucker wieder obendrauf. Zucker wirkt wie ein Geschmacksverstärker, der in billigen Fruchtjoghurts bis zu 16 Prozent ausmachen kann.

Der auf dem Becher mit bunten Bildern so perfekt beworbene »Fruchtanteil« ist dagegen kaum der Rede wert. In einem 250-Gramm-Becher Erdbeerjoghurt liegt die Menge der Früchte vielleicht bei etwa 15 Gramm. Was da so fruchtig angepriesen wird, ist eine Fruchtzubereitung. Sie enthält bei »Joghurt mit Früchten« etwa 6 Prozent Obst, bei »Joghurt mit Fruchtzubereitung« (man achte auf die sprachlichen Feinheiten!) reichen schon 3,5 Prozent. Das sind bei 250 Gramm Erdbeerjoghurt vielleicht zwei mittelgroße Beeren. Die werden mit Wasser, Zucker und Zusatzstoffen pasteurisiert und verkocht.

Die Natur hat Erdbeeren zu empfindlichen Früchtchen gemacht. Bei der Verarbeitung in Lebensmitteln verlieren sie durch Erhitzen, Verrühren und Konservieren schnell ihr gutes Aussehen und vor allem ihren begehrten Geschmack. Die Früchte werden zu einem unappetitlichen Klumpen und lösen sich geschmacklich in einen Hauch von nichts auf. Außerdem könnten alle Erdbeerfelder der Welt die Nachfrage nach der begehrten Frucht nicht bedienen. Aus einer Tonne frischer Erdbeeren ließen sich gerade mal 100 Gramm Erdbeeraroma herstellen. Die weltweite Ernte würde keine 5 Prozent des amerikanischen Markts decken.

Weil der »Echtfrucht«-Geschmack durch die industrielle Zubereitung so leicht verlorengeht, wird das Produkt mit natürlichen oder naturidentischen Aromen aufgepeppt. Der gutgläubige Verbraucher fällt auf Bilder von frischen Früchten und Landluftwerbung herein, während er in Wirklichkeit ein künstlich völlig überaromatisiertes Produkt kauft. Erdbeeraromen werden häufig mit Hilfe von Bakterienstämmen hergestellt. Vergleicht man aromatisierten Fruchtjoghurt aus dem Kunststoffbecher mit selbstgemachtem Joghurt, in den man frisches Obst geschnitten hat, enthält der Fabrikjoghurt oft mehr als das Zwanzigfache der Hauptaromastoffe von natürlichen Früchten. Der intensive Geschmack verführt vor allem Kinder dazu, zuviel zu essen. Zudem verlieren sie durch aromatisierte Lebensmittel leicht das natürliche Geschmacksempfinden: Wer nur aromatisierten Erdbeerjoghurt kennt, der findet Omas Joghurt mit frischen Früchten aus dem Garten »fad«.

Nicht nur um Aromen, sondern um alle Zusätze in Milchprodukten wird eine gigantische Geheimniskrämerei gemacht. Von »Betriebsgeheimnissen« ist in der Lebensmittelbranche gern dann die Rede, wenn man lieber mit verdeckten Karten arbeiten will. Im Zentrum aller Joghurtgeheimnisse stehen die »Pektine«. Sie sind Multitalente! In Joghurt reagieren sie mit dem Kalzium und verbessern Textur und Stabilität. Sie machen die Fruchtzubereitungen leichter dosierbar, länger haltbar und verleihen dem Becherinhalt eine glatte, geschmeidige Struktur. In Fruchtjoghurt unterstreichen Pektine außerdem den typischen Geschmack. Soll die Fruchtzubereitung unten am Becherboden vom Joghurt getrennt bleiben, wirken Pektine gegen die Vermischung der beiden Substanzen. In Trinkjoghurts verhindern hochveresterte Apfelpektine eine Ausflockung während der Wärmebehandlung. Obendrein verlängern sie die Lagerzeit.

Auch wenn »Pektin« auf der Ware steht, kennt selbst der Joghurthersteller nicht alle Geheimnisse rund um den Stoff. Wer »Technologien für Produkte auf Milchbasis« liefert, verrät seine Geheimnisse nicht gern, denn die Konkurrenz ist groß, sagt die Zulieferindustrie. Ganz gleich, ob die Firmen Emulgatoren, Stabilisatoren, Proteine oder Fruchtzubereitungen liefern: Wer Joghurt herstellt, muss seinen Lieferanten vertrauen. Man kann heute ganze »Systeme« aus verschiedenen Stabilisatoren und Emulgatoren kaufen, die »kundenspezifische Lösungen« (so die Werbung eines Herstellers) bieten. So wird beispielsweise Transglutaminase ein-

Was heißt hier »natürlich«?

Künstliche Aromastoffe werden synthetisch hergestellt und kommen in der Natur nicht vor. Sie werden im Labor erfunden und ahmen einen bestimmten natürlichen Geschmack nur nach. Die chemische Bezeichnung muss angegeben werden (zum Beispiel Ethylvanillin für Vanillegeschmack). Künstliche Aromastoffe zählen zu den Zusatzstoffen.

Naturidentische Aromen haben die gleiche chemische Zusammensetzung wie natürliche Aromastoffe. Sie sind synthetisch im Labor hergestellt, entsprechen aber genau natürlichen Aromastoffen. Sie dürfen frei eingesetzt werden (zum Beispiel Vanillin).

Natürliche Aromastoffe werden aus pflanzlichen und tierischen Rohstoffen hergestellt. Es gibt die sogenannten FTNF-Aromen (FTNF = »From The Named Fruit«, sinngemäß: aus der bezeichneten Frucht gewonnen) wie Vanille aus Vanilleschoten, Citral aus Zitronenschalen oder Menthol aus Pfefferminze. Außerdem gibt es die WONF-Aromen (WONF = »With Other Natural Flavors«, also: mit anderen natürlichen Geschmacksstoffen) wie zum Beispiel Erdbeergeschmack aus Sägespänen. Die Rohstoffe stammen zwar aus der Natur, wurden aber nicht aus der Frucht gewonnen.

gesetzt, um die Textur von Joghurt zu optimieren, Gelfestigkeit und Cremigkeit zu erhöhen. Transglutaminase ist ein Enzym, das die physikalischen Eigenschaften der Eiweiße in Milch beeinflusst. Ohne Hightech läuft im Molkereigeschäft heute gar nichts mehr.

Omas Joghurt

»Die leckerste Dickmilch entsteht auf der Fensterbank«, sagt Gesa Marsch. Sie hat vor 25 Jahren ländliche Hauswirtschaft gelernt und arbeitet heute als selbständige Oecothrophologin. »Die ganz einfachen Haushaltstechniken von Oma hat der moderne Mensch heute schlicht vergessen«, sagt sie. »Wenn morgen alle Kühlregale in den Supermärkten mit all ihren vielen Milchprodukten durch den Zauber einer bösen Fee einfach verschwunden wären, wüsste niemand mehr, wie man Joghurt, Kefir und Dickmilch selber herstellen kann.«

Das Dickmilchrezept von Gesa Marsch ist einfach und effektiv: »Rohmilch in eine Schüssel geben, mit einem Leinentuch gegen Brummer und Fliegen abdecken, auf die Fensterbank stellen und warten.« An warmen Sommertagen klappt die Dickmilchproduktion perfekt. Die Milch wird schnell sauer, die Säuerung führt zum Eindicken. »Meine Dickmilch schmeckt wunderbar mit einem Löffel Zucker!« Der Trick funktioniert aber nur, wenn die Milch vorher weder erhitzt noch homogenisiert wurde.

Auch Joghurt kann man leicht selber machen. »Einfach 150 Gramm Biojoghurtkulturen, die lebende Milchsäurebakterien enthalten, mit dem Schneebesen in einen Liter Milch rühren«, sagt Gesa Marsch. »Alles auf sehr saubere Gläser verteilen und bei mindestens 42 Grad in Ruhe reifen lassen.« Joghurt entsteht, wenn die Bakterien den Milchzucker in Milchsäure umwandeln. »Oma hat die Gläser früher einfach hinter den Ofen gestellt«, sagt die Oecothrophologin. Heute gibt es elektrische Joghurtbereiter, die die Temperatur exakt beibehalten. Anschließend muss der Joghurt einen halben Tag in den Kühlschrank, um fest zu werden. Durch die Kühlung wird der Säuerungsvorgang abgebrochen. »Oma hat die Gläser dazu in den Keller getragen.« In den fertigen Joghurt hat sie später frische Erdbeeren geschnitten, einen Teelöffel Zucker hinzugegeben, und fertig war ein erfrischender, leichter Fruchtjoghurt.

Man muss bei der Herstellung zu Hause nur darauf achten, dass Milch und Starterjoghurt die gleiche Fettstufe haben (am besten beide 3,5 Prozent). Statt frische Milch abzukochen, kann man auch H-Milch verwenden, da sie vorher schon erhitzt worden ist. Im Reformhaus gibt es gefriergetrocknete Mikroorganismen für Joghurt, Dickmilch und Kefir, die die Herstellung vereinfachen, und Milchprodukte, die ohne Bindemittel und ohne chemisch-synthetische Zusatzstoffe hergestellt werden.

Fische in Seenot

Mit Fischen hat niemand Mitleid. Sie haben keine Mimik, die Schmerz ausdrücken kann, keine Stimme, mit der sie schreien oder stöhnen, wenn ihnen ein Leid geschieht. Und so bleiben die Herzen der Menschen vom Tod der Fische seltsam unberührt. Als Wirbeltiere sind sie zwar im Tierschutzgesetz berücksichtigt, doch wer soll das Massensterben auf dem Meer kontrollieren? Auf den Trawlern der Fabrikschiffe ist für Mitleid kein Platz. Die Arbeiter an Bord wissen, wie brutal das Sterben der Tiefseefische ist: Eingeweide samt Schwimmblase quellen den Tieren aus dem Maul, und die Augen treten aus den Höhlen, wenn sie aus mehreren hundert Metern Tiefe im Netz ruckartig an die Wasseroberfläche gezogen werden. Das sind Folgen der Dekompression.

James Hamilton-Paterson, Mitglied der Royal Geographical Society, hat sich jahrelang mit der Frage beschäftigt, ob auch Fische Schmerzen haben. Als er auf einem schottischen Trawler mitgefahren ist, hat er beobachtet, wie ein zwei Meter langer Dornhai, den er für tot gehalten hatte, plötzlich zitterte und Junge gebar. »Es waren sechs kleine Baby-Dornhaie mit leuchtenden Augen. Sie zuckten und wanden sich durch den Berg von Kadavern ...!« Hamilton-Paterson war »entsetzt, beschämt und traurig« über das, was er an Bord sah. Er hat erlebt, wie kleine Fische und Krabben achtlos von den Männern in ihren schweren Gummistiefeln zertreten wurden. Er war entsetzt, als ein Grönlandhai an der Schwanzflosse aufgehängt und mit dem Kran hochgezogen wurde, bis die Flosse abriss. »Das wunderbare Tier schlug auf Deck auf, zappelte und schien mich die ganze Zeit mit den Augen hilfesuchend zu fixieren. Das verstümmelte Tier wurde dann von den Männern als lästiger Beifang lebend über Bord entsorgt.«

Viele Fische werden schon beim Hochholen im Netz von dem Gewicht ihrer Artgenossen zerquetscht. Die Tiere, die überleben, zappeln an Deck und schlagen so lange mit den Schwanzflossen, bis sie sterbend die Mäuler aufreißen und verenden. Keine Trawler-Crew ist groß genug, alle Fische so schnell zu schlachten, dass kein Tier leiden muss.

Vom Leid der Fische wollen wohl auch viele Wissenschaftler nichts wissen. Dabei wurde an Regenbogenforellen im Labor nachgewiesen, dass in ihrem Kopf über 50 Schmerzrezeptoren auf Reize reagieren. Im Nervengewebe von Fischen befinden sich Neurotransmitter, die Schmerzreize weiterleiten. Wenn Fische leiden, steigt ihre Herzfrequenz, sie atmen schneller, und sie schütten Stresshormone aus.

Ausrottung der Meere

Die unvorstellbare Menge von 100 Millionen Tonnen Fisch holt der Mensch im Lauf eines einzigen Jahres aus den Ozeanen. Für diese Menge an Speisefisch gehen noch einmal 30 Millionen Tonnen als »Beifang« ungenutzt wieder tot über Bord. Als Beifang gelten alle Lebewesen, die sich nicht kommerziell vermarkten lassen, weil sie nicht auf der Speisekarte der internationalen Kundschaft stehen. Es sind zu kleine Jungfische, »falsche« Arten und verletzte oder verstümmelte Fische, aber auch Vögel, Schildkröten und Meeressäuger. Weltweit sterben nach Schätzungen von Greenpeace über 300 000 Delphine und Wale als Beifang in den Netzen der Fabrikschiffe. In der Garnelen- und Krabbenfischerei liegt die Beifangquote sogar bei rund 80 Prozent, bei Plattfischen sind es über 40 Prozent, bei Thunfisch gehen 15 Prozent an Beifang ins Netz – häufig sind es Delphine, die den Thunfischschwärmen folgen und dann elendig in den Netzen ertrinken oder ersticken.

Die Welternährungsorganisation der Vereinten Nationen, die FAO, schlägt Alarm und warnt vor der Überfischung der Weltmeere. Seit Anfang 1960 hat sich der Fischkonsum mehr als vervierfacht. Weltweit sind 3,5 Millionen Fischereifahrzeuge unterwegs, um den wachsenden Hunger zu stillen, darunter mehr als 38 000 Fabrikschiffe mit 100 Bruttoregistertonnen (BRT) und über 24 Metern Länge. Diese Giganten fangen 60 Prozent aller Fische. Die deutsche Flotte ist mit ihren 13 Fang- und Verarbeitungsschiffen und etwa 2250 kleinen Kuttern praktisch bedeutungslos. Vier Fünftel der Fische auf dem deutschen Markt sind Importware. Die großen Trawler der internationalen Flotten fahren für die Vereinigten Staaten, Japan, Island, Norwegen, Dänemark, die Niederlande, Spanien, Frankreich, Russland, China, Chile und Peru. Die größten Fabrikschiffe sind über hundert Meter lang und können bis zu 7000 Tonnen Fisch in ihrem stählernen Bauch fassen. Sie bleiben mehrere Wochen auf See – so lange, bis ihre Lagerräume gefüllt sind.

Deshalb steht das Ökosystem Ozean an allen Ecken der Erde kurz vor dem Kollaps. Von den insgesamt 20 000 Fischarten sind über 90 Prozent genießbar. Etwa 70 Prozent aller Fischbestände auf den Weltmeeren werden ausgebeutet, und 28 Prozent der weltweit wichtigsten Fischbestände gelten heute nach einer Schätzung der FAO bereits als erschöpft, andere sind stark dezimiert. Die Fangquoten sind zu hoch, Überfischung wird staatlich gefördert. Über 15 Milliarden US-Dollar fließen weltweit Jahr für Jahr in die Subventionierung der Fischerei.

Es wird weitergefischt, als gäbe es kein Problem. Wenn Fanggründe keinen Kabeljau mehr hergeben, zieht die Meute der industriellen Ausbeuter mit ihren Fabrikschiffen einfach weiter, und es wird eben Alaska-Seelachs (auch »Alaska-Pollack« genannt) im Pazifik gefangen und vermarktet. Als die Kabeljaubestände vor den Grand Banks vor Neufundland in den siebziger Jahren plötzlich leergefischt waren, war das Entsetzen unter den örtlichen

Fischern groß. Niemand hätte es je für möglich gehalten, dass das glitzernde Eldorado aus Fischleibern endlich ist.

Doch der Schock war nur von kurzer Dauer. Technische Lösungen mussten her, damit sich die Netze wieder füllen. Von den Militärs wurden Hightechgeräte übernommen, die es ermöglichten, den Vernichtungsfeldzug gegen die Fische unbarmherzig fortzuführen. Wer beim Beruf des Fischers an niedliche Netze und die putzigen Angeln aus Kinderbüchern denkt oder »Käpt'n Iglo«-Werbung vor Augen hat, liegt völlig falsch. Hochseefischerei gleicht heute moderner Kriegsführung. Satellitengestützte Systeme und Bordcomputer berechnen Planktonverteilung und Wassertemperatur, um die Fischvorkommen vorauszuberechnen und auszuloten. Sonare orten ganz präzise, wo sich die Schwärme befinden. Das Echolot erfasst einen Schwarm von allen Seiten und liefert dem Skipper auf der Brücke ein exaktes 3-D-Bild der Fischleiber. Der Kapitän sieht, wie die Fische als rote Punkte oder Striche im Netz verschwinden. Kabellose Sonden melden ihm den Füllgrad des Netzes. Nichts bleibt mehr dem Zufall überlassen. Gegen Militärtechnik haben kleine Fische keine Chance.

Netze sind heute perfekte Fangmaschinen, die die Pyramiden oder den Kölner Dom locker einwickeln könnten. Einige sind 300 Meter breit, gut 150 Meter hoch und kosten je nach technischer Ausstattung weit über 200 000 Dollar. Mit solchen Netzmonstern gehen die Fabrikschiffe zum Beispiel auf Rotbarschjagd im Nordatlantik. Ein guter Fang wiegt 60 Tonnen und mehr.

Es gibt unterschiedliche Netzsysteme. Die Langleinenfischerei arbeitet mit beköderten Haken, die genau in der gewünschten Tiefe hängen. Eine einzige Leine in der großindustriellen Fischerei kann 100 Kilometer lang sein. Bei all den vielen Fabrikschiffen kommen in einem Fanggebiet manchmal mehrere tausend Kilometer Leine mit vielen Millionen Haken zusammen. Trotz Quotenregelungen und Verboten hat der Raubbau durch die Langleinenfischerei bedenkliche Ausmaße angenommen. Mit dieser Technik werden in wenigen Jahren ganze Thunfischbestände überfischt sein. Die Methode wird im Atlantik, im Mittelmeer und im Südpolarmeer industriell eingesetzt. Viele andere Tiere, Seevögel wie der Albatros und Meeresschildkröten, die durch die Köder an den Haken angelockt werden, verfangen sich in den Langleinen.

Schleppnetze werden von Bord aus mit 3 Knoten (gut 5 km/h) durch das Meer gezogen. Sie sind bis zu 120 Meter breit, 70 Meter hoch und haben eine Gesamtlänge von 1500 Metern, um auch jedes Fischchen zu erwischen. Mit diesen Giganten fängt man Schwarmfische wie Heringe oder Makrelen. Bodenbewohner wie Schollen, Butt und Seezungen werden von Grundschleppnetzen gefangen, die die Plattfische am Meeresboden aufscheuchen. Dabei durchpflügen diese Geräte den Grund regelrecht. Es gibt Grundschleppnetze mit der Öffnungsgröße eines Fußballfeldes. Sie werden mit schweren Eisenrollen über den Meeresboden gezogen und walzen alles platt, was ihnen im Weg steht, einschließlich seltener Tiefseekorallen. Ein Fangschiff kann das Leben auf dem Fanggrund komplett vernichten. Bodenlebewesen werden erschlagen oder einfach untergepflügt. Greenpeace fordert schon lange ein Verbot dieser Grundschleppnetze.

Als »Gammel« wird eigentlich der unverkäufliche Rest bei der Krabbenfischerei bezeichnet. Daraus ist ein ganzer Industriezweig geworden, die sogenannte Gammelfischerei, bei der alles weggefischt wird, was das Meer zu bieten hat. Gammelfischerei ist eine skrupellose Ausbeutung der Fischbestände. In der Nordsee zum Beispiel werden mit feinmaschigen Netzen auch Jungtiere aller Art gefangen, die oft noch lebend zu Fischmehl und Öl verkocht werden, um später an die Mastfische in den Aquafarmen verfüttert zu werden.

Die Ringwadenfischerei jagt Thunfische, Makrelen, Sardellen und Sardinen mit einem ringförmigen, bis zu zwei Kilometer langen und gut 200 Meter in die Tiefe hinunterreichenden Netz, das von zwei Beibooten ausgesetzt wird. Das Netz wird immer weiter zugezogen, bis man die Fische an Bord pumpen kann. Delphine verheddern sich in den Netzen und ertrinken.

Der Verbraucher ahnt von der perfektionierten Ausrottung der Meere wenig. Er will gewiss nicht, dass die Ozeane leergefischt werden und Wale und Delphine in den Netzen der Fabrikschiffe ertrinken. Doch dem Fisch, der sich zwischen der Panade seiner Fischstäbchen befindet, ist nicht anzusehen, ob er im Bestand bedroht ist.

Vom Fisch zum Stäbchen

Im Bauch der Fabrikschiffe werden die Fische filetiert und sofort schockgefroren. Die eigentliche Fischfabrik befindet sich unter Deck. Hier schlitzen Filetiermaschinen mit rotierenden Messern aus Edelstahl die Fischbäuche auf, schneiden Köpfe und Flossen ab. Gut 150 Fischleiber entgräten und enthäuten die Maschinen in der Minute. Eingeweide, Haut, Gräten, Flossen und Köpfe landen als Abfall wieder im Meer. Was später zu »Schlemmerfilets« und »Fischstäbchen« verarbeitet werden soll, wird zunächst zu einem Block gepresst und dann zu eisigen Filetblöcken gefroren. Später an Land werden die Blöcke dann portionsgerecht zersägt. Anschließend wandern die Filets in die Kühltheken der Supermärkte. Fischstäbchen & Co. enthalten hauptsächlich Fisch aus den Alaska-Seelachsbeständen im Beringmeer.

In Stäbchenform mögen die Menschen ihren Fisch besonders gern. Gut 1,5 Milliarden Stück werden pro Jahr in Deutschland verspeist. Das sind etwa 19 Fischstäbchen pro Bundesbürger. Käpt'n Iglo macht besorgte Mütter glücklich, denn der Nachwuchs isst gern gesunden Fisch, wenn er zwischen goldbrauner Panade versteckt ist.

Doch ohne Fisch gibt es keine Stäbchen mehr. Und das wäre schlecht fürs Geschäft. Bei der weltweiten Verknappung der Ressource Fisch wollte Käpt'n Iglo nicht länger tatenlos zusehen. Schon vor etwa zehn Jahren versprach man gemeinsam mit dem World Wide Fund for Nature (WWF) mehr »Nachhaltigkeit« auf den Weltmeeren. Das Zauberwort bekam sogar ein Fischsiegel namens »MSC« (Marine Stewardship Council). »Wir können heute jeden Fisch bis ins Fanggebiet zurückverfolgen«, sagt Christian Kleine. Er ist Geschäftsführer der Iglo GmbH und damit der Chef von Käpt'n Iglo.

Laut MSC-Richtlinien darf in Fanggebieten nur so viel gefischt werden, dass die Bestände gesund bleiben. Wer sich an dem ovalen blauen Siegel mit dem Fischmotiv orientiert, gibt dem Nachwuchs im Wasser eine Chance. Heute werden 40 Prozent des gesamten Fischsortiments von Iglo aus nachhaltigem Fischfang bezogen. Der deutsche Marktführer bietet alle Fischstäbchenprodukte mit MSC-Ware an. Ein kleiner Schritt in die richtige Richtung, denn leider kommt insgesamt nur wenig zertifizierte Ware auf den Markt. Alaska-Seelachs, Seehecht und Kabeljau landen durchaus auch aus überfischten Beständen auf dem deutschen Fischmarkt. Aus ökologischer Sicht wird deshalb von Umweltschützern maximal eine Fischportion pro Woche empfohlen.

Die Fischplünderer

Siegel hin oder her: Auf den Weltmeeren herrscht ein gnadenloser Verteilungskampf, der sogar den »Beruf« des Piraten wieder hervorgebracht hat. Die rätselhaften Wesen, die man eigentlich nur aus Mantel-und-Degen-Filmen kennt, tragen keine Schwerter und Augenklappen mehr. Auch die schwarze Flagge mit dem Totenkopf wird nicht gehisst. Heute wird überhaupt keine Flagge hochgezogen, es gibt auch keine Schiffsnamen oder sonstige Erkennungszeichen. Wie ihre legal arbeitende Fischerkonkurrenz operieren Piraten technisch hochgerüstet in internationalen Fanggebieten. Sie dürfen sich nur nicht erwischen lassen. Deshalb fangen sie den Fisch am liebsten dort, wo es keine Kontrollen gibt: vor den Küsten und in den Seegebieten armer Länder, zum Beispiel vor Westafrika.

Weit über 1300 Piraten-Fischtrawler plündern nach Schätzungen von Greenpeace illegal die begehrten Fischgründe. Sie jagen rund um die Antarktis, im Mittelmeer und vom Nordatlantik bis in die Südsee. Sie fangen Thunfische, Zackenbarsche und Seezungen – alles, was selten und teuer ist. Während in der kontrollierten Hochseefischerei schon selektive Fangtechniken eingesetzt werden, die durch eine bestimmte Maschengröße und Fluchtfenster im Netz dem Fischnachwuchs eine Überlebenschance geben, räumen Piraten ab, was sie kriegen können. Diskussionen um Fanggründe, Schutzzonen und internationale Abkommen sind ihnen völlig gleichgültig. Nach Schätzungen der Organisation für wirtschaftliche Zusammenarbeit und Entwicklung (OECD) gehen den Piratenfischern jedes Jahr über 30 Millionen Tonnen Fisch illegal ins Netz. Laut Greenpeace beträgt der Gesamtwert dieser verbotenen Fänge mehrere Milliarden Dollar im Jahr. Eine lohnende Beute, die in Häfen wie Las Palmas oder Suva auf den Fidschi-Inseln mit legaler Ware vermischt wird und dann in den Verkauf geht. Die korrupten Schiffseigner arbeiten über Briefkasten- und Scheinfirmen, und sie verdienen sich eine goldene Nase.

Wenn das große Geld lockt, bleibt die Moral auf der Strecke, und das nicht nur bei der Piratenfischerei. Auch im Urlaubsmeer der Deutschen, dem Mittelmeer, spielen sich tagtäglich Tragödien ab: Wale und Delphine, Schildkröten und Seevögel ertrinken und sterben einen langsamen Tod in den Maschen von Treibnetzfischern. »Treibnetze gehören zu den schädlichsten Fischereimethoden überhaupt«, sagt Thilo Maack, Meeresbiologe und Fischereiexperte von Greenpeace. »Die Netze sind weit über zehn Kilometer lang und stehen von der Wasseroberfläche bis zum Grund in 50 Meter Tiefe wie eine Wand im Meer.« Alles, was schwimmt, verfängt sich in den Maschen und stirbt einen elenden Tod. »Die Netze werden von den Schiffen aus ausgesetzt und driften dann mit der Strömung einfach im Meer«, erklärt Maack das Prinzip. »Nur durch Sender sind sie später für die Kapitäne wieder auffindbar.«

Immer wieder gehen diese Netze verloren, weil die Sender versagen oder abfallen. Dann fischen sie als »Geisternetze« jahrzehntelang weiter. Das synthetische Material, aus dem die Maschen gewoben sind, ist nahezu unverwüstlich. So ein Geisternetz bringt vielen tausend Tieren einen sinnlosen Tod. Obwohl die Treibnetzfischerei bereits 1992 von den Vereinten Nationen verboten wurde, haben Mittelmeerländer eine Flotte von über 450 Booten. Allen voran fischt Marokko mit 177 Booten, gefolgt von Italien und der Türkei, die jeweils über 100 Boote verfügen. Unter französischer Flagge fahren mindestens 76 Treibnetzfischer. Sie jagen den begehrten Blauflossenthunfisch, für den als Sushifisch auf dem japanischen Fischmarkt in Tokio Höchstpreise gezahlt werden. Heute ist nur noch ein Bruchteil der ursprünglichen Population vorhanden – wegen der weltweiten Sushiwelle steht der Blauflossenthunfisch im Mittelmeer am Rande der kommerziellen Ausrottung. War Sushi einst das Edelfastfood der New-Economy-Generation in den Metropolen der Welt, hat sich der rohe Fisch mit Reis heute bis in die Vorstädte hinein seinen festen Platz in der bundesdeutschen Gastronomieszene erobert. Ob Nigiri, Maki oder Sashimi, gerollt oder fein geschnitten und auf Reis drapiert – das japanische Fischfastfood ist voll im Trend.

Mast im Meer

Der Fisch in den Weltmeeren wird dramatisch weniger. Was tun? Kann man nicht einfach eine Art Aquarium im Meer bauen, Fische darin aussetzen und sie füttern, bis sie fett und schlachtreif sind?

Die Grundidee ist nicht neu: Bereits 475 v. Chr. hat ein chinesischer Geschäftsmann mit einer Karpfenzucht sein Geld verdient und ist in die Geschichte eingegangen, weil er das erste »Lehrbuch der Aquakultur« geschrieben hat. Im Mittelalter begründeten Mönche in Europa die moderne Teichwirtschaft. Aber »wilde« Meeresfische zu züchten und in Käfigen zu halten ist relativ neu. Vor ungefähr 30 Jahren wurde die Idee in Norwegen erstmals professionell umgesetzt, als man die ersten Aquakulturen für Lachse anlegte. Heute kommen weltweit bereits über 700 000 Tonnen Lachs aus der Massenproduktion. Gut die Hälfte davon wächst in Norwegen heran, aber auch irische, schottische und chilenische Fischfarmen sind mit Zuchtlachs auf dem deutschen Markt vertreten.

Längst ist der Lachs nicht mehr die einzige Art, die im Käfig aufwächst: Wolfsbarsche und Meerbrassen, Steinbutt und Heilbutt werden auf Fischfarmen gehalten – insgesamt sind es neben Muscheln und Garnelen über 200 Fischarten. Sogar der Kabeljau soll bald aus dem Käfig kommen. Schon heute wird bereits ein Drittel der Weltproduktion, das sind über 33 Millionen Tonnen Fisch, in Aquakulturen produziert. Das Geschäft mit Farmfisch ist eine Boombranche. Prognosen sprechen bereits davon, dass bis 2050 die Hälfte aller Speisefische aus Netzgehegen stammen wird.

Mit dem Lachs fing alles an. Er liegt auf der Liste der beliebtesten Fische bei den Deutschen gleich hinter Seelachs. Der ist übrigens trotz seines Namens nicht mit »Salmo salar« (so der zoologische Name des Lachses) verwandt, sondern mit dem Dorsch. Außerdem lebt der Seelachs im Meer und geht den Fabrikschiffen ins Netz, während Bruder Lachs mehrheitlich in der Mast dahin-vegetiert. Der Jahresverbrauch an Lachs liegt in Deutschland bei rund 100 000 Tonnen; knapp die Hälfte davon wird in norwegischen Aquafarmen fett.

Lachs ist zum allzeit verfügbaren Supermarktbilligfisch verkommen. Früher war er als Delikatesse begehrt, und man nahm den »König der Fische« nur mit Hochachtung in den Mund, doch heute ist der einstige Edelfisch von den feinen Tafeln verstoßen. Er wird als »Masthühnchen der Meere« beschimpft und verschmäht. Seit 200 Gramm »Smoked Salmon« in Folie eingeschweißt für knapp 2 Euro zu kaufen sind, bleiben beim Feinschmeckerbüfett die Lachskanapees liegen. Gourmets klagen pikiert über »fischigen« Beigeschmack, »flaches Aroma« und »musiges«, weiches Fleisch sowie breite Fettstreifen – ein Zeichen dafür, dass der Fisch sich zu wenig bewegt hat und zu schnell gemästet wurde. »Bloß kein Lachs«, dröhnt die feine Gesellschaft einstimmig und verächtlich. Allenfalls wilder Lachs aus den Fanggründen des Pazifiks hat noch Zugang zu den Gourmettempeln.

Der Untergang des Fischadels derer von Salmo salar wurde besiegelt, als der König in den Käfig gesperrt wurde. Die erste Generation der Käfiglachse hat das Image des Edelfischs schwer beschädigt. Die freiheitsliebenden Wandervögel unter den Fischen – sie werden in Flüssen geboren, schwimmen dann fünf Jahre im Meer herum, um zum Laichen wieder in ihren Heimatfluss zurückzukehren – dümpelten in den siebziger Jahren erstmals durch verdreckte Aquakäfige. Sie vegetierten in ihrem eigenen Kot und wurden hinter einer Wolke angefaulter Futterreste krank. Gequält von Parasiten wie der Lachslaus, einem gepanzerten Ruderfußkrebs, der die Fische bei lebendigem Leib anfrisst und dabei eitrige Geschwüre hinterlässt, litten die ersten Farmlachse zu Tausenden in den gigantischen Netzställen ihrem Ende entgegen. Sie hatten Hautkrankheiten, Flossenfäule und deformierte Mäuler, mussten gegen allerlei Krankheiten jede Menge Antibiotika schlucken und kamen dann nach zwölf Monaten mit rund vier Kilo Gewicht unters Schlachtermesser. Der flotte Fisch, der in der Natur mühelos gegen die Strömung flussaufwärts schwimmt und mit großen Sprüngen Stromschnellen überwinden kann, bekam in der Fischfarm einen Hängebauch und verkrüppelte Flossen.

Die »blaue Revolution« schien gründlich schiefgegangen zu sein. Die Stimmen der Kritiker wurden immer lauter. Aus den Lachsfarmen, die meist in offenen Buchten lagen, driftete ein gefährlicher Cocktail aus Giften und Fäkalien ins offene Meer, denn auf dem Boden der Mastfarmen sammelte sich, was von der Fischzucht oben übriggeblieben war: Fäkalien, verwesende Fische, Futterreste und Gifte wie Algizide, Herbizide und Fungizide, die gegen Algen, Bakterien und Pilze eingesetzt worden waren. Naturschützer beklagten zudem den enormen Einsatz von Fischmehl. Um ein Kilo Lachs zu produzieren, mussten vier Kilo Fisch in Form von Fischmehl verfüttert werden. Viele Millionen Tonnen kleiner Schwarmfische, Sandaale, Sprotten und Sardinen landeten nicht auf den Tellern der Menschen, sondern in Fischmehlfabriken – für Umweltschützer eine kriminelle Verschwendung des hochwertigen Nahrungsmittels Fisch. Hinzu kam die Angst vor den sogenannten Escapees (vom englischen »escape« = entkommen). Schätzungen sprechen von vielen hunderttausend Mastlachsen, denen pro Jahr die Flucht aus den Netzkäfigen gelang. Sie brachten Läuse und all die vielen Krankheiten zu ihren wilden Verwandten und gefährdeten damit die letzten der eigenen Art.

Doch die Fischfarmer haben gelernt. Noch immer sind die Anlagen nicht unumstritten, aber einiges hat sich verbessert. Die Netze sind ausbruchsicherer, aber auch weich und flexibel, damit sich der Mastkönig nicht verletzt. Gegen die Läuse werden Lippfische eingesetzt. Das sind kleine Putzerfische, die den Lachsen die Parasiten von den Schuppen picken. Aber ganz ohne Chemie ist die Laus auch heute noch nicht effektiv zu bekämpfen.

Ein Computerprogramm legt die Lachsfarbe fest

Das Futter wird genauer dosiert als früher. Ein Computer berechnet exakt die Menge der benötigten Pellets. Das sind die Futterkügelchen, die zu 45 Prozent aus Fischmehl, Fischöl, Ballaststoffen und Mineralstoffen gepresst werden. Vermehrt werden dabei pflanzliche Fette und Proteine statt Fischmehl eingesetzt. Gut ein Kilogramm Futter ist nötig, um ein Kilogramm Lachs zu erzeugen. Per Unterwasserkamera werden die Lachse überwacht. Wenn sie nicht mehr fressen, wird die Futterzufuhr automatisch abgestellt. Wer schwächelt oder krank ist, wird aus dem Bestand entfernt und vorzeitig getötet. In Norwegen, mit über 850 Mastanlagen und 300 Anlagen zur Jungfischaufzucht weltweit der größte Exporteur von Lachs, ist der Einsatz von Antibiotika gesetzlich geregelt und reglementiert: An eine Tonne Fisch dürfen insgesamt höchstens fünf Gramm Medikamente verabreicht werden.

Die Lachszucht beginnt im Eimer, in dem Fischeier und Lachsmilch vermischt werden. Gegen das Erkrankungsrisiko bekommen die Fischchen später eine Kombiimpfung in den Bauch. Dafür wird jedes Tier einzeln in die Hand genommen und bekommt eine Spritze. Ein Mitarbeiter einer Lachsfarm impft am Tag etwa 10 000 Fische.

Der Käfiglachs ist heute ein durchkalkuliertes Produkt, bei dem nichts dem Zufall überlassen wird. »Und der Käufer kann alles bestimmen«, sagt Terje E. Martinussen, Fischereiattaché des norwegischen Seafood Export Councils. Beispielsweise die Farbe der Fische. Damit die Lachse wunschgemäß erröten, wird Astaxanthin verfüttert, ein aus Algen gewonnener natürlicher Farbstoff, der auch die Rotfärbung von Krebsen bewirkt. Auf dem asiatischen Markt liebt man den Lachs knallrot: Auf der Farbskala des Fütterungscomputers ist das die Nummer 16. Das deutsche Farbempfinden bei Lachsen liegt im rosaroten Mittelfeld, da meldet der

Computer die Nummer 15. Fischereiattaché Martinussen betont, dass die Farbe kein Qualitätsmerkmal ist. Und dass tiefroter Lachs »besser schmeckt«, sei reine Einbildung. Die wildlebenden Verwandten nehmen den Farbstoff Astaxanthin übrigens beim Fressen von Schalentieren mit dem Panzer von Krebsen und Garnelen auf. Auch der Fettgehalt im Fisch, die begehrten Omega-3-Fettsäuren, kann übers Futter gesteuert werden, genauso wie die Vitamine.

Geht das Lachsleben dem Ende entgegen, wird das Netzgehege komplett entleert. In Spezialbooten reisen alle schlachtreifen Lachse zur Fischverarbeitung, dem Schlachthof der Lachse. Der Fisch soll möglichst wenig Todesangst haben, denn sonst wird sein Fleisch durch den Stresshormonschub weich und matschig. Um den Lachs zu beruhigen, wird das Wasser in seinem Becken bis auf 1 Grad heruntergekühlt. Das macht wechselwarme Fische träge und schläfrig. In diesem »Chill-Down-Becken« ruht der Lachs gut zwei Stunden, dann wird Kohlendioxid (CO_2) als betäubendes Mittel ins Wasser geleitet. Schließlich kommt das Tier im Dämmerzustand unters Messer. Noch vor dem Eintritt der Totenstarre ist der Lachs verarbeitet.

»Farmlachs ist stets von gleichbleibender Qualität«, schwärmt die Chefköchin des Gastronomischen Instituts in Stavanger, Siv Støfringstøl. Sie rührt kräftig die Werbetrommel für die Fischfarmindustrie und schwärmt: »Das Fleisch von Wildlachs ist fester, aber im Geschmack ist er von Farmlachs kaum zu unterscheiden.« Nun, da werden Feinschmecker und Fischfreunde wohl anderer Meinung sein …

Bei Frischfisch erkennt man die wilden Verwandten des Käfigkönigs sofort an ihrer Schwanzflosse. Während der Farmlachs sein Leben lang gemächlich im Kreis geschwommen ist und deshalb eine weiche, rundliche Schwanzflosse hat, ist die Flosse beim Wildlachs spitz auslaufend, hart und erinnert an das Schwert eines Segelboots. Die Schwanzflosse ist sein Kraftwerk, wenn der Lachs gegen den Strom flussaufwärts schwimmt. Sein Fleisch ist viel weniger rot, fest und schmeckt köstlich. Im Atlantik ist der Wildlachs bis an den Rand der Ausrottung bejagt worden und daher sehr selten. Er ist geschützt, aber ob er gerettet werden kann, wagt niemand zu sagen.

Biolachse aus ökologischen Aquakulturen stammen zum Beispiel aus Schottland. Sie sind zu empfehlen, denn sie werden ohne synthetische Zusatzstoffe wie Wachstumsregulatoren aufgezogen. Außerdem haben sie viel mehr Platz im Netzkäfig. Während sich in konventioneller Farmhaltung 25 Kilogramm Fisch einen Kubikmeter Wasser teilen müssen, sind es auf der Ökofischfarm nur zehn Kilo. Sie leben in den kalten, rauhen Buchten vor der Inselkette der Hebriden an der Nordwestküste Schottlands und müssen kräftig gegen die starke Strömung und die Gezeiten anschwimmen.

Der Lachs ist der Pionier unter den Farmfischen. Heute kommen mehr Speisefische aus Farmen, als man denkt. So stammt zum Beispiel der größte Teil des Trendfischs Loup de mer, auch Wolfsbarsch genannt, aus Aquakulturen. Im Jahr wachsen 35 000 Tonnen in den Farmen am Mittelmeer auf. Nur 5000 Tonnen sind Wildfänge. Für die absolute Topgastronomie wird der Wolfsbarsch vor der Küste der Bretagne noch mit kleinen Strandkrabben geködert und per Hand geangelt. Dann geht es im Flugzeug über Paris nach Frankfurt am Main und von dort in die Gourmettempel.

Die beliebte Dorade oder Goldbrasse ist ebenfalls oft ein Käfigfisch. Sie schwimmt vor allem in Griechenland, Spanien, der Türkei und Israel in den Meeresgehegen im Kreis. Auch Meeräschen gibt es nur deshalb das ganze Jahr über, weil einige von ihnen nie das offene Meer gesehen haben. Selbst der edle und teure Steinbutt lässt sich erfolgreich züchten. Er lebt in flachen sonnengelben Kunststoffbecken und wird zwei Kilo schwer. Die Farbe Gelb fördert Wachstum und Wohlbefinden der Plattfische.

Wie der Steinbutt ist auch der Heilbutt im Bestand gefährdet und sehr anfällig für Überfischung. Er wächst langsam, aber es gibt erste Erfolge bei der Zucht in Farmcontainern. Wie in den Aktenschränken einer Behörde liegen die Plattfische auf unterschiedlichen Etagen in einzelnen Regalen. Es ist ein absurdes Bild, aber den Fischen scheint schon die Illusion von »Boden« unter den Flossen zu genügen, um ihr bescheidenes Leben zu fristen. Noch finden die Zuchten von weißem Heilbutt in kleinem Rahmen statt. Erst wenn die Massenproduktion nicht teurer ist als die Wildfänge, lohnt sich das Verfahren. Vielleicht wird eines Tages ja auch Zuchtkabeljau aus Norwegen eine Alternative zu seinem aussterbenden wilden Verwandten sein. Denn Kabeljau ist heute bereits in vielen Gewässern durch Überfischung an den Rand der Ausrottung getrieben worden.

Welcher Fisch darf ins Einkaufsnetz?

»Fisch ist gesund«, predigen die Ernährungswissenschaftler. Doch die Meere vor unserer Haustür leiden unter Umweltgiften. Immer wieder gehen in Nord- und Ostsee Fische ins Netz, die mit Dioxinen belastet sind. Bei der Verarbeitung zu Fischmehl fällt die Dioxinbelastung dann auf. Fischmehl geht zu den Aquafarmen, wird an Karpfen und Forellen verfüttert und taucht später in der Nahrungskette auf dem Teller wieder auf. Bei Untersuchungen wurden chlorierte Kohlenwasserstoffe wie das Insektizid DDT ebenso schon nachgewiesen wie krebserregende PCBs (polychlorierte Biphenyle, die bis Ende der achtziger Jahre auch in Deutschland unter anderem als Isolierflüssigkeiten oder Weichmacher in Kunststoffen eingesetzt wurden). Auch Schwermetalle, Blei, Cadmium und Quecksilber werden regelmäßig gefunden. Die Werte liegen zwar meistens unterhalb der vorgegebenen Grenzwerte, doch Experten empfehlen trotzdem, nicht zuviel Fisch zu essen. Besonders auffällig sind immer wieder Garnelen aus Aquafarmen, bei deren Zucht allein in Südkorea über 140 verschiedene Antibiotika eingesetzt werden.

Dabei ist unbelasteter Seefisch sehr gesund. Er enthält jede Menge Jod und beugt damit Schilddrüsenerkrankungen vor. Wertvolle ungesättigte Fettsäuren schützen vor Herzerkrankungen und senken die Blutfett- und Cholesterinwerte. Bei Eskimos sind Erkrankungen wie Herzinfarkt und Bluthochdruck nahezu unbekannt, ihr Schlaganfallrisiko ist verglichen mit dem von Westeuropäern gering. Für dieses »Eskimophänomen« machen Wissenschaftler die Omega-3-Fettsäuren im Fisch verantwortlich. Sie sollen wie eine Herzpille wirken. Seefisch hat außerdem viel Vitamin A, B_{12} und D sowie Phosphor, Fluor und Selen.

Mit 14 Kilogramm Fisch isst sich der deutsche Verbraucher ins europäische Mittelfeld. Die Isländer führen mit 91 Kilo pro Kopf und Jahr die Hitliste der Fischesser an. 88 Prozent der Fische auf dem deutschen Markt sind importierte Ware aus Norwegen, Russland, China und Dänemark. Besonders beliebt sind Alaska-Seelachs, Hering, Lachs und Thunfisch. Der meiste Fisch wird tiefgefroren (28 Prozent) oder in Dosen und Marinaden (27 Prozent) gekauft, was ihm als gesunde Mahlzeit keinen Abbruch tut, denn durch die Konservierung werden die wertvollen Fischfette nicht zerstört.

Beim Kauf von frischen Fischen sollte man einige Kriterien befolgen. Fische dürfen auf keinen Fall zu klein sein, denn wenn sie gefangen wurden, bevor sie sich fortpflanzen konnten, ist das schlecht für den Bestand. Außerdem bestehen Babyfische nur aus Haut und Gräten. Man muss ja nicht gerade mit dem Maßband einkaufen und essen gehen, aber eine gewisse Größe sollte der Fisch nicht unterschreiten: Kabeljau sollte mindesten 30 cm, ein Hering 18 cm, eine Makrele 20 cm und eine Scholle mindestens 25 cm groß sein.

Auch für Fische gibt es eine Saison. Frischer Hering ist nur von April bis September auf dem Markt, Scholle gibt es von Mai bis Oktober, Rotbarsch zwischen Oktober und März, Makrele von September bis April und Kabeljau (Dorsch) von Oktober bis März aus der Nordsee und von März bis Juni aus der Ostsee. Schwarzer Heilbutt ist von Oktober bis Dezember zu kaufen. Sein weißes, zartes Fleisch ist sehr schmackhaft, aber er gehört zu den Speisefischen, deren Bestände seit Jahren dramatisch sinken. Auch Thunfisch, Kabeljau und Schwertfisch sind besonders bedroht. Dorade, Wolfsbarsch und Red Snapper schwimmen auf der Trendwelle des Fischgeschmacks gerade ganz oben, aber darüber, ob man sie bedenkenlos essen kann, sagt das natürlich nichts aus.

Greenpeace hat in Zusammenarbeit mit dem Internationalen Rat für Meeresforschung (ICES) die wichtigsten Speisefische in einer »Fisch & Facts«-Einkaufsliste zusammengesellt, die immer wieder aktualisiert wird. Besonders gefährdet sind die Arten, die auf der roten Einkaufsliste stehen.

Vom Untergang bedroht:

- *Heilbutt* wird mit Langleinen und Grundnetzen gefangen und gehört zu den Speisefischen mit dem höchsten Marktwert. Es gibt teilweise ein Schleppnetzverbot zum Schutz des Heilbutts, denn der Bestand ist sehr gering. Der Weiße Heilbutt ist mit 300 Kilogramm der größte unter den Plattfischen. Er wächst sehr langsam und kann deshalb mit Umweltgiften belastet sein. Der Schwarze Heilbutt ist mit etwas über einem Meter der »kleine« Verwandte des Weißen Heilbutts. Beide leben in Tiefen bis zu 2000 Metern in den kühlen Gewässern des Atlantiks (Grönland, Neufundland).
- *Hoki* (Langschwanz-Seehecht) wird mit Schleppnetzen in der

Tiefsee gefangen. Die Bestände sind bereits um 80 Prozent geschrumpft, obwohl die Fangmenge auf 100 000 Tonnen pro Jahr gesenkt wurde. Eigentlich sollte die Art als Alternative zu Kabeljau auf den Markt.

- *Seehecht* ist eine in etwa 200 Metern Tiefe auf dem Meeresboden lebende Art und wird mit Schleppnetzen und Langleinen gefangen, in denen sich Robben und Seevögel wie Albatrosse verheddern. Der Seehecht wird gut einen Meter groß und wiegt etwa 10 Kilo. Er lebt vor allem im Atlantik und im Mittelmeer und zählt zu den beliebten Tiefkühlfischen.

- *Kabeljau und Dorsche* werden mit Stellnetzen, Ringwaden und Grundschleppnetzen gefangen, die den Meeresboden durchpflügen und viel Beifang haben. Bei beiden Artbezeichnungen handelt es sich um den gleichen Fisch. Der Dorsch ist noch nicht geschlechtsreif oder stammt aus der Ostsee – dort wird der Kabeljau allgemein als Dorsch bezeichnet. Bis Anfang der siebziger Jahre war der beliebteste Fisch der Deutschen noch die am meisten verbreitete Fischart der Welt. In der Nordsee ist der Kabeljau heute drastisch dezimiert, in der Ostsee sind die Bestände geschrumpft. Nur in der Barentssee, um Island, Grönland und Nordnorwegen gelten die Bestände als einigermaßen stabil. Allerdings sind die Fangquoten zu hoch. Weil Schellfisch mit Kabeljau gefangen wird, gefährdet die Schellfischfischerei die Erholung des Nordseekabeljaus.

- *Schollen/Seezungen* werden mit Grundschleppnetzen gefangen, die mit Rollengeschirr und sogenannten Scheuchketten ausgerüstet sind, weil sich die Fische gern in den Sand eingraben. In der südlichen Nordsee wird der Meeresboden mehrmals pro Jahr umgepflügt. Schollen leben im Skagerrak, im Kattegat und in der dänischen Belte. Kabeljau und andere Fische gehen als Beifang tot über Bord. Bei der Seezungenfischerei werden etwa zwei Drittel der mitgefangenen Schollen wieder über Bord geworfen.

- *Lachs* wird wild heute fast nur noch im Nordatlantik vor der kanadischen und eurasischen Küste oder im Pazifik gefangen. Während der zertifizierte Pazifische Wildlachs mit MSC-Siegel in gutem Zustand ist, ist der wilde Atlantische Lachs seltener denn je. Die meisten Lachse, die im Laden angeboten werden, stammen aus Aquafarmen.

- *Thunfische* werden mit Langleinen, Treibnetzen oder Ringwaden gefangen. Immer wieder geraten Delphine als Beifang in die Netze, Aufdrucke wie »delphinfreundlich gefangen« werden von Greenpeace als Augenwischerei bezeichnet, denn ganze Delphinschulen folgen zum Beispiel dem Gelbflossenthunfisch und geraten leicht in die Ringwaden. Gelbflossenthunfisch und Bonito enden in Dosen und stammen aus den Philippinen und Equador. Sie sind nicht überfischt, wenn sie aus dem Ostpazifik kommen (Weißer Thunfisch). Der Rote Thunfisch wird stark befischt, denn für den »Sushifisch« werden Kilopreise von bis zu 500 Dollar gezahlt.

- *Schwertfische* werden kommerziell mit Langleinen gefangen und sind stark dezimiert. Der Verzehr gilt als bedenklich, da sie stark mit Schadstoffen belastet sind. Sie müssen vor dem Verkauf auf Schwermetalle geprüft werden. Schwertfische sind generell sehr stark überfischt, der Nordatlantikbestand ist extrem gefährdet. Sie sind heute noch als Beute beim »Big Game Fishing« begehrt. Die Giganten unter ihnen wiegen über eine Tonne und sind über 100 km/h schnell. Sie sind kaum mehr zu finden.

- *Rotbarsch* wird mit Schleppnetzen gejagt, in deren Öffnung gleich mehrere Fußballfelder passen würden. Alle Bestände sind stark dezimiert. Die Heimat des in Deutschland sehr beliebten Speisefischs ist der Nordatlantik, wo der Rotbarsch in einer Tiefe bis zu 1000 Metern lebt. Der leuchtend rote Fisch ist eine der meistgefischten Arten. Er kann 60 Jahre alt werden und bis zu 15 Kilo wiegen.

- *Dornhaie* werden mit Langleinen oder Netzen gefangen. Aus ihren Bauchlappen werden die beliebten geräucherten Schillerlocken, das Rückenfilet wird als »Seeaal« angeboten. Der Bestand im Nordatlantik ist zusammengebrochen, Fänge in der Nordsee sanken in den letzten 40 Jahren um über 80 Prozent. Der Bestand ist stark rückläufig. Für Haifischflossensuppe werden den Tieren die Flossen bei lebendigem Leib abgeschnitten – die sterbenden Dornhaie werden noch lebend ins Meer zurückgeworfen.

Im kritischen Bereich:

- *Sardinen* werden mit Schleppnetzen oder Ringwaden gefangen oder mit Lampen an die Wasseroberfläche zum Boot gelockt und dann mit dem Netz umkreist. Sardinen leben am liebsten in bis zu 20 Grad warmen Gewässern und ziehen in riesigen Schwärmen durchs Meer. Sie gehören zu den Heringsartigen, es gibt sie überall auf der Welt. Größter Lieferant und Weltmarktführer (90 Prozent) für Konserven ist Marokko. Die Bestände vor Portugal und Spanien haben sich erholt, aber im Mittelmeer droht die Überfischung.
- *Doraden* werden auch *Goldbrassen* genannt. Die meisten stammen aus Aquakulturen, Wildfänge fängt man mit Schleppnetzen. Unter der Bezeichnung »Dorade rosé« wird eine ganze Reihe von Brassen angeboten, die eine rosa Färbung aufweisen. Sie sind etwa 45 cm groß, leben im Atlantik und im Mittelmeer und gehören zur Familie der barschartigen Fische.
- *Wolfsbarsch (Loup de Mer)* wird in der Biskaya und südlich der Britischen Inseln mit Stellnetzen und Reusen gefangen. Er wird etwa 5 Kilo schwer und kann 15 Jahre alt werden. Ein großer Teil stammt nicht aus Wildfängen, sondern wird heute in

Aquakulturen gezüchtet. Für Feinschmecker wird der Wolfsbarsch in der Bretagne von Hand mit Langleinen geangelt.

- *Alaska-Seelachs* oder *Pollack* wird mit riesigen Schleppnetzen
  gefangen. Während die Bestände der Alaska-Seelachse aus der
  US-Fischerei gut gemanagt werden und am MSC-Zertifikat zu
  erkennen sind, gelten die russischen Bestände als überfischt. Aus
  den USA kommen leider nur rund 38 Prozent der Ware auf den
  deutschen Markt. Alaska-Seelachs wurde als preiswerte Alternative zu Kabeljau verkauft. Er wird heute meist tiefgefroren als
  Filet importiert.

Ins Einkaufsnetz dürfen:

- *Heringe* sind dank gegenwärtig niedriger Fangquoten in der
  Nordsee und im Skagerrak nicht zu stark befischt. Anfang der
  siebziger Jahre war der Bestand norwegischer Heringe zusammengebrochen – der Fang wurde verboten, und die Bestände
  konnten sich erholen. In der westlichen Ostsee sind Heringe
  stabil, in der zentralen Ostsee schrumpft der Bestand, weil die
  Heringe dort nicht genug Nahrung finden. Auf hoher See fängt
  man Heringe mit Schleppnetzen. Der Schwarmfisch kann bis zu
  20 Jahre alt werden und ist etwa 40 Zentimeter lang. Geräuchert
  nennt man Heringe Bückling. Zu Matjes werden junge Heringe verarbeitet, die mindestens 12 Prozent Fett haben; in milder
  Salzlauge lagern sie sieben Tage in Fässern. Rollmöpse sind Salz-
  heringe, die gewässert und entgrätet, um das Viertel einer Ge-
  würzgurke gerollt werden.
- *Seelachs* oder *Köhler* aus dem Atlantik steht auf Platz drei der
  wichtigsten Speisefische bei uns. Der Bestand gilt als gesichert,
  in der Nordsee geht nur wenig Beifang ins Netz. Es gibt ihn als
  Frischfisch auf Eis, als Lachsersatz in Scheiben geschnitten und

rot eingefärbt oder in Form von Fischstäbchen und Schlemmerfilets.

- *Makrelen* sind mit dem Thunfisch verwandte Schwarmfische, die
rund 500 Gramm wiegen. Sie lassen sich nahezu ohne Beifang
im Schleppnetz fischen. Der Nachwuchs im Nordostatlantik ist
stabil. Es gibt zwei Hauptbestände: einer westlich der Britischen
Inseln, der andere in der Nordsee und im Skagerrak.

Süßwasserfische:

- *Karpfen* sind auch in konventioneller Zucht unproblematisch,
denn sie fressen, was vor Ort wächst, und ernähren sich vorwiegend vegetarisch. Sie gedeihen selbst in sauerstoffarmen
Teichen. Der Karpfen wurde schon im Mittelalter in Teichen
gezüchtet.
- *Forellen* sind mit dem Lachs verwandt und leben sowohl in Flüssen (Bachforelle) und Seen (Seeforelle) als auch im Meer (Meer-
forelle). Die Regenbogenforelle ist ein beliebter deutscher
Teichfisch. Die meisten Forellen im Laden sind aus Zuchten
und deshalb das ganze Jahr über erhältlich. Die Fütterung mit
Fischmehl ist wegen der Überfischung ein Problem.
- *Viktoriabarsche* sind gewiss nicht vom Aussterben bedroht – im
Gegenteil. Sie haben das Ökosystem des afrikanischen Viktoria-
sees und die Vielfalt der heimischen Fische zerstört, als sie dort
in den sechziger Jahren ausgesetzt wurden. Der Import frischer
Filets ist jedoch eine Umweltsünde, denn der Transport geht
über den Luftweg.

Wie frisch ist Fisch?

Ist der Fisch zu frisch, schmeckt er nicht. Das hängt mit der Totenstarre zusammen und dem Abbau von Milchzucker zu Milchsäure, der in der Muskulatur stattfindet. Das Fleisch frischer Fische ist fad. Erst nach ein paar Stunden, wenn sich die Totenstarre gelöst hat, bilden sich auch die Geschmacksstoffe. Deshalb verschmähen Feinschmecker tiefgefrorene Ware von Fabrikschiffen, denn die Fische werden auf hoher See noch vor dem Einsetzen der Totenstarre und damit viel zu frisch verarbeitet.

Alten Fisch erkennt man am typisch »fischigen« Geruch, der durch den Abbau von Fischeiweiß und Fett entsteht. »Fisch muss nach Meer riechen«, sagen Spitzenköche und Kenner. Die Augen frischer Fische sind klar, die Kiemen leuchtend rot, und die Haut darf auf keinen Fall schleimig sein. Wer frischen Fisch kauft, braucht sich aber nicht nur auf die Nase und die Augen zu verlassen. »Man sollte den Händler fragen, ob der Fisch schon vorher gefroren war«, sagt Dr. Matthias Keller vom Fischinformationszentrum in Hamburg. »Das ist zwar nicht verboten, aber der Kunde sollte es wissen.«

Denn das Gewicht von Fisch lässt sich manipulieren. »Wiederaufgetaute Fische bringen mehr auf die Waage, wenn der Händler sie vor dem Einfrieren mit phosphathaltigem Wasser gewaschen hat«, sagt Dr. Keller. Durch das Phosphat lagert der Fisch Feuchtigkeit ein.

Es gibt einige Tricks, um Fisch frisch aussehen zu lassen. Mit Hilfe von Kohlenmonoxid kann man die Farbe beeinflussen. So behandelter Thunfisch bleibt schön himbeerrot. Die Farbe täuscht Frische vor, und das kann gefährlich werden, denn bei verdorbenem Fisch bilden sich Stoffe wie Histamin, die zu Vergiftungen führen können.

Auch bei geräucherter Ware gibt es Qualitätsunterschiede. Gut geräucherte Ware ist gleichmäßig goldgelb, das Fleisch ist fest, und die Haut schimmert seidig. Ist die Oberfläche stumpf oder zu salzig, weist das auf eine Injektionssalzung hin. Das Fleisch darf nicht weich oder gar matschig sein.

Räuchern ist eine uralte Konservierungsmethode, bei der der Fisch ausgenommen und gesalzen wird, bevor er über dem Räuchermehl von Buchen-, Erlen- oder Eichenholz geräuchert wird. Es gibt die Kalt- und die Heißräucherung, und während letztere nur wenige Minuten dauert und bei etwa 80 Grad erfolgt, dauert das Kalträuchern Tage und geschieht bei Temperaturen zwischen 26 und 30 Grad. Räucherware muss gut abkühlen, bevor sie verpackt wird. Ist der Fisch noch zu warm, wir die Ware feucht und matschig.

Krabben, Krebse & Co.

Das Massenschicksal der Garnelen fängt mit falschen Bezeichnungen an. Sie kommen meist aus dem Kühlregal im Supermarkt und werden von Laien auch als »Tiger Prawn« (Zuchtgarnele), Krabben oder Shrimps bezeichnet. Als »Krabbencocktail« mit viel Mayonnaise schmecken sie dem Verbraucher auf Brötchen, »Shrimps« werden lässig als Beigabe über den Salat gestreut, als schneller Snack eingeschweißt in Plastikbechern verkauft und als Billighappen zwischendurch verputzt. Was einst als maritime Delikatesse galt, ist zur Massenware verkommen.

Um den Bedarf zu decken, werden die kleinen Tierchen in Zuchtfarmen in Asien, Afrika und Mittelamerika produziert. Mit Fischmehl fettgefüttert, haben sie ihr nussiges Aroma eingebüßt. Immer wieder bleiben mit Chemikalien und Antibiotika gedopte Shrimps im Kontrollnetz der Behörden hängen und bringen die Familie der Krebstiere in Verruf.

Weltweit werden rund 4,2 Millionen Tonnen Krebstiere im

Jahr gehandelt, ein Viertel davon wird in Aquakulturen gezüchtet. Wichtige Erzeuger sind China, Indonesien und Thailand. Shrimps-farmen sind jedoch eine Umweltkatastrophe. Für die Anlagen werden Mangrovenwälder gerodet, die als Küstenschutz eine wichtige Rolle spielen, und durch Futter und Medikamentenein-satz werden die Gewässer der Umgebung verdreckt. Dem Desa-ster stehen nur wenige Biobetriebe gegenüber.

Da greift man doch besser gleich zur heimischen Nordseekrab-be, oder? Direkt vom Kutter, frisch gepult aufs Brötchen – das denkt jedenfalls der Kunde. Wer ahnt schon, dass die Nordsee-krabbe erst nach Nordafrika reisen muss, bevor sie auf unserem Brötchen landet? Denn gepult wird nicht in Büsum, sondern in Marokko. Dort sind die Löhne billig, das Personal ist willig, und nach kurzer Zeit treten die kleinen Tierchen ohne Panzer wieder die Heimreise an. Vorher gibt es noch eine ordentliche Dusche mit Konservierungsmitteln, und dann hält die deutsche Nordsee-krabbe einen ganzen Monat lang. Guten Appetit!

Aber es gibt ja noch die günstigen Hummerschwänzchen im Kühlregal des Supermarkts. Doch was manch einer für Hum-merschwänzchen hält, ist in Wahrheit Surimi und damit eine optische Täuschung. Die Hersteller imitieren das Krebsfleisch nur, denn das vermeintliche »Hummerschwänzchen« besteht aus dem Abfall von Alaska-Seelachs, der auf den Fabrikschiffen zu Fischbrei gepresst wurde. Zusätze wie Sorbit und Phosphat verleihen der Masse eine bestimmte Konsistenz, und der typische Krebsgeschmack wird durch Aromastoffe, Hühnereiweiß, Stär-ke und Gewürze erzeugt. In Formen gepresst, erhält der Fisch-brei letztendlich sein Aussehen und kommt dann als Krebs- oder Hummerimitat auf den Markt. Ein bisschen rote Farbe verstärkt die perfekte Täuschung. Surimi ist eine japanische Er-findung.

Vergessene Fische

Wer das Petermännchen für den Nachwuchs im Kinderwagen der Nachbarin hält, liegt völlig falsch. Die gut 30 Zentimeter langen Meeresfische waren früher an der Nordseeküste sehr beliebt. Sie haben Giftstacheln in der Rückenflosse und sind deshalb bei der Zubereitung mit Vorsicht zu behandeln. »Petermännchen im Bierteig ist ein Genuss«, schwärmt Gesa Marsch. Es gibt eben nicht nur Fischstäbchen, Kabeljau & Co.

Die Oecotrophologin aus dem norddeutschen Örtchen Treia bedauert, dass viele Fischarten in Vergessenheit geraten sind. Maifische aus der Familie der Heringe zum Beispiel wurden früher gern und viel geräuchert. Sie sind Meeresbewohner, schwimmen aber zum Laichen flussaufwärts. Oder der Merlan, der zur Familie der Dorsche gehört. Sein Fleisch ist zart und hat einen sehr feinen Geschmack. Und die Meeräsche wurde früher von den Nordseefischern geräuchert oder gesalzen verkauft, ihr Fleisch war bei den Kunden hochgeschätzt.

Auch im Süßwasser schwimmen nicht nur Karpfen, sondern zahlreiche Köstlichkeiten, die heute kaum jemand kennt, unter anderem Maränen, Schleien und Hechte. Maränen sind lachsartige Fische, die in den mecklenburgischen und holsteinischen Landseen an der Küste der Ostsee leben und ein sehr feines, wohlschmeckendes Fleisch haben. Sie zählen zu den feinsten und teuersten Tafelfischen und werden von Gourmets geschätzt. Schleien leben als Nebenfische im Karpfenteich. Sie haben ein kräftiges Aroma und eignen sich perfekt für deftige Rezepte wie Suppen oder Eintöpfe, aber auch zum Braten und Grillen. Schleien sollten etwa zwei Kilo wiegen, bevor sie geschlachtet werden. »Hechte dagegen schmecken am besten, wenn sie noch jung sind«, sagt Gesa Marsch. »Mit einem Jahr heißen sie Grashechte.« Da der Räuber viele Gräten hat, verarbeitet sie den Fisch am liebsten zu Hechtklößchen.

Der Stint gehört zur Familie der Lachse und zieht zum Laichen in die Elbe. Er wird in Norddeutschland als regionale Delikatesse gefeiert und im Winter bis hin zum Osterfest von den Elbfischern gefangen. Früher gab es so viel Stint, dass die Bauern damit die Felder gedüngt haben. Durch die jahrzehntelange Elbverschmutzung ist der Stint jedoch selten geworden. Sein Geruch erinnert ein wenig an frisch geschnittene Gurken. Stint wird gesäubert, gesalzen, in Roggenmehl gewendet und anschließend mit gewürfeltem Speck in Margarine gebraten. Er schmeckt ausgezeichnet zu Kartoffelsalat.

Alte Fischrezepte

Gesa Marsch hat die folgenden Fischrezepte jeweils für vier Personen zusammengestellt. »Die meisten Hausfrauen haben Angst vor der Zubereitung von Fisch, wenn er nicht fix und fertig als Schlemmerfilet aus der Tiefkühltruhe kommt«, sagt sie. »Dabei ist es kinderleicht, frischen Fisch zuzubereiten!«

Petermännchen im Bierteig

Man nehme: 4 Filetstücke, 1 Ei, 50 g Mehl, 30 ml Bier, 1 Zitrone, Salz und Pfeffer.

Die Zitrone auspressen und das Filet mit dem Saft beträufeln und stehenlassen. Aus den anderen Zutaten einen Teig rühren, der die Konsistenz eines Pfannkuchenteigs hat. Den Fisch in 5 cm lange Stücke schneiden und in den Teig tauchen. Dann in der Pfanne mit Sonnenblumenöl ausbacken.

Schleie mit Dillsoße

Man nehme: 2 Schleien à 350 g, 1 Möhre, 1 Zwiebel, 2 Lorbeer-
blätter, 2 Zweige Thymian, 250 ml Wasser.

Möhre und Zwiebel schälen, grob würfeln und zusammen mit
den Gewürzen zum Kochen bringen. Die gewaschenen Schleien
in den Sud legen und etwa 20 Minuten garziehen lassen.

Für die Dillsoße braucht man 30 g Butter, 40 g Mehl, 500 ml
Gemüsebrühe, 2 El Sahne und ein Bund Dill. Die Butter in der
Pfanne zerlassen, Mehl einrühren und anschwitzen lassen, bis es
leicht gelblich ist. Die Brühe nach und nach dazugeben und die
Soße aufkochen lassen. Alles ständig mit dem Schneebesen rühren.
Dann die Soße mit gehacktem Dill und Sahne abschmecken.

Hechtklößchen

Man nehme: 500 g Hechtfilet, 2 El Butter, 2 El Mehl, 1 Ei, 125 ml
Sahne, Salz und Pfeffer.

Den Hecht in Streifen schneiden, leicht salzen und zugedeckt
im Kühlschrank eine halbe Stunde ruhen lassen. Die Butter schaumig rühren, das Mehl unterrühren. Den Fisch pürieren oder durch
den Wolf drehen. Dann die Buttermasse nach und nach hinzugeben. Alles etwa 20 Minuten durchkühlen lassen. Das Ei und
die Sahne unter die Masse heben. Salzwasser zum Kochen bringen. Die Hände mit kaltem Wasser anfeuchten und Klößchen formen (5 cm Durchmesser), die dann 10 Minuten im Salzwasser
garziehen müssen.

Große Maräne Müllerinart

Man nehme: 4 küchenfertige Maränen, 250 g Butterschmalz, 3 Zitronen, Salz und Pfeffer, etwas Mehl, 3 El Petersilie.

Die Maränen unter fließendem Wasser gründlich waschen. Dann trockentupfen und die Bauchhöhle mit Zitronensaft einstreichen, salzen und pfeffern. Das Butterschmalz in einer Pfanne erhitzen. Reichlich Mehl in einen tiefen Teller geben, die Maräne darauflegen, leicht andrücken, wenden und das überschüssige Mehl abklopfen. Dann in dem heißen Butterschmalz 7 Minuten von jeder Seite braten. Beim Braten immer wieder mit dem Bratfett beträufeln. Mit Zitronenscheiben servieren.

Unser
kläglich Brot

Brot zu backen ist gar nicht so schwierig: Man nehme ein Kilo Mehl, gebe es in eine Schüssel, bröckele 20 Gramm Hefe darüber, bedecke das Ganze mit etwas lauwarmem Wasser und lege dann ein Küchentuch darüber, damit die Hefe gehen kann. Später werden Mehl und Hefe mit zwei Esslöffeln Salz und 500 ml warmem Wasser so lange geknetet, bis ein leicht klebriger Teig entstanden ist. Dann wird der Teig wieder für zwei Stunden mit dem Küchentuch abgedeckt und an einen warmen Ort gestellt, damit er so richtig schön aufgehen kann. In der Zwischenzeit wird der Backofen auf 230 Grad vorgeheizt. Den Teig noch einmal kneten, einen Laib daraus formen, auf ein gefettetes Backblech legen und in den Ofen schieben. Nach einer Stunde ist das Brot fertig!

Über Jahrhunderte haben die Menschen so oder ähnlich ihr Brot gebacken. Sie nahmen Getreide, Wasser, Hefe, etwas Salz und kneteten aus den wenigen Zutaten ein schmackhaftes Grundnahrungsmittel, das im Lauf der Geschichte für die Menschheit zum Mythos wurde. Jesus brach beim letzten Abendmahl vor seinem Tod am Kreuz das Brot, reichte es seinen Jüngern und sprach: »Dies ist mein Leib, der für euch und für alle hingegeben wird – zur Vergebung der Sünden ...« Brot als Symbol für den Leib Christi. In der Eucharistie findet im katholischen Gottesdienst die Wandlung noch heute statt: Die Hostie wird zur Kommunion als »Leib Christi« gereicht. Im Vaterunser bitten die Betenden »unser tägliches Brot gibt uns heute«. Kein anderes Lebensmittel taucht so oft in der Bibel auf. Nicht nur in der christlichen Kirche spielt Brot eine große Rolle: Die Juden beschenken sich am Pessachfest mit ungesäuertem Mazzen, dem salzlosen Brot des Mangels. Auch in Sprichwörtern ist oft von Brot die Rede. Gefangene darben bei »Wasser und Brot«, Tiere bekommen ihr »Gnadenbrot«, Berufe sind »Broterwerb« oder »brotlose Kunst«, man muss »sich sein Brot sauer verdienen«.

Unser tägliches Brot war ursprünglich nichts als ein Brei aus wilder Hirse und anderen Körnern, die die Steinzeitmenschen in der Wildnis zusammengesammelt haben. Schon vor über 10 000 Jahren wurde Getreide angebaut, vor etwa 8000 Jahren buk man eine Art Fladenbrot auf heißen Steinen oder in glühender Asche. Im alten Ägypten war Brot so begehrt, dass es als Zahlungsmittel eingesetzt wurde. Hohe Beamte wurden teilweise mit Weißbrotlaiben entlohnt. In den Gräbern der Pharaonen fanden die Archäologen Wandmalereien, die Menschen vor 4000 Jahren bei der Getreideernte zeigen. Je voller die Kornkammern des Königs waren, um so einflussreicher war er auch. Die abgekauten, beschädigten Zähne der Mumien lassen allerdings darauf schließen, dass das Brot zu der Zeit eine schwer verdauliche Nahrung war, weil man hin und wieder auf das eine oder andere Steinchen biss, das sich von den Mahlsteinen abgenutzt hat.

Zur Zeit des Römischen Reichs gab es extra eine Innung der Weißbrotbäcker, die streng kontrolliert wurden. Im Mittelalter konnten sich nur Aristokraten und wohlhabende Bürger Brot aus feingesiebtem, hellem Mehl leisten. Weißes Brot galt als Privileg der reichen Leute. Auch in Kriegszeiten war gutes Brot knapp. Im Ersten Weltkrieg wurde schwerverdauliches »Kommissbrot« an die hungernde Bevölkerung verteilt, ein Roggenmischbrot, das nicht gebacken, sondern gekocht haltbar gemacht wurde und in der Not als eiserne Ration diente.

In all den Jahrhunderten reichten Mehl, Wasser, Sauerteig und später Hefe und Salz aus, um das perfekte Nahrungsmittel herzustellen. Brot backen ist kinderleicht. Doch viele Bäcker machen es sich heute noch ein bisschen leichter: Sie arbeiten mit Fertigprodukten. Das hat ihnen den Schimpfnamen »Tütenbäcker« eingebracht. Die Industrie liefert die Säcke mit den Backmischungen gleich mit Werbeplakaten für die Verkaufsauslagen und mit Aufklebern für den Brotlaib. Für Industriebrot wird der Tüteninhalt einfach zusammen mit Wasser in die Rührmaschine gekippt und zu Teig verarbeitet. Anschließend wird der Laib in den computergesteuerten Ofen geschoben, und ruck, zuck ist das Billigbrot fertig. Die gute alte Backstube von früher gibt es heute nur noch selten.

In der Tütenbäckerei

Unser tägliches Brot hat sich in klägliches Brot verwandelt. Jedes dritte Brot ist heute ein Industriebrot, und das hat mit der guten alten Bäckerhandwerkskunst nichts gemein. Backstuben sind vollautomatische Fertigungshallen, in denen ein mittelständisches Unternehmen bis zu 30 Tonnen Mehl am Tag verarbeitet. Alles soll schnell und möglichst rationell gehen. Hochgeschwindigkeitsmixer und Knetmaschinen ersetzen flinke Bäckerhände, Kollege Computer berechnet den Produktionsablauf. Mit Gärschränken und Bräunungsautomaten lässt sich Zeit sparen. Das alles funktioniert nur, wenn der Teig perfekt an die Maschinen angepasst ist. Erst die Backmittelindustrie mit ihrem Chemiemix aus der Zaubertüte macht diesen reibungslosen Ablauf möglich. Brot ist zum Fertigprodukt geworden.

Dem Tütenbäcker helfen Mittelchen, die das Volumen des Brotes erhöhen, andere wieder manipulieren die Farbe. So wird aus weißer Ware ruck, zuck dunkles Brot, und damit das Schummelbrot mit dem knackig braunen Vollkornlook auch wirklich überzeugt, werden von außen noch ein paar Körner auf die Krume gestreut. 90 Prozent der Bäcker arbeiten bereits mit Backmitteln, die den Teig regulieren und blähen, andere wirken gegen die

Klebrigkeit, machen das Knetmaterial je nach Bedarf härter oder weicher. Für Brotfabriken werden die Mischungen speziell für die jeweilige Backstraße gemischt.

Der Mann in der Backstube kennt die Inhaltsstoffe nicht, die sich in den Backmitteln befinden – ebensowenig wie die Käufer. Zusätze wie Säuerungsmittel, Ascorbinsäure, Emulgatoren, Kalziumsulfat und jede Menge Enzyme sind beim Backvorgang im Einsatz und machen später so manchem Allergiker das Leben schwer. Es gibt Bräunungsmittel und Stabilisatoren, und es gibt Gärcontroller, die »Relax« heißen, als ob es sich um ein Beruhigungsmittel handle.

Würde es beim Einkauf von Tütenbrot Beipackzettel wie bei Medikamenten geben, wäre die Liste lang: Insgesamt sind über 70 Chemikalien in Backmitteln erlaubt, darunter zwölf Konservierungsstoffe, acht Farbstoffe, acht Verdickungsmittel, sechs Säureregulatoren, fünf Säuerungsmittel, vier unterschiedliche Emulgatoren sowie Treibmittel und Geschmacksverstärker.

Backmittel enthalten Alpha- und Beta-Amylasen, die aus Pilz- oder Bakterienkulturen isoliert werden und je nach der eingestellten Temperatur aktiv werden. Diese Amylasen verdauen quasi die Stärke vor, indem sie Zuckerstoffe abbauen. Dabei erhöhen sie die Leistung der Hefen und vergrößern das Volumen des Brotes. Bei Weißbrot garantieren Amylasen eine stabile Kruste. Hemicellulase verbessert den Wasserhaushalt im Teig, Peroxidase die Festigkeit, Schimmelpilzamylasen lassen den Teig schneller aufgehen und verhindern das Trockenwerden. Das Enzym Lipase, ein Fettspalter, verbessert das Volumen und sorgt für eine längere Lagerfähigkeit des Brotes. Lipoxygenase oxidiert ungesättigte Fettsäuren und beeinflusst dabei die Struktur der Krume. Allgemein üblich ist der Einsatz von Emulgatoren wie dem aus Soja gewonnenen Lecithin oder Mono- und Diglyceriden. Die letzten beiden sind Abbauprodukte von Fetten. Sie machen den Teig maschinengängiger, das heißt, er klebt nicht so leicht auf dem Blech in der Backstraße fest.

Außerdem lässt sich das Brot später besser einfrieren. Kalziumsulfat, besser bekannt als Gips, wirkt als Trennmittel und verhindert lästige Klumpen im Teig.

Mittlerweile kaufen etwa zwei Drittel der Verbraucher ihr Brot beim Discounter und nicht beim Bäcker, weil sie offenbar abgepackte und geschnittene Brote bevorzugen. Ob sie es auch bevorzugen, dass diese Brote im Gegensatz zu frischem Brot gegen Schimmelbefall mit Sorbin- und Propionsäure konserviert werden dürfen? Häufig werden abgepackte Brote bei 70 Grad pasteurisiert, um sie länger haltbar zu machen. Dazu verpackt man die geschnittenen Scheiben in hitzebeständige Beutel, die mit einem Clip verschlossen werden. Dann wird die Ware eine Viertelstunde lang erhitzt. In Deutschland stellen etwa 60 Großbäckereien abgepacktes Brot her. Ihre Produkte schneiden bei Untersuchungen manchmal sogar besser ab als Tütenbäckerware, denn einige Großbäckereien verzichten auf Fertigmehle und stellen Sauerteig noch selbst her.

Der unberechenbare Sauerteig

Sauerteig gilt als die älteste Methode zur Säuerung von Brotteig. Im alten Ägypten kannte man Kamut, einen Urweizen, aus dem eine Art gesäuertes Brot gebacken wurde. Irgendwann hat vielleicht ein Bäcker etwas Teig in der Wärme vergessen, dann die spontane Gärung entdeckt und genutzt – der Sauerteig war geboren. Der Geschmack muss die alten Ägypter überzeugt haben.

Richtige Sauerteigführung gilt als hohe Kunst des Brotbackens, denn der Teig reagiert divenhaft auf Temperatur- und Feuchtigkeitsschwankungen. Außerdem nimmt Sauerteig viel Zeit in Anspruch: Er will mindestens 24 Stunden lang umsorgt und gepflegt werden. Den Basisbrei für klassischen Sauerteig bekommt man, wenn man eine Tasse Roggenmehl mit etwas Wasser vermischt, ein wenig Salz hinzufügt und alles gären lässt. In dem Brei werden Mikroorganismen wie Hefepilze und Säurebakterien aktiv. Sie sind schon von Natur aus im Roggen vorhanden – in Verbindung mit Wasser und Wärme erwachen sie zum Leben. Man fügt weiter Mehl und Wasser hinzu, bis der Brotteig fertig ist. Am Ende müssen Milch- und Essigsäure im Teig etwa ein Verhältnis von 90:10 haben. Bei zu hohen Temperaturen bildet sich mehr Milchsäure, bei zu niedrigen mehr Essigsäure. Geht mit dem Teig etwas schief, schmeckt das Brot fad oder zu sauer. Ohne hinreichende Säure wird es klitschig.

Die klassischen Handwerksbäcker, von denen es leider immer weniger gibt, arbeiten auch heute noch nach eigenen Rezepturen. Deshalb kann ein und dieselbe Sorte Brot bei jedem Bäcker anders schmecken. Doch wozu all die Mühe mit dem Sauerteig? Was macht Natursauerbrote so besonders?

Sie bleiben länger frisch, haben durch die Säuren einen eingebauten Schimmelschutz, die Krume ist schön gleichmäßig, das Brot ist locker und leicht verdaulich. Das Wichtigste ist allerdings die Bekömmlichkeit von Sauerteigbrot, das selbst empfindliche Mägen überzeugt. Dahinter steckt der lange Gärungsprozess. Die Säure hemmt im Roggen enthaltene Enzyme und macht zum Beispiel Phytin unschädlich, ein natürliches Pflanzenschutzmittel, das im Getreide steckt, um es vor Fraßfeinden zu schützen. Beim Menschen hemmt Phytin die Aufnahme von Magnesium und Zink im Körper.

Der Tütenbäcker arbeitet aus Angst vor dem unberechenbaren Sauerteig lieber gleich mit Fertig- oder Kunstsauermischungen. Wenn in einem Betrieb mehrere Brotteige hergestellt werden, muss immer genug reifer Sauerteig zur Verfügung stehen. Das erfordert umsichtige Planung. Der fein abgestimmte Chemiemix dagegen ist praktisch. Er ist schnell angerührt und verkürzt die Fermentation des Teigs erheblich. Die Ruhezeit, die ein Teig braucht, dauert keine 24 Stunden, sondern maximal 50 Minuten. Dafür enthalten teigsäuernde Backmittel Zutaten wie Quellmehl und Zusatzstoffe wie Stabilisatoren in konzentrierter Form. Sie werden als Pulver, Pasten oder flüssige Konzentrate angeboten. Da die Information der Hersteller über die Zusammensetzung des Konzentrats ungenügend ist, muss sich der Bäcker mit nichtssagenden Sätzen wie »dieser Extrakt wird mit Milchsäure auf einen Säuregrad von 230 eingestellt« zufriedengeben. Vor allem aber fehlen diesen Backmitteln bestimmte Säuren und Gärungsstufen, die später das Aroma des Brots ausmachen. Dafür sind perfekte Backergebnisse garantiert, denn Kunstsauer ist idiotensicher.

Für Brot gibt es kein Reinheitsgebot

Nicht genug damit, dass bei Analysen immer wieder Spuren von Pestiziden im Brot nachgewiesen werden, es gibt auch keine Deklarationspflicht für Backmittel, deshalb kann alles mögliche verbacken werden. Bis Anfang 2001 durften sogar Menschenhaare in Form von Cystein als Zusatzstoff aus der Backmitteltüte rieseln. Diese schwefelhaltige Aminosäure wurde bis zum Verbot aus menschlichen Haaren gewonnen, die vor allem aus China importiert wurden. Jetzt wird Cystein, das unter anderem das typische Brotaroma mit beeinflusst, genetisch hergestellt.

Die Kunden glauben, ein reines Naturprodukt zu erwerben, und werden doch an der Nase herumgeführt. Sie fallen in Supermärkten und Tankstellen auf das »Showbacken« herein, weil es so herrlich nach frischem Brot riecht, doch was da aus dem Ofen kommt, ist die Tütenware der Industrie. Die Backshow läuft von Flensburg bis Passau in über 10 000 öffentlichen Öfen, und Großbäckereien liefern die passenden Pre-Bake-Produkte dazu. Alte Handwerkskunst ist vor den Öfen nur gespieltes Theater. Auch wenn der Typ mit der weißen Bäckermütze mit einem Brotschieber hantiert – vom Backen hat er meist keine Ahnung. Tiefgekühlt werden die Teiglinge angeliefert, die ohne moderne Amylasen nicht so perfekt im öffentlichen Ofen aufgehen würden. Mitte der neunziger Jahre wurden knapp 15 000 Tonnen tiefgekühlte Teiglinge im Jahr verbacken, heute sind es bereits über 100 000 Tonnen, Tendenz immer noch steigend. Parallel zu den Show-Backeinlagen, die ungeschulte Hilfskräfte problemlos bewältigen, stirbt die solide Handwerkskunst einen lautlosen Tod. Immer mehr Filialisten übernehmen das Feld. Heute existieren noch etwa 17 000 »echte« Bäckereien. Experten vermuten, dass sich ihre Zahl schon in ein paar Jahren halbiert haben wird.

Dabei ist Deutschland Brotland. Weit über 200 Sorten sind im Angebot, all die vielen regionalen Spezialitäten nicht mitgerechnet. Während in Norddeutschland längliche Brote mit einem hohen Roggenanteil gegessen werden, bevorzugt man im Süden helleres Weizenbrot oder sogenanntes Schwarzbrot, das trotz seines Namens eher dem norddeutschen »Graubrot« entspricht, zu runden Laiben geformt ist und als Schwaben- oder Frankenlaib den Geschmack der jeweiligen Region trifft. Im Osten werden saftig-deftige Roggenbrote bevorzugt. Schwarzwälder Brot ist ein rustikales Weizenmischbrot mit kräftiger Kruste und großporiger Krume, während Korbbrote oder Kasseler helle Roggenmischbrote sind, die eine dünne, helle Kruste haben und eine feinporige Krume. Beim Brotkauf hat man die Qual der Wahl, denn neben Weizen und Roggen verarbeiten die Bäckermeister auch Dinkel und zahlreiche Nicht-Brotgetreidearten wie Hafer, Gerste, Reis und Hirse sowie Ölsaaten wie Leinsamen und Nüsse. Hinzu kommen Phantasienamen wie Bergsteigerbrot, Feierabend- oder Olympiabrot, mit denen der Kunde zum Kauf animiert werden soll.

Generell lassen sich all diese wohlklingenden Brotsorten fünf Kategorien zuteilen:

- *Weizenbrot / Weißbrot* besteht aus einem Weizenanteil von mindestens 90 Prozent.
- *Weizenmischbrot* hat über 50 Prozent Weizenanteil.
- *Roggenmischbrot* enthält mehr als 50 Prozent Roggenmehl.
- *Roggenbrot* besteht zu mindestens 90 Prozent aus Roggenmehl.
- *Spezialbrote* können aus anderen Getreidearten wie Dinkel gebacken sein, pflanzliche oder tierische Zutaten wie Sonnenblumenkerne oder Milch enthalten oder mit einem besonderen Backverfahren hergestellt sein wie bei Knäckebrot oder Pumpernickel, das durch Rübenkraut oder Melasse und eine extrem lange Backzeit so schwarz geworden ist.

Statistisch gesehen isst jeder Deutsche mindestens drei Scheiben Brot, ein Brötchen und ein Croissant am Tag, die sich zu einem Pro-Kopf-Verbrauch von knapp 87 Kilogramm im Jahr addieren. Nirgendwo sonst in Europa wird so viel Brot gegessen. »Ein Leben ohne Brot ist für mich nicht vorstellbar«, haben 84 Prozent der Verbraucher angegeben, die von der CMA (Centrale Marketing-Gesellschaft der deutschen Agrarwirtschaft) für eine Studie zum Thema Brot befragt wurden. Fragt man Reisende, was sie im Ausland am meisten vermisst haben, kommt prompt die Antwort: »Deutsches Brot!« Allein über die Farbe von Brot werden hierzulande Glaubenskriege geführt, während kein Amerikaner für ein paar Körnchen mehr auch nur einen Cent ausgeben würde.

Doch es gibt nicht nur klägliches Brot zu kaufen. Biobäcker verarbeiten Getreide, das ohne Pestizide auf Ökohöfen gewachsen ist; für sie ist das Reinheitsgebot ein ungeschriebenes Gesetz. Und immer wieder besinnen sich verantwortliche Handwerksmeister auf die Kunst des Brotbackens. Ein kleiner, aber feiner Kundenkreis legt Wert auf gute Brotqualität und ist auch bereit, dafür mehr als das Doppelte des Preises für Fabrikbrot zu zahlen. Wer sein Handwerk beherrscht, braucht keine Hilfsmittel aus dem Labor. Die Brote der Meister sind so begehrt, dass manche sie sogar per Post an Kunden überall im Land verschicken. Besonders begehrt sind Holzofen- und Steinofenbrot, denn die Art der Öfen spielt bei der Bildung von Geschmacks- und Aromastoffen durchaus eine Rolle. In jedem Ofen herrschen übrigens ganz bestimmte Bedingungen und feinste Temperaturunterschiede. Ein guter Bäcker weiß, dass es bei seinem Ofen hinten links in der Ecke immer etwas wärmer ist als vorne rechts oder umgekehrt. Während Tütenbäcker länger schlafen, steht der echte Meister nach wie vor früh auf und geht in die Backstube.

Aufs Korn gekommen

Der Trend geht hin zu Vollkornbrot. Echtes Vollkornbrot wird aus dem »vollen Korn« gebacken, das noch viele wertvolle Inhaltsstoffe des Getreides enthält. Echtes (also ungefärbtes) dunkles Brot ist im Vergleich zu Weißbrot vitaminreicher, hat wertvolle Ballaststoffe und Mineralien. Weil das Mehl, aus dem es gebacken wird, gröber ist, sind darin Bestandteile der Getreideschale enthalten, die in weißem Mehl fehlen. Gerade die Getreideschale ist prall mit Vitaminen der B-Gruppe und Vitamin E sowie Eisen und Kalzium gefüllt. Das sind all die Bioaktivstoffe, die natürliches Brot so gesund machen. Selen und Spurenelemente wie Zink, Kupfer und Mangan stärken das Immunsystem, Magnesium versorgt die Muskeln, und Kalzium ist gut für die Knochen. Große Brote backen übrigens länger: Das wirkt sich positiv auf den Geschmack aus.

Doch auch Weißbrot ist nicht des Teufels, denn sonst wären alle Franzosen und Italiener dick und krank, und immerhin sind ja Baguette und Ciabatta in unseren Augen zum Symbol für Lebensart und mediterrane Ernährung geworden. Weißbrot ist leichter verdaulich als Vollkornbrot. Es macht nicht so schnell satt, obwohl es geringfügig mehr Kalorien hat (237 kcal/100 g).

Dass Vollkornbrot mehr Ballaststoffe, Mineralien und B-Vitamine enthält, versteht man sofort, wenn man ein Korn der Länge nach aufschneidet. Das Korn wird von einer braunen Schale umhüllt, unter der sich die sogenannte Aleuronschicht befindet. In dieser dünnen Schicht stecken all die vielen Mineralien und Ballaststoffe. In der Mitte des Korns ist der pralle weiße Mehlkörper, der den gelben Keimling in eine kleine Ecke drängt. Der Keimling ist reich an Fettstoffen, löslichen Eiweißen und B-Vitaminen, während der Mehlkörper hauptsächlich aus Stärke und Klebereiweiß besteht.

Längsschnitt durch ein Weizenkorn

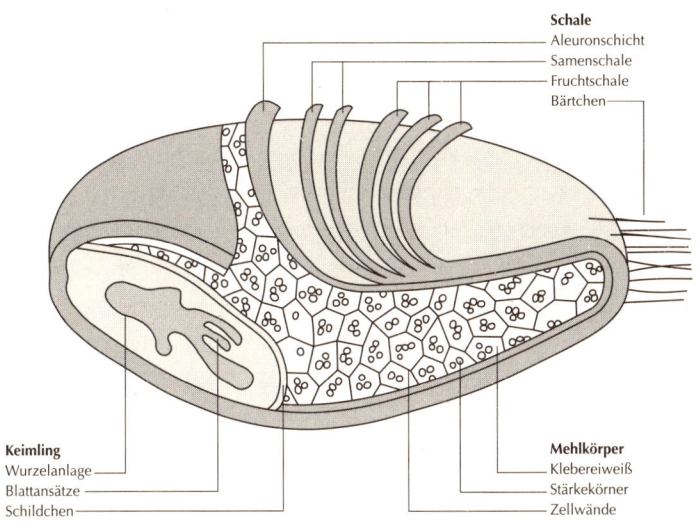

Schale
Aleuronschicht
Samenschale
Fruchtschale
Bärtchen

Keimling
Wurzelanlage
Blattansätze
Schildchen

Mehlkörper
Klebereiweiß
Stärkekörner
Zellwände

Quelle: *Bundesfachschule des Deutschen Bäckerhandwerks e.V.*

In der Mühle wird nicht nur das Korn gemahlen, sondern auch Mehl gesiebt. Am Ende bleiben unterschiedliche Mehlsorten mit verschiedenen Typennummern übrig. Type 405 ist beispielsweise sehr feines Auszugsmehl für Kuchen, 550 das perfekte Mehl für Weißbrote und 1050 ist ideal für Mischbrote. Je höher die Typenzahl, um so gröber ist das Mehl. Dunkle Mehle enthalten auch die Randschichten des Korns. Die hellen mit den niedrigen Typenzahlen bestehen hauptsächlich aus dem weißen Mehlkörper.

Gutes Mehl ist nie ganz weiß. Weizenmehl hat eine gelbliche Einfärbung, Roggenmehl ist bläulich-grau. Nur altes Mehl ist kreideartig weiß. Frisches Mehl hat wegen der Fettstoffe im Getreide einen matten Glanz.

Auch wenn Mehl zu einer bestimmten Typenzahl vermahlen ist, ist es als Naturprodukt stets Schwankungen unterworfen. Wind und Wetter, der Boden und die Düngung beeinflussen zum Beispiel den Gehalt der Stärke.

Obwohl für Toastbrot, Baguette und Kastenweißbrot jeweils Weizenmehl Type 550, Wasser, Hefe und Salz zu einem Teig verrührt werden, schmecken alle drei Sorten völlig unterschiedlich. Das liegt nicht nur am Mehl, auch die Menge der Hefe spielt eine wesentliche Rolle. Wird Teig mit nur wenig Hefe angesetzt, braucht er länger, um aufzugehen. Je langsamer der Teig geht, desto besser entfalten sich die Geschmacksstoffe im Mehl. Bei Baguetteteig nimmt der Bäckermeister nur 0,5 Prozent Hefe und lässt den Teig dann vier Stunden gehen. Die Enzyme brauchen Zeit, Stärke in Zucker aufzuspalten. Dabei entwickeln sich die speziellen Aromastoffe. Nach einer Backzeit von 25 Minuten hat die Krume große Poren und die typische unruhige Struktur von Baguette. Die Kruste splittert, wenn man das Stangenbrot bricht. Der Teig bei Kastenweißbrot wird dagegen mit 2 Prozent Hefe und Sauerteig angerührt. Nach 35 Minuten im Ofen ist die Krume feinporig und elastisch. Erst durch die lange Teigführung entsteht der intensive Geschmack.

Auch beim Brötchenbacken lässt der wahre Meister dem Kleingebäck viel Zeit, in Ruhe aufzugehen. 20 Prozent des Teigs dürfen einen Tag vorquellen, die perfekte Teigführung dauert insgesamt einen Tag und drei Stunden, denn dann muss man weniger Hefe einsetzen. Lässt man den kleinen Teiglingen keine Zeit, wird die Kruste nicht richtig knackig. Die Rösche (so heißt das Knackvernügen in der Bäckersprache) sollte fünf Stunden halten. Wenn der Bäcker seine kleinen Brötchen zu schnell backt, werden sie pappig und weich.

Weißbrot schmeckt am besten frisch. Gutes Mischbrot hält drei Tage, Weizenmischbrot fünf Tage, Roggenmischbrot bis zu sieben Tage und Vollkornbrot sogar bis zu drei Wochen. Allerdings darf Brot nicht im Kühlschrank aufbewahrt werden, denn dort wird es zäh und trocken. Das hängt mit der Stärke zusammen. Bei Kühlschranktemperaturen kommt es zum Prozess der Entquellung: Die Stärke gibt Wasser ab, die Kruste verliert ihre Knusprigkeit. Die Krume wird erst zäh wie Kaugummi und krümelt anschließend vor sich hin. Das nennt man altbacken.

Brot muss atmen, deshalb lässt es sich am besten luftig bei Zimmertemperatur in einem hölzernen Brotkasten, in Keramik- und Steinguttöpfen aufbewahren. Man sollte Brot aber auf keinen Fall in Folie wickeln oder in Plastiktüten stecken. Geschnittenes Brot bleibt nach aller Erfahrung in der Originalverpackung am längsten frisch.

Knäckebrot, kühl, trocken und dunkel aufbewahrt, hält gut zehn Monate, obwohl es ohne Konservierungsstoffe hergestellt ist. Es gibt zwei unterschiedliche Backverfahren für Knäckebrote: Die sogenannten Kaltbrote sind dünn und eher mürbe, Warmbrote werden durch eine Hefegärung gelockert und sind dicker, knuspriger und dunkler. Während andere Brote gut 50 Minuten lang im Ofen backen, kommt Knäckebrot schon nach sieben Minuten wieder aus der Röhre. Durch die kurze Backzeit bleiben die Vitamine weitgehend erhalten.

Beim Kaltbackverfahren wird der Teig auf null Grad heruntergekühlt. Dann wird kalte Luft in den Teig geschlagen. Damit ahmt man gewissermaßen die Bedingungen nach, unter denen das Knäckebrot 1709 durch einen Zufall entdeckt wurde: Als während des Winterfeldzugs in den Feldküchen des Schwedenkönigs Karl XII. die Hefe ausging, stellten die Feldköche den Teig in ihrer Not ohne das Treibmittel her. Der eiskalte Teig wurde einfach im offenen Feuer gebacken, denn die Soldaten waren hungrig. Zur Überraschung aller schmeckten die Kaltbrote großartig, und der Feldkoch hatte eine neue Backtechnik erfunden.

Anfang 2002 war mit Knäckebrot plötzlich ein neues Gift in aller Munde: Acrylamid. Schwedische Wissenschaftler hatten das Krebsgift entdeckt, das bei starker Erhitzung von kohlenhydratreichen Lebensmitteln entsteht. Oberhalb von 120 Grad findet eine Reaktion zwischen dem Zucker im Getreide und dem Eiweißbaustein Asparagin statt, und es entsteht Acrylamid. Das Gift sorgte dafür, dass das gesunde Image von Knäckebrot einen Knacks bekam. Plötzlich stand das Gesundheitsbrot mit Pommes, Chips und Keksen auf einer Stufe. Doch die Gefahr, sich mit Knäckebrot zu vergiften, ist relativ gering. Man müsste am Tag gleich pfundweise Knäckebrot essen, um den Signalwert von 610 Mikrogramm Acrylamid pro Kilogramm aufzunehmen.

Wie erkennt man gutes Brot?

Beim Einkauf im Bäckerladen kann der Kunde im wahrsten Sinn des Wortes die Spreu vom Weizen trennen, wenn er auf einige Dinge achtet: Ein wichtiges Kriterium ist die Kruste, sie sollte keine Blasen oder Risse haben, weder zu hell noch zu dunkel sein. Bei gutem Brot ist die Kruste eher graubraun, leuchtendes Braun verrät, dass eventuell gefärbt wurde. Die Krume darf keine zu großen, fehlerhaften Hohlräume haben. Waagerechte Risse im Brot entstehen durch zu starke Unterhitze im Ofen, senkrechte Risse durch Spannungen in der Krume. Echtes Vollkornbrot ist fest und sollte beim Drucktest mit dem Finger nicht elastisch nachgeben. Gute Brötchen sind eher klein. Voluminöse, aufgeblasene Ware wurde mit Backmitteln produziert, auch wenn sie im Ökooutfit mit ein paar aufgestreuten Körnern präsentiert wird.

Wenn der Bäcker eine Getreidemühle hat, die nicht nur zur Zierde oder aus Werbezwecken herumsteht, kommt der Teig nicht aus der Tüte. Die Größe einer Bäckerei sagt allerdings nichts über die Verwendung von Backmitteln aus. Gerade kleine Läden arbeiten häufig mit vorgefertigten Backmitteln und Fertigware. Auch Phantasienamen, professionelle Papieraufkleber und perfekt darauf abgestimmte Werbeplakate sind ein Anzeichen für Tütenbäcker, denn die Backmittelindustrie liefert im Rundum-Sorglos-Paket die Werbung gleich mit.

Fragen nach der klassischen Drei-Stufen-Sauerteigführung oder nach direkten Teigsäuerungsmitteln sollte der Bäcker ohne Zögern beantworten. Bei der klassischen Backmethode mit Sauerteig wird der Teig in mehreren Stufen zur Reife geführt und kann zwischendurch immer wieder ruhen, so dass sich das Brotaroma perfekt entwickeln kann. Teigsäuerungsmittel dagegen enthalten jede Menge chemische Stabilisatoren – das Brotaroma ist nicht so ausgeprägt. Reagiert der Bäcker unwirsch auf die Frage nach Zutaten, sollte man sein Brot woanders kaufen.

Das wichtigste Kriterium beim Brotkauf ist jedoch der persönliche Geschmack, und der ist ja bekanntlich Geschmackssache.

Angeschmiert:
Ist Butter böse,
Margarine gut und
Öl ein Dickmacher?

Unsere Großmütter sprachen mit Hochachtung immer nur von der »guten Butter«. In Zeiten der Not war das Fett aus dem Rahm frisch gemolkener Milch ein wertvolles Gut, für das man während des Krieges aufs Land fuhr und »hamstern« ging, um bei den Bauern Butter gegen Familienschmuck und Bettwäsche einzutauschen. 100 Gramm Butter enthalten satte 750 Kilokalorien. Das ist wertvoller Brennstoff für den Körper, wenn die Arbeit hart und die Nahrung knapp ist. Um Butter zu gewinnen, hat man früher einfach die Milch in einer flachen Schale stehenlassen, bis sich der Rahm an der Oberfläche abgesetzt hat. Der wurde dann in einem Butterfass mit einem Stößel gestampft. Dabei hat sich das Fett der Milch von der Flüssigkeit – der Buttermilch – abgesetzt. Buttern war harte Arbeit für die Bäuerin. Erst mit der Erfindung der Butterzentrifuge 1877 war für die Herstellung weniger Kraftaufwand, aber immer noch viel Zeit erforderlich.

Butter war über Jahrtausende ein wichtiges Fett für die Menschen. Schon in Mesopotamien, auf dem Gebiet des heutigen Irak, hat man vor über 5000 Jahren Butter hergestellt. Archäologen fanden Tontafeln, auf denen der Vorgang genau beschrieben ist. In Europa stammen die ältesten Nachweise für die Herstellung von Butter aus Irland und Norwegen. Kaiser und Könige wussten das tierische Fett zu schätzen: Julius Cäsar, der große Imperator (100 bis 44 v. Chr.), aß seinen Spargel nur mit viel ausgelassener Butter, und Karl der Große (um 742 bis 814) legte sogar so großen Wert

auf die Qualität des Fettes, dass er die erste Butterverordnung er-
ließ. Für die armen Leute jedoch blieb Butter über Jahrtausende
ein rares Gut. Im frühen Mittelalter konnte sich nur der Adel den
weißen Brotaufstrich leisten. Erst später verbreitete sich über
die Klöster die Milchwirtschaft und damit auch die Butterher-
stellung.

Ist die gute Butter böse?

Heute isst jeder Deutsche knapp sieben Kilogramm Butter im
Jahr – mit schlechtem Gewissen, denn das Fett ist als »Killer« ver-
schrien. Es heißt, Butter verstopfe die Adern, treibe den Cholesterinspiegel hoch und mache uns alle dick und fett. Doch ist die
gute Butter wirklich so böse?

Es kommt natürlich auf die Menge an, die man verzehrt. 100
Gramm bestehen etwa zur Hälfte aus gesättigten Fettsäuren und
enthalten 280 Milligramm Cholesterin. Und Cholesterin gilt als
»böse«. Man fühlt sich gut, hat keine Schmerzen, und trotzdem ist
das Herz in Gefahr. So heißt es jedenfalls.

Cholesterin ist zum Negativwort geworden, aber die fettähn-
liche Substanz ist nicht einfach pauschal zu verurteilen. Es gibt
»gutes« und »böses« Cholesterin. Das LDL-Cholesterin ist böse.
Die Abkürzung LDL bedeutet »Low Density Lipoprotein«, was
aus dem Englischen kommt und »Lipoprotein mit geringer Dichte« bedeutet. Durch eine Überschwemmung der Adern mit LDL
kann es zur gefürchteten Arterienverkalkung bis hin zum Infarkt
kommen. Die Adern können wie ein Rohrleitungssystem verstopfen, weil das LDL-Cholesterin die weißen Blutzellen auf-
schäumen kann. Die veränderten Zellen lagern sich dann an den
Gefäßwänden ab und bilden die sogenannten Plaques. Wenn ein
Gefäß durch die Plaques verstopft, spricht man von Arterioskle-

se oder umgangssprachlich Verkalkung. Sind davon Arterien betroffen, die zum Herzen führen, ist die Gefahr eines Infarkts besonders groß. Im Gehirn kann der Verschluss der Äderchen zum Schlaganfall führen.

Doch es gibt auch das gute Cholesterin. Es heißt HDL, was die Abkürzung für »High Density Lipoprotein« ist und Lipoprotein mit einer hohen Dichte meint. Dieses Cholesterin hilft, das böse auszuscheiden – vereinfacht gesagt, indem es das LDL in die Leber transportiert, wo es zu Gallensaft umgebaut wird. Der Fettstoffwechsel im Körper ist eine komplizierte und teilweise noch unerforschte Sache. Sicher wissen wir im Grunde nur, dass zuviel Cholesterin nicht gesund ist, aber ganz ohne Cholesterin kann kein Mensch leben. Der umstrittene Stoff ist nicht nur die Vorstufe für Gallensäure und Sexualhormone, sondern auch wichtig bei der Produktion von Vitamin D.

Ob Butter »gut« oder »böse« ist, kommt also auf die Dosis an. Auf jeden Fall ist das Milchfett in Deutschland ein streng kontrolliertes Lebensmittel. Im Norden mag man lieber Sauerrahmbutter, im Süden bevorzugt man die Süßrahmbutter. Der Rest des Landes ist einig Butterland: 80 Prozent der Deutschen mögen das Streichfett mild gesäuert. Als Zutaten sind Salz und der gelbe Farbstoff Betacarotin erlaubt. Die Farbe der Butter hängt nämlich unmittelbar mit der Nahrung der Kühe zusammen. Wenn die Tiere im Winter im Stall stehen und Heu und Silage zu fressen bekommen, ist die Butter weißlich. Fressen die Kühe im Sommer draußen auf der Weide Gras, hat Butter ein cremiges Gelb. Und um auszugleichen, dass Winterbutter von Natur aus ein bisschen blass ist, darf sie mit Betacarotin cremig-gelb gefärbt werden.

Für die Herstellung von einem Kilogramm Butter braucht man den Rahm von 25 Litern Milch. Heute übernimmt eine hochtechnisierte Butterungsmaschine den Kraftakt. Der Rahm wird in einem sich drehenden Zylinder so lange geschlagen, bis sich die kleinen Fettkügelchen der Milch zu großen Butterkörnern zusammenballen. Dann wird die Buttermilch abgesiebt. Anschließend wird die Masse noch einmal gründlich geknetet und gewalkt, damit das Fett eine geschmeidige Konsistenz bekommt und schön streichfähig ist.

Butterprüfer beurteilen regelmäßig die Qualität. Sie testen das Mundgefühl und machen sogar einen Hörtest. Aussehen, Geruch, Textur, Streichfähigkeit und der ph-Wert von Butter sind Qualitätskriterien. Erst nach ausreichender Prüfung wird das Fett aus dem Kuhstall in Handelsklassen eingeteilt. »Deutsche Markenbutter« darf weder zu hart noch zu weich sein, auch nicht krümelig oder schmierig. »Deutsche Molkereibutter« steht auf Platz zwei in der Qualitätshitliste. Steht nur »Butter« auf dem Päckchen, hat es weitere Qualitätsabzüge gegeben.

Margarine: Sparbutter mit schlechtem Ruf

Als Geschmacksträger ist Butter nur schwer zu schlagen, doch immer mehr Menschen schwören auf Margarine. Das Pflanzenfett ist zum Gesundheits- und Genussfett des 21. Jahrhunderts hochstilisiert worden. Da schleichen in der Fernsehwerbung superschlanke Modeltypen morgens verschlafen aus dem Bett und gehen sofort zum Kühlschrank, um heimlich aus dem Margarinebecher zu naschen. Doch der geliebte Schuft war schneller und ist doch tatsächlich mit dem Margarinebecher durchgebrannt. Andere Marken werben mit fit-fröhlichen Großeltern, die mit ihren Enkeln auf dem Trampolin um die Wette hüpfen. Denn ihre Adern sind schön blank – der Supermargarine sei Dank.

Moderne Margarinesorten sind in der Tat mit dem fiesen Fett der fünfziger Jahre nicht zu vergleichen. Sie schmecken sogar als Brotaufstrich, sind oft teurer als Butter und werden wie Medikamente gegen Herzinfarkt und Schlaganfall beworben.

1866 war man von der schönen, neuen Margarinewelt noch Lichtjahre entfernt. In den mageren Jahren des 19. Jahrhunderts war »gute Butter« knapp, und breite Bevölkerungsschichten hungerten. Auch die Armee in Frankreich musste darben und war mit wertvollem Fett unterversorgt. Deshalb rief Kaiser Napoleon III. einen Wettbewerb unter den besten Lebensmittelchemikern des Landes aus. Die schier unlösbare Aufgabe lautete: Erfinden Sie ein Kunstfett, das als Butterersatz dient. Die Sparbutter sollte sättigen, vor allem aber leicht und kostengünstig herzustellen sein. Der Franzose Hippolyte Mège-Mouriès experimentierte mit Rindertalg. Er erhitzte die ölige Masse, verarbeitete sie mit Magermilch und erhielt irgendwann ein schimmerndes Fett, das er wegen des perligen Farbtons »Margaron« nannte. Das Wort kommt aus dem Griechischen und bedeutet »Perle«. Im Juli 1869 ließ Mège-Mouriès seine Erfindung patentieren, und ein halbes Jahr später wurden in Paris die ersten Päckchen mit Margarine verkauft.

Der Erfinder der Urmargarine hatte schnell Nachahmer. In Großbritannien und den Niederlanden wollte man wenigstens vom Namen her stärker an Butter erinnern und nannte das dort hergestellte Billigprodukt »Butterine«. Bald entstanden auch in Deutschland die ersten Fettfabriken. Um die Jahrhundertwende war die Produktion von Margarine bereits doppelt so hoch wie die von Butter. 1897 wurde aus Konkurrenzgründen sogar ein Margarinegesetz verabschiedet, wonach Butter und Margarine wegen der optischen Verwechslungsgefahr nur in getrennten Verkaufsräumen angeboten und verkauft werden durften.

Im Jahr 1925 wurde erneut Margarinegeschichte geschrieben: Es gab die erste »Rahma«, laut Werbung »buttergleich«. Am Anfang hatte diese Sorte noch ein verführerisches »h« in der Wortmitte, damit die Hausfrau sofort cremigen Rahm assoziierte, denn das Image des billigen Streichfetts war schlecht. Später verschwand der Buchstabe aus dem Markennamen, weil die Butterindustrie sich beschwert hatte. Die Familienmargarine wurde eisern beworben, und irgendwann erschien die Rama-Frau mit dem komischen Bommelhut auf der Bildfläche, die das passende Fett zum Brötchen gleich an den Frühstückstisch brachte. Nach dem Zweiten Weltkrieg wurde die Margarine im Butterbrotland Deutschland schnell zum wichtigen Fettlieferanten, Marktführer war Unilever. Der Multi hieß früher sogar »Margarine-Union«.

Trotz aller Werbeanstrengungen blieb die »Sparbutter« lange Jahre ein typisches Armeleutefett. Wer es sich leisten konnte, schmierte bis weit in die siebziger Jahre lieber Butter aufs Brot, denn der Geschmack von Margarine ließ lange zu wünschen übrig und war von guter Butter weit entfernt. Außerdem war Margarine auch gesundheitlich ein Risikofaktor, denn um flüssige Pflanzenfette in streichfähige Margarine zu verwandeln, mussten die Fette chemisch gehärtet und umgeestert werden. Die Fetthärtung geschieht bei Temperaturen bis zu 240 Grad unter hohem Druck und über einen langen Zeitraum. Dabei gehen nicht nur essentielle Fettsäuren und fettlösliche Vitamine verloren, es entstehen auch sogenannte Transfette, die die Blutfette im Körper negativ beeinflussen. Transfette steigern das schlechte LDL-Cholesterin und behindern die gesunden Omega-3-Fettsäuren. Nicht zuletzt deshalb verzichteten in den achtziger Jahren viele Verbraucher auch aus gesundheitlichen Gründen auf Margarine.

Einsatz als Cholesterinsenker

Moderne Margarinesorten haben mit dem Schmierkram aus der Anfangszeit nur noch den Namen gemein. Nicht nur die Transfette sind aus dem Produkt weitestgehend verbannt, auch der Geschmack und die Streichfähigkeit wurden wesentlich verbessert. Bei der Herstellung hochwertiger Reformhausmargarinen wird beispielsweise weder gehärtet noch umgeestert. Margarine wird heute aus Raps-, Sonnenblumen-, Soja- und Maiskeimöl sowie Oliven- oder Distelöl hergestellt. Wertvolle Diätmargarinen werden zusätzlich mit Folsäure, Vitamin B_6 und B_{12} angereichert. Molke- oder Joghurtpulver sowie Aromen sorgen für den butterigen Geschmack. Um Fett und Wasser zu binden, wird mit Emulgatoren wie Pflanzenlecithin gearbeitet. Bei Reformhausmargarine wird Zitronensaft als Säuerungsmittel verwandt und mit schonenden Verfahren bei sehr niedrigen Temperaturen gearbeitet. In Schnellkühlern wird die Mischung geknetet und gerührt. Der hohe Anteil von Pflanzenölen garantiert die Streichfähigkeit.

Doch die eigentlichen Wunderwaffen in modernen Margarinen sind die Pflanzensterine, auch Phytosterole genannt. Diese pflanzlichen Verbindungen sind in ihrer Molekularstruktur dem Cholesterin sehr ähnlich. »Deshalb können sie die Aufnahme des schädlichen LDL-Cholesterins blockieren. Die Phytosterole besetzen die Stellen im Darm, an denen auch das Cholesterin andocken würde«, erläutert Professor Dr. Eberhard Windler vom Universitätsklinikum Eppendorf in Hamburg. Weil das Cholesterin wegen der Phytosterole keinen Platz mehr findet, kann es vom Körper einfach ausgeschieden werden. Wegen dieses cholesterinsenkenden Effekts werden moderne Margarinesorten auch als »functional food« bezeichnet, als »funktionelle Lebensmittel«.

Funktionelle Lebensmittel sollen Krankheitsrisiken verringern und vorbeugend wirken. Damit das bei Margarine funktioniert, muss man allerdings kräftig in den Becher greifen, Ernährungswissenschaftler empfehlen 20 bis 25 Gramm am Tag. Das ist die Fettmenge für drei Scheiben Brot. Damit ließe sich, so die Experten, eine 15prozentige LDL-Cholesterin-Senkung bewirken. Gilt heute auch bei Margarine der Satz: Fragen Sie Ihren Arzt oder Apotheker?

Die »Packungsbeilage« ist auf den Becher gedruckt, denn dort sind die Inhaltsstoffe deklariert. Und trotzdem fällt die Auswahl schwer, das Margarineangebot ist groß und unübersichtlich, und man muss aufpassen, dass man nicht angeschmiert wird. Wer beispielsweise mit »Diätmargarine« abnehmen will, sitzt einem Irrtum auf, denn das Wort »Diät« steht lediglich für die Art der Ernährung. Diätmargarine soll zwar das böse LDL-Cholesterin senken, aber schlank macht sie nicht.

Margarine wird nach dem Fettgehalt in mehrere Gruppen eingeteilt. Vollfettmargarine hat einen Fettgehalt von mindestens 80 Prozent und mit 720 kcal/100 g ungefähr so viele Kilokalorien wie Butter. Sie kann bis zu 240 Grad erhitzt werden. Fettreduzierte oder Dreiviertelfettmargarine hat einen Fettgehalt von etwa 60 Prozent und ist nur bedingt zum Braten geeignet. Halbfettmargarine (40 Prozent Fett) kann nicht zum Braten verwendet werden; sie spritzt in der Pfanne, denn das Fett wurde durch Wasser ersetzt.

Beim Fettverzehr sollte man nie den empfohlenen Gesamtfettverbrauch aus den Augen verlieren, der für Frauen bei 60 Gramm pro Tag liegt, für Männer bei 80 Gramm. Doch der Durchschnittsdeutsche futtert gut das Doppelte der empfohlenen Fettmenge, allein schon deshalb, weil wir uns all der versteckten tierischen Fette gar nicht bewusst sind. Tierische Fette stehen zwar auf der Negativliste, doch sie lauern überall, sind in Fertiggerichten wie Tiefkühlpizza, in Backwaren aus Blätterteig, in Croissants und Chips und in der Paniermasse von Convenienceprodukten wie Fleisch- und Fischgerichten. Vor allem mit Wurst und Käse kriegt jeder sein Fett weg: Salami und Leberwurst bestehen zu über 40 Prozent aus Fett, Camembert und Gouda sogar zur Hälfte. Diese Risikofette überschwemmen die Blutbahn, erhöhen das Blutfett, belasten Herz und Kreislauf und sitzen später als Pölsterchen auf den Hüften. Als Nebeneffekt bringen die bösen Fette die guten in Verruf. Gesunde Margarine wird mit dem Messer vom Brot gekratzt, dann wird die Scheibe Brot dick mit Wurst oder Käse belegt. Dabei sollte es genau umgekehrt sein.

Pflanzenöle: gut geölt oder angeschmiert?

Fette sind also nicht generell zu verteufeln. Wer den totalen Fettverzicht predigt, schadet der Gesundheit sogar, denn ein Leben ohne die richtigen Fette ist nicht möglich. »Es gibt Fette, die wirken wie Medikamente«, sagt Professor Dr. Werner Richter vom Institut für Fettstoffwechsel und Hämorheologie in Windach. Die Formel »mehr Fett, weniger Herzinfarkt« stimmt aber nur dann, wenn es sich um essentielle Fette handelt. Gute pflanzliche Öle, von denen es über 100 unterschiedliche Sorten auf dem Markt gibt, können den Herzrhythmus stabilisieren und das gefährliche LDL-Cholesterin binden. Ihre Schutzwirkung gegen den tödlichen Herzinfarkt ist in vielen medizinischen Studien nachgewiesen. Trotzdem kann kein Arzt allgemeingültige Ernährungstips für jedermann aussprechen. »Im Idealfall ist der Fettverzehr und die Art der Öle ganz individuell auf den Körper zugeschnitten«, sagt Professor Richter. Eine fettvernünftige Kost, die dem persönlichen Stoffwechsel des Patienten angepasst ist, wäre eine optimale Gesundheitsvorsorge und damit eine perfekte Prophylaxe gegen Herz-Kreislauf-Erkrankungen, Diabetes, Depressionen und Krebs.

Ernährungswissenschaftler blicken gern nach Südeuropa und propagieren die sogenannte Mittelmeerdiät. Jeder Grieche verzehrt 25 Liter Olivenöl im Jahr, Italiener und Spanier liegen mit gut 14 Litern mit an der Spitze. 95 Prozent aller Olivenöle stammen auch aus dem Mittelmeerraum. Das Krebsrisiko in den Ländern dort ist nur halb so hoch wie in Deutschland, die Gefahr für einen Herzinfarkt ist um das Fünffache niedriger. Zwischen Flensburg und Passau kommen die Menschen statistisch gesehen gerade einmal auf den Verbrauch von einem knappen Liter Olivenöl im Jahr. Aber liegt der Effekt der Mittelmeerdiät nur am hohen Ölverbrauch? Auf der Speisekarte stehen dort auch viel Fisch, frisches Obst und Gemüse, Pasta und ein Gläschen Rotwein zum Essen. Vielleicht ist es ja auch der etwas andere Lebensstil beim Sirtakitanzen in der Sonne?

Dass Olivenöl gesund ist, wagt niemand mehr zu bezweifeln. Es enthält einfach ungesättigte Fette und ist mit gut 70 Prozent besonders reich an Ölsäuren. Auch die Lust am mediterranen Genuss ist kein unwichtiger Faktor, denn Fett ist ein Geschmacksträger. Viele Aromen sind fettlöslich und können sich erst im Fett voll entfalten. Entweder aus Geiz oder falschem Ehrgeiz wird in Deutschland jedoch oft an guten Fetten gespart. Die einen schauen auf den Cent, die anderen auf die Waage. Sie glauben, mit mageren Mahlzeiten dem Körper etwas Gutes zu tun. Fett macht fett, lautet die gängige Meinung, aber das ist nur bedingt richtig.

»Bei allen Lobliedern auf gesunde Fette darf der individuelle Fettstoffwechsel, der in unserem Körper abläuft, nicht verallgemeinert werden«, betont Professor Richter. Ernährung wirkt sich sehr »persönlich« auf die Gesundheit aus, und Fette spielen dabei eine wesentliche Rolle. Oft werden die Auswirkungen einer falschen Ernährung erst nach Jahren spürbar. »Mit dem Fett ist es wie mit dem empfohlenen Glas Rotwein zur Infarktabwehr«, sagt Richter. »Für viele Menschen ist das Schlückchen Wein am Tag gut, aber für Patienten mit hohen Triglycerinwerten wäre selbst der regelmäßige Alkoholkonsum in kleinen Mengen gefährlich.«

Wie Fette wirken

Wie die Rotweinempfehlung nicht auf jeden zutrifft, so kursieren auch über den Gesundheitseffekt von Fetten jede Menge Halbwahrheiten. Der hohe Gehalt an Alpha-Linolensäuren in Leinöl und Walnussöl wird beispielsweise allgemein als ultragesund propagiert. »Doch es gibt auch Studien, die belegen, dass Alpha-Linolensäuren bei einigen Männern die Bildung von Prostatakrebs begünstigen«, sagt Professor Richter. Hängt das mit dem Gewebe-hormon Prostaglandin zusammen, das chemisch aus mehrfach ungesättigten Fettsäuren gebildet wird? Prostaglandin ist auch im Sperma nachweisbar, und früher glaubte man sogar, die Substanz stamme aus der Prostatadrüse. Linolsäure ist jedenfalls an der Bildung von Hormonen beteiligt.

»Auch eine Asthmastudie mit Kindern fiel im Hinblick auf die hochgelobten Alpha-Linolensäuren ungünstig aus.« Obendrein sind Oxidationsprozesse im Körper zu beachten, die durch Linol-säuren ausgelöst werden. Das heißt, dass Fettsäuren mit Sauerstoff reagieren und dabei freie Radikale bilden. Aus diesen Gründen dämpfen die Wissenschaftler eine allzu große Fetteuphorie. Doch schädlich sind die Linolsäuren auch wieder nicht, im Gegenteil: Es gibt Hinweise darauf, dass sie das Sättigungsgefühl fördern, denn bestimmte Rezeptoren auf der Zunge reagieren auf Linolsäuren. Wie die anderen essentiellen Fette sind auch Linolsäuren an der Senkung des schädlichen LDL-Cholesterins im Blut beteiligt. Sie schützen also vor Gefäßverengungen und Herzinfarkt.

Wie Fette wirken und wie sie all die Prozesse im Körper an-stoßen und beeinflussen, wagt noch niemand mit Sicherheit zu sagen. Obwohl der Forschungsbedarf nach wie vor groß ist, ist eines unbestritten: Gesunde Fette sind in der Ernährung von zen-traler Bedeutung. Fettmoleküle können sich in die Zellmembran einbauen und Blutplättchen flexibler machen. »Auch wie die Mo-leküle genau arbeiten, wissen wir heute noch nicht«, sagt Dr. Ber-trand Matthäus vom Institut für Lipidforschung in Münster, das der Bundesforschungsanstalt für Ernährung und Lebensmittel angegliedert ist. »Gesunde Öle helfen, die Gefäße zu erweitern, den Blutdruck zu senken und damit das Herz zu schützen«, sagt der Fettforscher. Sie sorgen außerdem dafür, dass die Reize in Nervenzellen schneller übertragen werden, und beschleunigen dabei die Denkprozesse. Denn Fette sind pure Energie, die wie Brennstoff fürs Gehirn wirken. Wissenschaftler in den USA machen den Mangel an richtigen Fetten in der Ernährung sogar für Depressionen und Übergewicht verantwortlich. Dass Fette auch wie eine Diätpille wirken können, hängt mit dem steigenden Insulinspiegel und dem damit verbundenen Sättigungsgefühl zusammen. Aber heißt das im Umkehrschluss auch, dass man dick und depressiv wird, wenn man fettarm isst?

Lebenswichtige Prozesse im Körper sind von der Zufuhr der richtigen Fette abhängig, soviel ist sicher. Bei all den Prozessen stehen immer wieder die einfach und mehrfach ungesättigten Fette im Rampenlicht der Ernährungs- und Fettforschung. Der Mensch muss diese Fettsäuren mit der Nahrung aufnehmen, denn der Körper kann sie nicht selbst herstellen. Deshalb spricht man auch von »essentiellen« Fettsäuren. Sie dienen neben all den anderen Aufgaben im Körper auch der Versorgung mit den Vitaminen A, D, E und K, denn diese sind fettlöslich, das heißt, sie können nur in Verbindung mit Fett vom Körper aufgenommen werden. Die »Sättigung« der Fette ist also ein wichtiger Aspekt.

Aufbau der Fettsäuren

H = Wasserstoff   C = Kohlenstoff   O = Sauerstoff

Quelle: *aid infodienst Verbraucherschutz, Ernährung, Landwirtschaft e. V.*

Alle Fettsäuren haben ein Gerüst aus Kohlenstoffatomen (C), die Ketten bilden. Sind alle Glieder der C-Kette mit Wasserstoffatomen (H) gebunden, spricht der Chemiker von gesättigten Fettsäuren. Sind Glieder der Kette noch frei, nennt man sie »ungesättigt«. Davon gibt es wiederum »einfach ungesättigte« und »mehrfach ungesättigte Fette« – je nachdem wie viele Plätze an den Kohlenstoffatomen noch frei sind, um neue Bindungen einzugehen. Der Begriff »Omega-3-« und »Omega-6-Fettsäuren« hängt von ihrem Platz im Molekül ab.

Kein Fett gleicht also dem anderen. Jedes hat ganz spezifische Fettsäuremuster und damit bestimmte Aufgaben im Körper. Es gibt sehr lange Ketten mit über 14 Kohlenstoffatomen, mittelkettige Fette, die sogenannten MCT-Fette mit nur sechs bis zehn Kohlenstoffatomen, und eher kurzkettige Fette. Den MCT-Fetten geht sogar der Ruf voraus, dass sie schlank machen. Sie werden vom Darm anders aufgenommen als die anderen Fette. Doch auch hier gibt es mehr Fragen als Antworten.

Beim Fettverzehr geht es vor allem um das richtige Maß. Ein Lebensmittel wie Fett darf auf dem Speiseplan nicht isoliert betrachtet werden, denn es wirkt im Zusammenspiel mit den anderen Nahrungsmitteln. Fettforscher empfehlen deshalb, sich nicht auf eine Fettsorte zu beschränken, sondern viele unterschiedliche mehrfach ungesättigte Fette wie Sonnenblumen-, Distel- und Sojaöl zu verwenden, sie miteinander zu kombinieren und ständig zu wechseln. »Man darf beim Fett nicht nur auf einen Gesundheitsaspekt starren, sondern sollte all die vielen unterschiedlichen Punkte beachten«, rät Professor Richter.

Bei Omega-3-Fettsäuren in Fisch kann man nichts falsch machen. Sie senken das risikoreiche Triglycerin im Körper und wirken sogar gegen Depressionen. »Allerdings sollte es fetter Fisch sein«, so Richter. Die konstante Aufnahme von langkettigen Omega-3-Fettsäuren ist auch für vorgeschädigte Herzen zu empfehlen. In diesem Fall gilt: mehr Fett – weniger Herzinfarkt. Die Forschung konzentriert sich gegenwärtig vor allem auf die Rolle, die Omega-3-Fettsäuren für das Immunsystem, bei Krebs, Nierenkrankheiten, Asthma und rheumatischer Arthritis spielen. Alles deutet darauf hin, dass diese Fettsäuren einen positiven Einfluss auf diese Erkrankungen haben und sogar vorbeugend wirken.

Kleine Fischfettabelle

Omega-3-Gehalt in 100 Gramm Fisch:
Lachs gegart oder geräuchert enthält 1,8 g Omega-3-Fettsäuren, Sardellen eingelegt in Öl oder Salz 1,7 g,

Sardinen 1,4 g,

Hering in Essig eingelegt 1,2 g,

Makrele gekocht oder geräuchert 1,0 g,

Thunfisch 0,7 g,

Seelachs gegart oder geräuchert 0,5 g,

Heilbutt gegart oder geräuchert 0,4 g und

Dorsch/Kabeljau 0,1 g.

Kalt gepresst und heiß geliebt

Wertvolle Öle sind im Geschmack vielfältig. Spitzenköche setzen die edlen Öltropfen längst nicht mehr nur zum Braten, Dünsten und Kochen oder im Salat ein. Sie adeln mittlerweile sogar Desserts mit Mandel- oder Macadamiaöl, lassen Haselnuss- und Walnussöl über Süßspeisen träufeln und verleihen dem Obstsalat eine feinherbe Ölnote. In Österreich gehören Nuss-, Kürbiskern- und Mohnöle seit Jahrhunderten zur königlichen Süßspeisenzubereitung bei Hofe, nun kommt der ölige Desserttrend allmählich auch nach Deutschland.

Bei Ölen gibt es nicht nur große Geschmacksunterschiede, sondern vor allem auch große Qualitätsunterschiede. Dabei kommt es nicht nur auf das Herkunftsland an, sondern gerade bei Olivenöl auch auf die Sorte und den Reifegrad der Früchte, die Erntezeit, Anbaumethoden und vor allem die Art der Pressung. Oliven sind empfindliche Früchte, die leicht verderben. Für edle Öle werden sie sanft mit Rüttelmaschinen vom Baum geschüttelt oder besser noch von Hand gepflückt. Um Geld zu sparen, warten viele Ölbauern, bis die Oliven von selbst vom Baum fallen, oder sie schlagen die Früchte mit Stöcken von den Ästen und verletzen die empfindliche Außenhaut. Verletzte Früchte, die tagelang unter den Bäumen in der Sonne liegen, oxidieren. Ölexperten in der Gastronomie behaupten sogar, dass ein großer Teil aller Olivenöle auf dem Markt von grausiger Qualität sei.

Sie schmecken modrig nach Keller, ranzig nach verdorbenem Fett oder stichig und leicht vergoren. Und der Verbraucher jenseits der Mittelmeerländer im Norden Europas merkt es nicht einmal, denn er hat sich längst an den schlechten Geschmack und mindere Qualität der Massenöle gewöhnt. Dabei ist der geizige Konsument nicht ganz unschuldig an der Ölkrise.

Ranziger Beigeschmack von Olivenöl entsteht, wenn es oxidiert, weil es zu lange Licht und Luft ausgesetzt war. Einen fiesen Stich ins Vergorene bekommt es, wenn die Früchte als Fallobst zu lange unter dem Baum gelegen haben und in der Sonne fermentiert sind. Und die modrige Kellernote kann durch Schimmelbefall der Ölfrüchte hervorgerufen werden. Da helfen nur chemische und physikalische Geschmackskeulen, die wertvolle Inhaltsstoffe wie die Polyphenole erschlagen, die als Geschmacksstoffe und Farbstoffe eine wichtige Rolle spielen. Auch der Versuch, die Ausbeute an Öl zu maximieren, lässt Panscher schon mal zu unlauteren Mitteln greifen. Denn aus 100 Kilogramm Oliven werden nur etwa 13 Kilogramm gutes Öl gewonnen.

Der Trick, durch Extraktion mit Lösungsmitteln wie zum Beispiel Hexan mehr Öl zu gewinnen und den letzten Tropfen aus den Früchten zu pressen, ist ganz legal und in der Ölindustrie sehr beliebt. Das so gewonnene Öl ist nicht sofort genießbar und muss noch nachbehandelt werden. Dabei ist der Einsatz von Chemikalien wie Natriumphosphat oder Phosphorsäure, Bleicherde und Natronlauge durchaus üblich. So wird das Öl entschleimt, entfärbt und entsäuert. Es gibt sogar ein Verfahren, um Öl zu desodorieren, das angewendet wird, um unerwünschte Gerüche, aber auch Insektizidrückstände zu beseitigen. Dabei wird das Öl im Vakuum mit Wasserdampf bis zu 90 Minuten lang bei etwa 240 Grad »gewaschen«. Nach all den Verfahren enthält man ein helles, klares und vor allem geschmacksneutrales Produkt, dem viele wertvolle Substanzen geraubt wurden.

Aus welcher Region das Olivenöl kommt, das im Supermarkt für 2,25 Euro pro Liter verkauft wird, lässt sich in den meisten Fallen gar nicht eindeutig klären. Im Ölgeschäft wird in großem Stil und auf Teufel komm raus gemischt. Über 80 Prozent der Öle werden von industriellen Anbietern aufgekauft, die wiederum mit Zwischenhändlern dealen, die ihre Mittelsmänner losschicken. Kleine Broker klappern im Mittelmeerraum die Ölmühlen ab und drücken die Preise. Gepanscht wird mit dem Öl von gammeligen Samen, angegorenen Früchten und minderwertigen Ölen. Damit es beim Verbraucher später im Hals nicht kratzt, wird mit Natronlauge nachgeholfen. Aufs Etikett kann sich nur verlassen, wer deren trickreiche Sprache versteht: »Abgefüllt in Ligurien« bedeutet nicht automatisch, dass das Öl auch von dort stammt. Es kann sein, dass es dort lediglich abgefüllt wurde – die Oliven können sonstwo gewachsen und verarbeitet worden sein. Wer wirklich ligurisches Öl will, muss das Etikett sorgsam lesen. Nur der Hinweis »produziert/hergestellt und abgefüllt in …« ist verbindlich.

Doch im skrupellosen Ölgeschäft geht es längst nicht nur um solche Schwindeleien und Betrügereien. Immer wieder finden Kontrolleure auch krebserregende Giftstoffe wie Benzol, Styrol und Ethylbenzol, polyzyklische aromatische Kohlenwasserstoffe (PAKs) und Pestizide. Beim größten Speiseölskandal Anfang der achtziger Jahre kamen über tausend Spanier ums Leben, weil kriminelle Ölhändler billiges Speiseöl mit Giften verpanscht hatten. 2001 wurden minderwertige Tresteröle mit krebserregenden Kohlenwasserstoffen gefunden. Tresteröl wird aus Pressrückständen der Olivenölgewinnung hergestellt und dient eigentlich als Schmieröl und Maschinenöl. Doch ein Teil der fiesen Fette landete als billige Zutat in der Backindustrie oder als Fritierfett in der Gastronomie.

Gegen kriminelle Energie helfen nur konsequente Kontrollen, mit EU-Verordnungen alleine ist wenig getan. Dabei ist Olivenöl europaweit in Güteklassen eingeteilt, die die Qualität sichern sollen. Je frischer und »jungfräulicher« – was auf italienisch »vergine« heißt, auf spanisch »virgen« und auf französisch »vierge« – ein Öl ist, um so hochwertiger ist es auch. Um sprachliche Missverständnisse auszuräumen, gibt es seit November 2003 für den Verbraucher die Qualitätskategorien »Natives Olivenöl extra«, »Natives Olivenöl« und schlicht »Olivenöl«. Beim Kaltpressen darf die Temperatur des Öls nicht über 40 Grad liegen; die Heißpressung passiert unter hohem Druck und bei über 80 Grad.

Doch selbst die hochoffiziellen Bezeichnungen halten nicht immer, was sie versprechen. Bei Tests und Kontrollen fallen selbst teure Öle manchmal als »mangelhaft« auf. Man kann sich oft eher auf Augen, Nase und die Geschmacksrezeptoren auf der Zunge verlassen als auf das Etikett. Gutes Olivenöl hat einen grünlichen Schimmer und leuchtet. Der Duft erinnert an frisch geschnittenes Gras. Die leicht bittere Note und die typische Schärfe sprechen für gutes Öl, das noch viele wertvolle sekundäre Pflanzenstoffe enthält. In kaltgepressten, naturbelassenen Ölen sind neben den gesunden Fettsäuren viele andere wertvolle Stoffe wie Vitamin E, Carotine, Lecithin und pflanzliche Sterine.

Während eher fruchtige Olivenöle von vollreifen Früchten stammen, ist die leicht bittere Note typisch für grün geerntete Oliven. In der Toskana werden sogar Stengel und Blätter mit vermahlen, um die herbe Note noch zu verstärken.

Wie bei edlen Weinen ist auch gutes Öl Geschmackssache. Wer einen trockenen Riesling bevorzugt, mag nicht unbedingt Chardonnay oder Sémillion trinken. So schmeckt auch Olivenöl aus Umbrien anders als »Huile d'olives de Provence« oder griechisches Morea-Tropföl mit seinem leicht butterigen, wenig fruchtigen Geschmack.

Fix und fertig

Es war einmal ein Müllersjunge, der als fünftes von sechs Kindern im Oktober 1846 im Schweizer Kanton Thurgau geboren wurde. Er hieß Julius Maggi und war dazu bestimmt, unsere Essenswelt zu revolutionieren.

Der kleine Julius spielte gern draußen beim Vater im Kempttal, der dort eine Getreidemühle mit Wasserkraft betrieb. Doch die Zeiten änderten sich rapide, die Industrialisierung machte vor den Müllern nicht halt. Wer keine Dampfmaschine betrieb, konnte auf dem Getreidemarkt nicht mithalten. Julius führte den Familienbetrieb des Vaters erfolgreich in die Neuzeit, kaufte sogar noch zwei weitere Mühlen hinzu und wurde zum bedeutendsten Mühlenbesitzer der damaligen Zeit in der Schweiz. Doch damit ist die Erfolgsgeschichte noch nicht zu Ende. Julius Maggi sah die Not der Fabrikarbeiter und ihrer Familien, die mittellos vom Land kamen und zu Hungerlöhnen an den Fließbändern schufteten. Die Arbeiter hatten keine Gärten, um sich etwas zu essen anzubauen, und so litten die armen Tagelöhner bald unter Unterernährung und Eiweißmangel.

Maggi suchte nach einer billigen, aber nahrhaften Lösung, um die Fabrikarbeiter zu speisen. Gemeinsam mit einem Arzt entwickelte er aus eiweißreichen »Leguminosen«, das sind Hülsenfrüchte wie Erbsen, Bohnen oder Linsen, eine kochfertige Suppe. Sie hatte einen hohen Nährwert, war schnell zuzubereiten und vor allem erschwinglich. 1884 kam sein Leguminosenmehl auf den Markt, 1886 gelang ihm die Herstellung der ersten kochfertigen Suppe aus Erbsenmehl. Das war die Geburtsstunde der Fertiggerichte. 1887 hatte Julius Maggi sein Suppenangebot bereits auf 22 Sorten erweitert. Der Rest der Erfolgsgeschichte ist bekannt: Würzen, Brühen, Trockensuppen in Beuteln, Soßen und Eintöpfe bis hin zum Ein-Teller-Gericht. Der Siegeszug der Suppe war nicht mehr zu stoppen.

Mit dem Suppenwürfel hat damals alles angefangen. Moderne Suppenkasper nehmen heute zunehmend Abstand von dem klassischen Würfel und greifen lieber auf gekörnte Brühe zurück, weil sie streufähig ist und deshalb leicht dosiert werden kann. Doch bei beiden Produkten benötigt man für ein Süppchen nichts weiter als Wasser. Immerhin werden trotz des erweiterten Suppenangebots noch über 500 Millionen Würfel im Jahr verkauft. Damit aus dem Würfel eine Suppe wird, müssen die Hersteller tief in den Chemiebaukasten greifen. Eine Mischung aus Fetten, Salzen und Gewürzen wird mit Geschmacksverstärkern zum Würfel gepresst oder als rieselfähiges Pulver verpackt. Die Zutatenliste auf der Packung lässt Übles ahnen. Wer im Chemieunterricht nicht aufgepasst hat, ist aufgeschmissen:

- *Mononatriumglutamat* ist das Natriumsalz der Glutaminsäure. Es wird als Geschmacksverstärker eingesetzt.
- *Dinatriuminosinat* ist das Salz der Inosinsäure. Der Geschmacksverstärker wird im Körper zu Harnsäure abgebaut. Wer an Gicht leidet, sollte den Stoff deshalb meiden.
- *Modifizierte Stärke* wird als Bindemittel, Träger- und Füllstoff verwendet. Die Hersteller nehmen Mais-, Weizen- oder Kartoffelstärke und verändern (modifizieren) sie chemisch, enzymatisch oder physikalisch. Die Stärke hat dadurch eine höhere Stabilität.
- *Maltodextrin* ist ein leicht verdauliches Kohlenhydrat aus Malzzucker.
- *Hefeextrakt* ist eine aus Hefekulturen erzeugte Würze, die reich an B-Vitaminen und Eiweiß ist.
- *L(+)-Weinsäure* verlängert die Haltbarkeit der Brühe und verhindert zusammen mit Antioxidantien das Ranzigwerden der Fette.
- *Ascorbylpalmitat* ist ein Fettsäureester der Ascorbinsäure und dient als Antioxidationsmittel.

- *Kalziumsilicat* dient als Trennmittel und sorgt dafür, dass alles schön streufähig bleibt (wenn es ein Pulver sein soll und kein Würfel).

Das klingt alles irgendwie gefährlich, doch die Hersteller warnen lediglich Allergiker vor dem Verzehr, denn Sellerie, Glutamate, Laktose- und Hefeextrakte können für sie ein Risiko sein. Auch wer unter Bluthochdruck leidet, sollte seine Suppe nicht zu oft würfeln, denn die Brühe besteht zur Hälfte aus Salz: In jedem Liter sind etwa zehn Gramm Salz gelöst.

Konservierungsmittel sind dagegen im Suppenwürfel überflüssig. Die Fette und das viele Salz sorgen für eine lange Haltbarkeit. Suppenwürfel gibt es sogar im Reformhaus. Sie enthalten allerdings keine tierischen oder gehärteten Fette, sondern bestehen aus Pflanzenfetten wie Sonnenblumen- oder Olivenöl. Der »tierische« Geschmack entsteht, wenn Getreide verkocht wird und sich die pflanzlichen Eiweiße in ihre Bausteine auflösen. Diese Aminosäuren bringen die Bouillonnote in die Suppe. Hefeextrakte verstärken den pflanzlichen Fleischgeschmack.

Mit dem Urwürfel des Julius Maggi haben die modernen Suppen nur noch äußerlich eine gewisse Ähnlichkeit. Sie sind geschmacklich so ausgeklügelt, dass selbst Suppenkasper zum Löffel greifen. Dabei ist doch Suppekochen so einfach. Für alle, die es einmal ohne Würfel versuchen wollen, hier das Rezept für eine klassische Hühnersuppe, das uns die Ernährungsberaterin Gesa Marsch zur Verfügung gestellt hat:

Hühnersuppe

Man nehme: 1 Suppenhuhn, 2 Tl Salz, 2 l Wasser, 2 Möhren, 1 Porreestange, 1 kleine Sellerieknolle, 1 Petersilienwurzel.

Das Huhn reinigen und am Stück im Salzwasser zum Kochen bringen. Eine Stunde köcheln lassen. Gemüse putzen, in Würfel schneiden und mit in den Topf geben. Nochmals eine Stunde sieden lassen. Das gekochte Huhn aus dem Topf nehmen, die Brühe durch ein Sieb in einen anderen Topf gießen und gegebenenfalls mit etwas Salz und Pfeffer abschmecken. Wenn die Brühe abgekühlt ist, kann man das Fett, das oben schwimmt, mit einem Löffel abnehmen. Das Huhn enthäuten und in Stücke schneiden. Es schmeckt in der Suppe oder als Frikassee.

Julius Maggi hat die Essgewohnheiten der Menschen Mitte des 19. Jahrhunderts zwar verändert, aber trotzdem gab es damals noch drei Mahlzeiten am Tag. Dafür hat die Hausfrau in der Küche gestanden und gekocht. Produkte von Maggi, Knorr & Co. waren als Helfer in der Küche willkommen, aber sie hatten noch nicht das Regime übernommen. Dann, irgendwann in den neunziger Jahren, hat sich unsere schöne neue Essenswelt noch einmal radikal verändert und amerikanisiert. Heute essen und trinken wir, wo wir gehen und stehen: »Food to go« ist Trend. An der Tankstelle werden Brezeln und Bagles aufgebacken, im Supermarkt gibt es die Pizza auf die Hand. Hier ein Burger, da ein Brötchen: So snacken wir uns durch den Tag. Sehen, kaufen und kauen! Wissenschaftler nennen dieses Essverhalten »situativen Verzehr«.

Chilled Food – Mundgerechte Verführung

Nahrung ist allgegenwärtig und vor allem schon fix und fertig. Zwar sind Kochshows die Renner auf allen Kanälen, doch in den eigenen vier Wänden bleibt die Küche meistens kalt. Während Tim Mälzer Kohlrouladen wickelt, wird die Asiasuppe aus dem Tiefkühlfach in die Mikrowelle geschoben. Kein Putzen, Schnippeln, Schneiden: Einfach die Verpackung aufreißen, und – kling! – nach fünf Minuten kann gegessen werden. Schnell soll Essen heute sein. Fastfoodrestaurants bedienen das Bedürfnis nach Sofortverzehr perfekt. Doch für wellnessbewegte Zeitgenossen sind Frittenbuden mit ihrem Fettgeruch keine Alternative. Deshalb kreierte die Lebensmittelindustrie Anfang der neunziger Jahre einen völlig neuen Fastfoodtrend: Unter dem Begriff »Chilled Food«, gekühltes Essen, sind Lebensmittel im Handel, die so gut wie fertig sind. Dazu gehören die Salate, über die man nur noch das Dressing geben muss, genauso wie geschältes und geschnittenes Obst und geputztes Gemüse. Als Begriff hat sich Chilled Food noch nicht beim Verbraucher durchgesetzt, aber die Sparte beschert dem Handel einen enormen Umsatzboom: 2004 stieg die Nachfrage um über 30 Prozent. Rund 1,5 Milliarden Euro im Jahr beträgt der Umsatz bereits.

Die Produktpalette umfasst mittlerweile 20 Warengruppen mit über 130 Artikeln. Frischgepresste Fruchtsäfte gehören ebenso dazu wie gekühlte Teigwaren wie Pasta, Maultaschen und Pfannkuchen. Bohneneintopf und Tomatensuppe müssen nur noch aufgewärmt werden, auch panierte Schnitzel und Chicken Nuggets sowie Baked Potatoes, Rösti und Ofenkäse sind verzehrfertig und schmecken wie frisch zubereitet.

Der Handel macht um das neue frische, schnelle Essen eine große Klammer und fasst es mit Tiefkühlkost und Tütensuppen unter dem Begriff »Convenience« (englisch für »bequem«) zusammen. Je nach der Art der Zubereitung gibt es eine grobe Unterteilung in vier Kategorien:

- »*Fertig zur Zubereitung*« sind Lebensmittel, die geputzt, geschnibbelt, mariniert, ausgenommen und portioniert sind. Sie müssen, wie der Name schon sagt, nur noch zubereitet werden. Man kann sie wie Bauteile zu einer Mahlzeit zusammensetzen, hat keinen Abfall und spart Zeit.
- »*Fertig zum Garen*« ist eine Zubereitungsstufe einfacher: Das fertige Pfannengericht, der Kuchen oder die Gemüsebeilage werden nur noch gekocht, gebraten oder gebacken.
- »*Fertig zum Erwärmen*« spricht für sich: Es handelt sich um Pizza, Pasta, Suppen, Soßen und gekühlte Komplettmenüs wie Lasagne.
- »*Fertig zum Verzehr*« sind Obst- und Feinkostsalate, Desserts, Frikadellen und das belegte Sandwich für unterwegs.

Es gibt bereits Chilled-Food-Schulungen und Seminare für Angestellte im Supermarkt, damit sie lernen, die Lebensmittel hygienisch einwandfrei zu verarbeiten. Außerdem sollen Obstspieße, Salate und Säfte attraktiv verpackt und präsentiert werden, damit der Kunde auch zugreift. Denn wer nicht schälen will, muss zahlen: Chilled-Food-Produkte sind bis zu 400 Prozent teurer. In einer Branchenstudie, die 2005 im Auftrag für die Centrale Marketing-Gesellschaft der deutschen Agrarwirtschaft (CMA) durchgeführt wurde, wird der Preisunterschied am Beispiel einer Melone deutlich. Mit jedem Verarbeitungsschritt steigt der Preis: Während die ganze Melone 38 Cent/kg kostet, zahlt der Kunde für die halbierte Frucht bereits 76 Cent/kg, in Scheiben portioniert sind es 1,14 Euro/kg, und wenn der Kunde die Melone gewürfelt im Becher kauft, muss er für das »High-Convenience-Produkt« 1,52 Euro/kg zahlen. Bei einem Nudelgericht ist sogar der fünffache Umsatz durch Convenience möglich: Während 500 g trockene Spaghetti nur 49 Cent kosten, ist die gekühlte Chilled-Food-Nudel für 2,15 Euro zu haben. Mit der Soße verhält es sich ähnlich: Im 400-g-Glas kostet sie 79 Cent, als Frische-Soße aus dem Kühlregal gleich 1,99 Euro.

Wozu noch kochen?

Ganz gleich, ob Käse-Lauchcreme-Suppe mit Hackfleischbällchen oder Nudeleintopf mit Huhn: Der Duft von Mamas Eintopf ist nur selten selbstgemacht, lediglich in der Hälfte der Haushalte wird eine Mahlzeit noch vollständig selbst gekocht. Kochen am heimischen Herd wird zum Event, wenn Gäste kommen. Im Alltag ist der Aufwärtstrend der Fertiggerichte ungebremst. Jeder fünfte Deutsche findet Convenience-Produkte gut, und 97 Prozent der Haushalte kaufen immer häufiger, was schon fix und fertig ist. Gut die Hälfte isst Eintopf aus der Dose, und über 70 Prozent rühren sich regelmäßig ein Tütensüppchen an. Mobilität zwingt zum Frühstück im Auto oder am Arbeitsplatz. Wie praktisch, wenn der Bäcker außer Brot auch aufgebackene Snacks verkauft.

Es gibt immer mehr Einpersonenhaushalte, warum also mittags richtig kochen? 67 Prozent aller Frauen sind berufstätig. Wo sollen sie die Zeit hernehmen, um einzukaufen und am Herd zu stehen? Während Singles zum Komplettmenü greifen, kauft die Hausfrau mit Kindern eher Fertigfoodbausteine und bastelt sich eine Mahlzeit. Zeitersparnis ist der wichtigste Grund für die Kaufentscheidung. Wer beispielsweise Spaghetti Napoli selbst zubereitet, muss etwa 45 Minuten investieren, bis die Nudeln auf dem Teller dampfen. Aus der Dose dauert der Spaß gerade mal acht Minuten. Bei Pizza wird es noch deutlicher. Man muss den Teig kneten und belegen, Käse raspeln und Tomaten pürieren. Bis die Pizza dann aus dem Ofen kommt, dauert es etwa eine Stunde. Die Fertigpizza ist schon nach acht bis zehn Minuten auf dem Brettchen.

Doch Schnelligkeit hat ihren Preis: Fertiggerichte sind obendrein Fettfallen. Die schnelle Pizza, der Auflauf oder das Eiergericht kommen leicht auf einen Fettgehalt von bis zu 40 Prozent pro Portion. 350 g Thunfischpizza liegen bei 54 Prozent Fett, 500 g Paella bei 39 Prozent und 400 g Lasagne Bolognese bei über

30 Prozent. Der Fettgehalt ist besonders hoch, wenn Fleisch verarbeitet worden ist. Auch Zucker und Salz stehen bei Fertiggerichten oft ganz weit oben auf der Zutatenliste. Sie dienen dazu, den Geschmack zu verstärken. Dafür mangelt es an Nährstoffen.

Was machen all die »E« im Essen?

Bei stark verarbeiteten Lebensmitteln ist die Kunst der schnellen Küche ohne Zusatzstoffe nicht möglich. Wie schafft es die getrocknete Erbse, zusammen mit der getrockneten Nudel auf den Punkt genau nach fünf Minuten gar zu sein? Was wie Suppe schmeckt, war eben noch ein gelbliches Pulver mit grünen Trockenkräuterpünktchen, doch mit etwas heißem Wasser aufgefüllt, ist aus dem Chemiebaukasten tatsächlich eine Suppe geworden …

Die superschnelle Essklasse kommt aus dem Labor und ist Nahrung für Technik- und Chemiefreaks. Mikrophysiker, Strukturchemiker und Verfahrenstechniker zerlegen Lebensmittel in immer kleinere Bestandteile und setzen sie dann als Fertignahrung wieder zusammen. Damit die Nudel in der Fertigsuppe den nötigen Biss hat, müssen Oberfläche, Form und Querschnitt eine bestimmte Beschaffenheit haben. Die Kochzeit der Fertigsuppe lässt sich durch die Struktur der Nudel verkürzen. Nudeln mit einer größeren Oberfläche sind schneller gar, weil das heiße Wasser die Stärkekörner überall auf der Oberfläche gleichmäßig aufquellen lässt. Während Nudeln normalerweise acht bis zehn Minuten kochen, ist die Superpasta im Fertigsüppchen schon nach drei Minuten weich.

Je stärker Lebensmittel verarbeitet sind, desto weniger natürliche Nährstoffe enthalten sie noch. Vitamine, Mineralstoffe und sekundäre Pflanzenstoffe gehen bei Produktionsschritten wie Erhitzen, Sterilisieren oder Trocknen verloren. Wer ein Fertiggericht kauft, kann ihm nicht mehr ansehen, von welcher Qualität die verarbeiteten Rohstoffe waren. Wo ist das Gemüse gewachsen? Wie wurde es gelagert und verarbeitet? Als Faustregel bei Fertiggerichten gilt: Je länger sie ungekühlt haltbar sind, um so größer ist ihre Verarbeitungsstufe. Nur bei Konserven greift die Regel nicht. Nur wer frische Zutaten einkauft und sich sein Essen selbst kocht, braucht keine künstlichen Aromen, muss weder Farb- noch Konservierungsstoffe in sein Süppchen rühren oder mit Antioxidantien den Verderb verzögern.

Bei Fertiggerichten kommen jede Menge Zusatzstoffe zum Einsatz, um dem Gaumen Geschmack und ein angenehmes »Mundgefühl« vorzugaukeln. Die kleinen Helferchen der Industrie tragen alle E-Nummern. »E« steht für »Europa«, die Ziffer dahinter für den jeweiligen Zusatzstoff. Es gibt insgesamt 311 unterschiedliche E-Stoffe im Essen. Sie verfeinern, dicken, bringen Farben auf den Teller und verstärken den Geschmack.

Verdickungsmittel verleihen Suppen, Soßen und Desserts eine sämige Konsistenz. Sie heißen Alginsäure (E 400) und Alginate (E 401 – E 404) und werden aus Braunalgen gewonnen. Beide stehen im Verdacht, die Aufnahme von Mineralstoffen wie Kalzium, Eisen und Zink im Körper zu behindern. Ernährungswissenschaftler raten deshalb von zu häufigem Verzehr ab. In Ausnahmefällen kann es zu einer Unterversorgung mit den lebenswichtigen Mineralien kommen. Agar-Agar (E 406) und Carrageen (E 407) werden aus Rotalgen gewonnen. Man findet sie wie alle Verdickungsmittel auch in Pudding, Eiscreme und Milcherzeugnissen. In Fertiggerichten sind häufig Johannisbrotkernmehl (E 410) und Guarkernmehl (E 412) anzutreffen. Beide Zusatzstoffe gelten in Einzelfällen als allergieauslösend. Guarkernmehl steht im Verdacht, das sogenannte Bäckerasthma und Kontaktekzeme auszulösen.

Emulgatoren bestehen aus fett- und wasserliebenden Molekülen. Sie werden eingesetzt, um zwei Elemente zusammenzubringen, die sich normalerweise abstoßen: Fett und Wasser. Bei Mayonnaise und schaumigen Desserts spielen Emulgatoren zum Beispiel eine wichtige Rolle. Lecithin (E 322) ist ein oft verwendeter Emulgator, der aus Soja-, Sonnenblumen- und Rapsöl hergestellt wird. Lecithin kommt in jeder lebenden Zelle vor und gilt als absolut unbedenklich.

Bei feinen Backwaren werden Zuckerglyceride (E 474) und Polyglycerinester von Speisefettsäuren (E 475) eingesetzt. In vielen Lebensmitteln verstecken sich Mono- und Diglyceride von Speisefettsäuren (E 471).

E 101 ist ein gelber Farbstoff, der unter anderem Vanillesoße einen cremig-gelben Eifarbton verleiht. Der Farbstoff, der hinter E 101 steckt, ist eigentlich ein Vitamin, das Riboflavin oder B_2 heißt und in der Natur vorkommt. Wie alle Farbstoffe dient es als Make-up für Lebensmittel. Insgesamt sind 43 Farbstoffe zugelassen, die nicht alle so unbedenklich sind wie das Vitamingelb von E 101. Rote Azofarbstoffe wie E 123 und E 128 sind mit Vorsicht zu genießen. Während Amaranth (E 123) nur in Spirituosen wie Aperitifweinen vorkommt, kann E 128 auch in Frühstückswurst und Hackfleisch sein, wenn Getreide mit im Fleisch verarbeitet worden ist. Wer auf Aspirin allergisch reagiert, muss bei E 128 vorsichtig sein. Auch Menschen mit Asthma oder Neurodermitis sind empfindlich. Das Rot des Farbstoffs Erythrosin (E 127) darf nur bei Cocktailkirschen und kandierten Kirschen verwandt werden, denn im Tierversuch traten krebsartige Veränderungen der Schilddrüse auf. Für den braunen Farbstoff Ammoniak-Zuckerkulör (E 150c) gelten gesetzliche Grenzwerte, denn in Tierversuchen hat E 150c Krämpfe ausgelöst und die Zahl der weißen Blutkörperchen gesenkt. Zuckerkulör (E 150) wird in Backwaren eingesetzt, um dem Brot ein Vollkornimage zu verpassen, und damit der Käse farblich dazu passt, wird die Rinde mit Litholrubin (E 180) eingefärbt. Die meisten Farbstoffe findet man allerdings in Süßwaren wie Bonbons, Erfrischungsgetränken und Desserts.

Um bei Fleischerzeugnissen das fleischige Rot zu erhalten, wird mit Nitritpökelsalz »umgerötet« (so der Fachbegriff). Das Salz zählt allerdings nicht zu den Farbstoffen. Verfärbungen von Obst und Gemüse werden mit Schwefeldioxid (E 220 – E 228) oder Ascorbinsäure (E 300) verhindert. Diese Zusatzstoffe nennt man Farbstabilisatoren, da sie Ver- oder Entfärbungen verhindern.

Für Fertiggerichte sind Farbstoffe die perfekte Kosmetik. Sie signalisieren Frische und Reife und hinterlassen beispielsweise mit einem kräftigen Rosa den perfekten Erdbeereindruck im Joghurt. Oft sollen Farbstoffe dem verarbeiteten Obst und Gemüse nur seine natürliche Farbe wiedergeben, denn die geht bei der industriellen Zubereitung durch Erhitzen oder Konservieren leicht verloren. Um verarbeitete Lebensmittel wieder auf natürlich zu trimmen, setzt die Industrie auch Karotten-, Holunder- oder Rote-Beete-Säfte ein. Eis und Desserts, Konfitüren und Margarine, Soßen, Mixgetränken, Wurst- und Käsespezialitäten, sogar Räucherfisch und Senf dürfen künstliche Farbstoffe zugesetzt werden, und je nachdem, welchem Zweck es dient, wird entweder das ganze Lebensmittel gefärbt oder nur die Oberfläche. Das Auge isst ja bekanntlich mit, doch der Verbraucher darf durch Farbstoffe laut Lebensmittelgesetz nicht getäuscht werden. Nudeln eine schöne gelbe Eifarbe zu verpassen, um sie hinterher als Eiernudeln zu verkaufen, ist verboten.

Da Rohstoffe bei der Verarbeitung nicht nur ihre Farbe, sondern auch leicht ihre Form verlieren, werden Festigungsmittel eingesetzt. Sie wirken direkt auf das Zellgewebe und verhindern, dass Obst und Gemüse breiig werden. Kalziumsalze der Milchsäure (E 327), Zitronensäure (E 330), verschiedene Phosphate und Aluminiumsalze helfen, die Konsistenz und damit das appetitliche Aussehen zu erhalten.

Konservierungsstoffe sorgen dafür, dass sich das Fertiggericht auch lange hält. Sie wirken gegen Schimmelpilze und Fäulniserreger, töten Bakterien und erhöhen die Haltbarkeit. Sorbinsäure und deren Salze (E 200–203) werden besonders häufig eingesetzt und Schnittbrot, Käse und Fruchtzubereitungen zugesetzt. Sorbinsäure hat einen leicht sauren Geschmack und ist für Menschen mit Asthma oder Neurodermitis bedenklich, die aufgrund von Lebensmittelzusatzstoffen eine »Pseudoallergie« entwickeln könnten. Das gleiche gilt für Benzoesäure und deren Salze (E 210–213). Sie wirken gegen Pilze und Bakterien und werden überwiegend in Fisch- und Salatprodukten eingesetzt. Omas Vorfahren hatten nur Salz, Zucker und Essig, um Lebensmittel zu konservieren. Die gelten heute längst nicht mehr als Konservierungsmittel, sondern werden unter »Zutaten« aufgeführt.

Antioxidantien verzögern den Verderb von Lebensmitteln, indem sie die Oxidation durch den Sauerstoff in der Luft verhindern. Das bekannteste Antioxidationsmittel ist Ascorbinsäure (E 300), besser bekannt als Vitamin C. Eine Überdosierung ist nicht ungefährlich, denn das Abbauprodukt Oxalsäure kann Nieren- und Blasensteine bilden. Zu den synthetisch hergestellten Antioxidationsmitteln gehören Gallate (E 310–312) und Butylhydroxianisol (E 320). Sie befinden sich in Würzen, Suppen, Soßen und Brühen, aber auch in Knabberware und verarbeiteten Nüssen, in Kuchenmischungen und Kaugummi.

Es gibt Füllstoffe wie Cellulose (E 460) oder Polydextrose (E 1200), die das Volumen eines Lebensmittels erhöhen. Sie werden gern kalorienreduzierter Ware zugesetzt. Wenn Füllstoffe im Spiel sind, hat der Kunde einfach mehr im Mund. Verdickungsmittel werden Light-Produkten ebenfalls häufig zugesetzt, denn sie binden Wasser, und Wasser macht ja bekanntlich nicht dick. Auch Phosphate binden Wasser: Sie werden bei der Wurstherstellung geschätzt, denn als sogenanntes Kutterhilfsmittel sorgen sie für Schnittfestigkeit (Kutter zerkleinern und vermengen Fleisch, so dass eine feine Masse wie zum Beispiel Brät entsteht). Modifizierte Stärke dickt und bindet ebenfalls. Dabei verhindert sie, dass sich auf Fertigpudding Wasser absetzt.

Pektine hingegen verbessern die Fließeigenschaften von Dips, Chutneys und Barbecuesoßen. In Crème fraîche und Mayonnaise wird durch Pektine die Textur verbessert. Fettreduzierte Margarine erhält durch den Zusatz von Pektin eine bessere Streichfähigkeit. In alkoholfreien Erfrischungsgetränken und kalorienreduzierten Softdrinks sorgen Pektine für ein besseres »Mundgefühl«, denn durch Süßstoffe geht die Vollmundigkeit der Getränke leicht verloren. Pektine gleichen das aus. Sie werden aus pflanzlichen Rohstoffen wie Apfel- oder Rübentrester und Zitrusfrüchten gewonnen. Als Gelier- und Stabilisierungsmittel sind Pektine überall in der Lebensmittelindustrie einsetzbar.

Damit dann alles auch schmeckt, müssen Geschmacksverstärker ins Fertiggericht. Die bekanntesten sind die Glutamate (E 620–625). Die Industrie setzt auch Salze der Ribonucleinsäuren wie Inosinat (E 631) und Guanylat (E 627) ein. Sie werden entweder aus Zuckerrübenmelasse oder aus Meerespflanzen gewonnen und können auch gentechnisch hergestellt sein. Glutamate sind in Zusammenhang mit dem »China-Restaurant-Syndrom« ins Gerede gekommen, einer bestimmten Form von Übelkeit, die bei empfindlichen Essern immer nach dem Besuch von China-Restaurants auftritt: Sie leiden unter Herzklopfen, Kopfschmerzen, Schwächegefühl und Durchfall. Bei der Zubereitung von Wan-Tan-Suppe wird bekanntlich an Geschmacksverstärkern nicht gespart, und auch in Sojasoße sind hohe Konzentrationen enthalten.

Alle 311 Zusatzstoffe gelten als gesundheitlich unbedenklich. »Doch wie sie in Kombination miteinander über Jahrzehnte im Körper wirken, hat bis heute kein Wissenschaftler untersucht«, sagt Silke Schwartau. Die Ernährungsexpertin der Verbraucherzentrale Hamburg ist skeptisch. »Alle E wurden bisher nur einzeln im Tierversuch getestet, bei einigen liegen nur wenige Untersuchungsergebnisse vor.«

Die Zusatzstoffe machen Massenproduktion erst möglich, denn

sie konservieren, trennen, färben, stabilisieren, säuern oder süßen, ohne sie ist industrielle Lebensmittelproduktion nicht denkbar. »Im Zusammenspiel sind Zusatzstoffe perfekt«, sagt Silke Schwartau. »Aromen verstärken den Geschmack – und Geschmacksverstärker verstärken die Aromen!«

Das Spargelsüppchen schmeckt nach Dimethylsulfid

Ohne Aromen wäre unser Industrieessen nicht einmal halb so lecker, denn bei der Fertigung in der Fabrik bleibt der gute Geschmack auf der Strecke. Doch der Gaumen lässt sich leicht täuschen. Ob Chili con Carne, Nasi Goreng oder Paella aus der Tüte: Die Spur von Knoblauch, der Hauch von Zwiebel, selbst der Bratengeschmack der Rösti kommen aus dem Labor der Geschmacksdesigner. Was der Verbraucher für den Geschmack von Butterkeksen hält, ist Diacetyl, das Spargelsüppchen schmeckt nach Dimethylsulfid und der Erdbeerpudding nach Ethylbutyrat. Mag der Kunde von morgen vielleicht Bratwurstdessert mit Erdbeer-Senf-Aroma? Kein Problem, die Firma Symrise in Holzminden könnte auch so absurde Sachen wie Rinderrouladenmixgetränke oder Zitronenpuddingsauerbraten kreieren. Alles eine Frage der Aromastoffe. Weltweit gesehen sind die Geschmäcker ohnehin völlig unterschiedlich: Die Engländer lieben Kartoffelchips mit Minzaroma, die Australier bevorzugen einen Hauch von Barbecue. Mit gutem Geschmack (oder was der Kunde dafür hält) macht man in Holzminden Milliarden, natürliche Grenzen gibt es nicht.

Sensoriker teilen das Geschmacksempfinden des Menschen in süß und salzig, sauer, bitter und seit neuestem auch noch in »umami« ein. Umami entspricht etwa dem Geschmack von Hühnersuppe und wird in Japan mit viel Glutamat befriedigt, aber auch Tomaten und Käse sollen sehr viele Umami-Substanzen enthalten, was angeblich den Erfolg von Pizza erklärt.

Guter Geschmack fängt bei gutem Geruch an, denn der Mensch »schmeckt« durch die Nase. Wenn wir kauen, atmen wir flüchtige Aromastoffe ein und deshalb können wir die Nahrung schmekken. Bei geschlossener Nase, etwa bei einer Erkältung, schmeckt Kuchen wie Kartoffelbrei und Pizza wie Pappe. Und weil unser Gaumen keinen Unterschied schmeckt zwischen künstlich und natürlich, machen Aromen das Speiseeis fruchtig, die Erdnussflocken nussig und die Bonbons tropisch frisch. Aromen verleihen dem Quark seinen intensiven Erdbeergeschmack, der Praline die bittersüße Spur von Mandeln und den Kartoffelchips die feurig ungarische Note. Damit man beim Kochen von Fertiggerichten so richtig auf den Geschmack kommt, gibt es sogar Reaktionsaromen, die sich erst bei der Zubereitung entfalten. Denn die Fooddesigner wissen, dass mit der Erinnerung im Herzen alles besser schmeckt. Küchengerüche erinnern an zu Hause, doch was da im Fertiggericht so lecker nach Bratkartoffeln duftet, könnte 2-Metoxy-3-Äthylpyrazin sein. Jede Geschmacksnote ist im Labor nachbaubar. Ob französische Zwiebelsuppe, Karamelbonbons oder Orangenlikör: Überall haben Aromadesigner ihre Finger im Spiel.

Flavoristen, wie die Geschmackskonstrukteure offiziell heißen, grillen ohne Feuer und machen trotzdem viel Rauch. Die Kunst des traditionellen Räucherns ist bei Schinken, Lachs und Käse längst überflüssig. Es gibt über 200 Rauch- und Grillaromen sowie standardisierten Flüssigrauch. Diese Form des Räucherns ist nicht nur wirtschaftlicher, sie gilt sogar als gesünder, denn beim Grillen entstehen polyzyklische aromatische Verbindungen, und die sind krebserregend. Diese Schadstoffe können bei Kunstrauch weitgehend ausgeschlossen werden. In Kanada ist man schon einen Schritt weiter: Auf dem Tisch im Steakrestaurant steht neben

Ketchup und diversen Soßen auch ein Fläschchen Hickory-Flüssigrauch. Hickory, eine Nussbaumart, ist in Kanada und Amerika als Räucherholz sehr beliebt, und nach einem Spritzer aus der Flasche schmeckt das Steak gleich wie vom Grill.

Mutter Natur ist nicht so verlässlich wie das Labor. Ernteausfälle, Wetterkapriolen, Klimaschwankungen, und dazu die Risiken durch das Naturprodukt selbst: Erdbeeren, Erdnüsse und Sellerie bekämen heute bestimmt keine Zulassung von den Behörden, wenn sie von der Industrie erfunden wären und als Produkt auf dem Markt eingeführt werden sollten. Zu groß ist die Gefahr durch Allergien, die für Betroffene tödlich enden können.

Aromastoffe dagegen sind billig, sie lassen sich gut dosieren und nach Bedarf produzieren – und sie gelten gemeinhin als unbedenklich. Wirklich bewiesen ist das jedoch nicht. »Aromen und Geschmacksverstärker regen obendrein zu übermäßigem Essen an«, kritisiert die Ernährungsexpertin Silke Schwartau. »Das macht dick und krank.« Und Kinder, die mit Aromen aufwachsen, wissen gar nicht mehr, wie selbstgekochtes Essen schmeckt, schlimmer noch: Es schmeckt ihnen nicht mehr, weil sie so sehr an den intensiven Geschmack der Industrienahrung gewöhnt sind.

Gibt es ein Leben ohne künstliche Aromastoffe?

Nur sehr wenige Lebensmittel sind nicht aromatisiert. Dazu gehören Kaffee, Bier, Wein, Butter und beispielsweise Bio-Roggenmischbrot. Es enthält nichts außer Roggen- und Weizenmehl, Wasser, Meersalz und Backferment.

Zusatzstoffen auszuweichen ist nicht einfach. Nur Lebensmittel, die nicht weiterverarbeitet werden, sind wirklich E-frei! Tiefkühlgemüse enthalten keine Zusatzstoffe, wenn sie nicht in irgendeiner Form zubereitet sind, sondern nur geerntet und tiefgefroren wurden. Wer nicht auf Fertiggerichte verzichten will, der sollte auf die Zutaten achten. Was an erster Stelle aufgelistet ist, davon ist am meisten enthalten. Stehen Zucker und Salz oder Fett ziemlich am Anfang der Liste, ist das eher schlecht für die Gesundheit. Wer auf Ballaststoffe Wert legt, sollte Trockengerichte meiden. Alles, was aus der Tiefkühltruhe oder der Dose kommt, hat deutlich mehr Ballaststoffe als ein Tütengericht. Enthalten Fertiggerichte hauptsächlich Gemüse, Nudeln, Reis oder Kartoffeln, lassen sie sich leicht mit frischen Zutaten anreichern und zu einem gesunden Essen verfeinern.

Mit all der neugewonnenen Bequemlichkeit macht unsere Essgesellschaft gerade einen grundlegenden Wertewandel durch, eine schleichende Revolution hinter verschlossenen Küchentüren. Endet das Convenience-Food-Verhalten vielleicht damit, dass künftige Generationen nicht mehr wissen, wie man Kartoffeln schält, Fleisch brät, Fisch filetiert? Auf die Frage: »Warum kaufen Sie ein Fertiggericht?« heißt die Antwort schon heute immer häufiger: »Weil ich selbst nicht so lecker kochen kann.« Es mangelt also nicht nur an Zeit, sondern längst auch an Phantasie und den nötigen Kochkenntnissen. In den USA werden Apartments schon ohne Küche vermietet. Lediglich eine Mikrowelle gehört zum Inventar.

Selbst im Luxusrestaurant ist man vor Convenience-Food nicht sicher: Das Lammkarree im Kräutermantel und der Hummer in Champagnersoße könnten ebenfalls ein Chilled-Food-Produkt sein. Viele Restaurants können oder wollen sich keine aufwendige und teure Küchenmannschaft mehr leisten. Und so steht auch die feine Gastronomie längst auf der Kundenliste der Industrie.

Schockgefrostet und eingedost –
Vitamine und die Kunst
der Konservierung

Die Zeit ist der größte Feind der Frische. Die Verfallsuhr der Vitamine fängt an zu ticken, sobald Gemüse geerntet ist. Enzyme und Mikroorganismen wie Bakterien und Pilze vermehren sich rasch und setzen den biologischen Prozess des Verderbens in Gang. Sie verändern die Struktur des Lebensmittels: Der gute Geschmack verfliegt, der Nährstoffgehalt nimmt rapide ab. Auf dem Weg vom Feld auf den Teller bleiben jede Menge Vitamine auf der Strecke. Essen auf Rädern, das nach dem Transport über die Straße erst im Großhandel, dann im Supermarkt und schließlich im Haushalt gelagert wird, schneidet im Vergleich zu Tiefkühlkost in der Vitaminbilanz schlecht ab. Kein Wunder: Frischer Spinat hat bereits drei Tage nach der Ernte die Hälfte der Vitamine verloren, Tiefkühlspinat dagegen landet innerhalb von drei Stunden frisch vom Feld im Tiefkühllager.

Erbsen kullern sogar bereits 120 Minuten nach der Ernte als kleine grüne Eismurmeln ins Tiefkühlpaket. Die satte Farbe verdanken sie dem Pflanzenfarbstoff Chlorophyll, der während des Verarbeitungsprozesses in die äußeren Gewebeschichten wandert. Zunächst werden die Erbsen blanchiert, und dann wird jede einzelne Erbse bei minus 40 Grad auf einer durchlöcherten Edelstahlwanne von unten mit eiskalter Luft umströmt und dabei blitzschnell in eine Art Tiefkühlstarre versetzt.

Mit dem Einfrieren zu Hause hat dieser industrielle Vorgang des Tiefgefrierens nichts gemein. Der Prozess im heimischen Kühlschrank oder in der Gefriertruhe dauert im Vergleich zum Turbo-Tiefgefrieren viel zu lange und lässt große Eiskristalle in den Zellen und Zellzwischenräumen des Gefrierguts entstehen.

Diese spitzen Kristalle verletzen die Zellwände, wertvolle Inhaltsstoffe gehen verloren.

Die extrem niedrigen Temperaturen beim Tiefgefrieren stoppen den Verderb, weil sie die Enzyme deaktivieren, die Stoffwechselprozesse ankurbeln und zum Verfall durch Verfaulen führen. Außerdem nimmt die eisige Kälte den Mikroorganismen in der Zelle ihr wichtigstes Transportmittel: das Wasser. Es erstarrt blitzschnell zu winzigen Eiskristallen, und die Verfallsuhr tickt sehr viel langsamer. Bakterien hassen Kälte. Schon bei minus fünf Grad vergeht ihnen die Lust, sich zu vermehren. Bei minus zwölf Grad fallen sogar Schimmelpilze in eine Art Tiefschlaf. Schnelles Tiefgefrieren schont alle wertvollen Inhaltsstoffe, und sogar das flüchtige Vitamin C überlebt die Prozedur nahezu unbeschadet. Alle Vitamine fallen ins Kältekoma, aus dem sie erst im Topf am heimischen Herd wieder erwachen. Dann wachen aber auch die Mikroorganismen wieder auf: Deshalb sollte aufgetaute Ware sofort zubereitet und danach nicht wieder eingefroren werden.

Wenn Iglo Spinat erntet, geht alles sehr schnell. Zur Reifezeit zwischen Mai und August arbeiten die Erntemannschaften im 24-Stunden-Takt Tag und Nacht auf den Feldern rund um Reken im Münsterland, damit keine wertvolle Zeit verlorengeht. Die Spinat-, Grünkohl-, Porree- und Kräuterfelder des Tiefkühlgiganten umfassen rund 3000 Hektar und werden von über 100 Familienbetrieben bewirtschaftet. Jahr für Jahr werden gut 50 000 Tonnen Gemüse geerntet, verarbeitet und ruck, zuck in den schonenden Kälteschlaf versetzt. Neben den Landwirten selbst bestimmen Anbauberater die günstigste Zeit der Ernte nach diversen Faktoren. Bei Erbsen wird beispielsweise mit einem sogenannten Tenderometer der Widerstand gemessen, den man aufwenden muss, um eine Erbse zu zerdrücken. Stimmt der Wert, wird geerntet. Bei Spinat spielt das Größenverhältnis zwischen Blatt und Stiel eine wichtige Rolle, um die ideale Reife zu beurteilen.

Auf schnellstem Weg in den Turbofrost

Erst wenn die Blätter der Sorte »Ballett« kniehoch im Feld stehen, kommen die Erntemaschinen. Nach der Rohwarenkontrolle werden die Blätter in Reinigungstrommeln vom gröbsten Dreck wie Steinen und Sand befreit. Dann geht es ins Wasserbad. Viermal durchlaufen die Blätter die sogenannten Wäscher. Mit heißem Wasser oder Dampf wird der Spinat anschließend etwa eine Minute blanchiert und danach sofort zerkleinert. Umströmt von eiskalter Luft wird er dann in einem Rohrsystem extrem schnell abgekühlt und innerhalb von zwei Minuten tiefgefroren. Schließlich lagern die Produkte bis zur Auslieferung bei minus 28 Grad in Europas größtem Tiefkühllager.

Durch das kurze Blanchieren werden die Vitamine maximal geschont. Bei sehr schnellem Tiefgefrieren entstehen nur winzige Eiskristalle, die die Zellstrukturen des Gemüses nicht schädigen. Inhaltsstoffe, Aroma und Geschmack bleiben bei diesem Verfahren optimal erhalten. Nur wenn man nach der Ernte mit dem Topf am Feldrand stehen würde, dann in die Küche flitzt und das Gemüse zubereitet und isst, hätte man mehr Vitamine zu sich genommen.

Für Folsäure gilt sogar: Die Menge dieses Vitamins erhöht sich durch den Tiefgefrierprozess und wird für den menschlichen Organismus besser verwertbar. Bei Spinat verdoppelt sich der Folsäuregehalt: 100 Gramm frischer Spinat enthalten 33,35 Mikrogramm, die gleiche Menge tiefgekühlter Spinat enthält 66,24 Mikrogramm, weil sich durch das Tiefgefrieren der Anteil des verwertbaren Monoglutamats an der Gesamtmenge der Folsäure erhöht. Und bei Kohlsorten wie zum Beispiel Grünkohl verbessert sich die Bekömmlichkeit, denn während des Blanchierens und Gefrierens wird die Zellstruktur gelockert.

Bei einer Vitaminstudie von Iglo wurde der Vitamin-C-Verlust von tiefgekühltem Gemüse und Dosengemüse miteinander verglichen. Danach enthält tiefgekühlter Spinat mehr Vitamin C als frische Ware, die einen Tag bei Raumtemperatur gelagert wurde. 100 Gramm Spinat haben bei der Ernte 31 mg Vitamin C, nach dem Tiefkühlverfahren bleiben 21 mg erhalten. Wird tiefgekühlter Spinat richtig gelagert, ist der Wert über Monate konstant. Bei grünen Bohnen bleiben sogar 97 Prozent des Vitamin C erhalten: Nach der Ernte sind es bei 100 Gramm Bohnen 15 mg Vitamin C, nach dem Tiefgefrieren immerhin noch 14,5 mg. Schon nach einem Tag der Lagerung verlieren frische Bohnen dagegen knapp 30 Prozent Vitamin C. Frisch geernteter Brokkoli hat 90 mg Vitamin C, tiefgefroren bleiben noch 84 Prozent davon erhalten. Bei Erbsen sind es 68 Prozent.

Die besten Vitaminwerte erhält der Koch also, wenn er neben der Erntemaschine auf dem Acker steht. Deshalb versuchen die großen Tiefkühlkosthersteller so zu arbeiten, dass ohne Verzögerung geerntet, gereinigt, blanchiert und sofort schockgefroren wird. Doch auch die Kälte kann Vitamine nicht ewig konservieren. Bei einer Lagerung von minus 18 Grad verliert Tiefkühlgemüse nach einem Jahr etwa die Hälfte des Vitamingehalts. Auch beim Auftauen in der Küche kann man Fehler machen, die den Vitaminen die Flucht ermöglichen, denn Licht, Luft und Wärme sind wie der Faktor Zeit Vitaminkiller. Ist das Tiefkühlgemüse erst einmal aufgetaut, sollte es darum sofort zubereitet und gegessen werden.

Pures Gemüse ist hochwertige Tiefkühlkost und empfehlenswert, Fertiggerichte sind dagegen mit Vorsicht zu genießen, weil sie mit Geschmacksverstärkern, Farb- und Aromastoffen aufgepeppt werden. Von der Pizza bis zum Eintopf sind Tiefkühlgerichte Fastfood, das aus der Kälte kommt. Als die Firma Frosta vor ein paar Jahren einen für die Branche revolutionären Weg beschritt und ein »Reinheitsgebot« für Fertiggerichte einer bestimmten Marke einführte, mussten die Werksköche erst 60 verschiedene Zusatzstoffe eliminieren und über 200 hochwertige Zutaten neu verarbeiten. Das war teuer. Billiges Milchpulver musste durch Sahne ersetzt werden, es wurde Käse ohne Nitratzusätze und Speisesalz ohne Trennmittel verarbeitet. Frische Kräuter und Gewürze sorgen jetzt für den Geschmack, der vorher mit chemischen Hilfsmitteln erzeugt wurde. Bleibt zu hoffen, dass sich diese neue Generation der Tiefkühlfertigprodukte ohne chemische Zusätze durchsetzen wird.

Vor der Erfindung der Kälte

1961 lief bei Iglo das erste Päckchen Spinat vom Band. Wenn man bedenkt, dass schon 50 Jahre vorher ein Däne das Patent für das Tiefgefrieren von Lebensmitteln angemeldet hatte, war reichlich Zeit zwischen der Idee und ihrer industriellen Nutzung verstrichen. Das Zeitalter der Kältetechnik wurde sogar schon 1876 von dem deutschen Physiker und Ingenieur Carl von Linde eingeläutet, der die Ammoniakverflüssigung durch Kompression und damit den Kühlschrank erfunden hatte. 1916 begann die serienmäßige Produktion für den Hausgebrauch, doch es vergingen Jahrzehnte, bevor in den fünfziger Jahren der Kühlschrank in der Küche zur Selbstverständlichkeit wurde.

Tiefkühlkost war eine Sensation, denn vor den coolen Essenszeiten konnte die Hausfrau allenfalls zur Konserve greifen, wenn sie schnell etwas zu essen machen wollte. Das Wort »Konserve« leitet sich von dem Lateinischen »conservare« ab, das »erhalten« oder »aufbewahren« bedeutet. In der Vorstellungswelt der Menschen im Altertum, die quasi von der Hand in den Mund gelebt haben, war die allgegenwärtige Verfügbarkeit von Nahrung das Schlaraffenland: ein Paradies ohne Hunger und Sorge ums Sattwerden. Richtiges Lagern und Aufbewahren von Lebensmitteln war überlebenswichtig und entschied über Leben und Tod, besonders nach Missernten oder in Zeiten der Not. Tage der Völlerei gab es nur unmittelbar nach der Ernte. Man musste vorsorgen und Techniken entwickeln, um die wertvolle Nahrung über den Winter zu bringen.

Das Räuchern wurde vom Menschen relativ früh erfunden, um Nahrung haltbar zu machen. Man hängte Fleisch und Fisch einfach in den Rauch des Holzfeuers, mit dem man die Hütte beheizte. Niemand ahnte, dass dabei über 300 chemische Verbindungen entstehen, von denen viele als krebserregend gelten. Heute weiß man, dass sich besonders beim Verbrennen von Fichtenholz phenolreicher Rauch entwickelt, der für Magenkrebs mitverantwortlich ist. Auch der Rauch von Tannen- und Kiefernholz gilt als gefährlich. Doch es sind die Phenole, die den typischen Räuchergeschmack entstehen lassen und das Räuchergut vor den zersetzenden Fäulnisbakterien schützen. Gepökelt und dann geräuchert ließ sich der Schinken lange aufbewahren. Auch Lachs war geräuchert recht lange lagerfähig.

Neben dem Räuchern gehört das Trocknen zu den ältesten Konservierungsmethoden. Im Mittelalter war Kabeljau, den man ausgenommen auf ein Holzgerüst hängte und trocknen ließ, eine wichtige Eiweißquelle. Dieser »Stockfisch« war nahezu unbegrenzt haltbar. Da nahm man gern in Kauf, dass alle getrockneten Nahrungsmittel schrumpfen, sich verfärben und weniger appetitlich aussehen als frische. Im Orient hat man Datteln, Feigen und Weintrauben getrocknet, in der Polarregion Moose und Flechten, die später zu Mehl vermahlen und als Brei gegessen wurden.

Durchs Trocknen lassen sich nicht nur Fisch und Fleisch, sondern auch Obst und Gemüse perfekt haltbar machen. Um Dörrobst zu gewinnen, wurden die Früchte auf ein Sieb in die Sonne gelegt, damit sie von allen Seiten gleichmäßig trocknen konnten. Der hohe Wasseranteil macht gerade Früchte besonders anfällig für Fäulnis, denn Mikroorganismen brauchen Feuchtigkeit, um sich zu vermehren. Durch die Trocknung wird ihnen die Lebensgrundlage, das Wasser, entzogen. Pilze und Bohnen hat man zum

Trocknen auf Bindfäden gezogen und aufgehängt, Kräuter wurden zu Sträußen gebunden und baumelten in der Hütte von der Decke. Wichtig war, dass stets ein leichtes Lüftchen wehte. Sonst war die Gefahr groß, dass sich Schimmelpilze auf den Lebensmitteln ansiedelten und sie verdarben.

Noch bis in die Generation unserer Urgroßmütter und Großmütter hinein hat man Äpfel, Birnen und Zwetschgen im Backofen getrocknet. Die Zellstruktur des Fruchtfleischs bleibt bei Dörrobst zwar nur unzureichend erhalten, aber Fruchtzucker, Geschmacks- und Mineralstoffe lassen sich durchs Trocknen gut konservieren. Doch bei Vitaminen sieht die Bilanz schlecht aus, denn viele gehen an der Luft und im Licht verloren. Besonders die Vitamine A und C werden relativ schnell abgebaut.

Die Inkas erfanden schon vor vielen hundert Jahren eine geniale Konservierungsmethode: die Gefriertrocknung. Die klimatischen Bedingungen in den Anden sind für diese Methode geradezu ideal, denn auf 4000 Meter Höhe herrscht ein perfektes Konservierungsklima: Tagsüber heizt die Sonne den Boden auf, nachts ist es empfindlich kalt, und das Thermometer sinkt bei verlässlichen Nachtfrösten immer unter den Gefrierpunkt. Das sind die idealen Voraussetzungen für ein Verfahren, das heute vom Prinzip her identisch, aber technisch hochgerüstet zum Beispiel für die Herstellung von löslichem Kaffee eingesetzt wird. Aber auch andere Lebensmittel werden immer häufiger gefriergetrocknet. Dazu werden sie zuerst gefroren, um dann in einer Vakuumkammer zu trocknen. Die Inkas konservierten mit dieser Methode in erster Linie Kartoffeln und Mais. Unter null Grad gefror nachts das Wasser in den Zellen der Feldfrüchte. Die Kälte verlangsamt die chemischen Prozesse und tötet einen Teil der Mikroorganismen ab. Während die Kartoffeln am Tag wieder auftauten, trat Wasser aus dem Innern der Zellen hervor. Mit ihren Füßen stampften die Inkas die Feuchtigkeit aus den Knollen. Dann überließen sie die Kartoffeln wieder den Nachtfrösten. Schon nach wenigen Tagen hatten die Andenindianer ein trockenes, gut konserviertes Kartoffelgericht hergestellt, das lange lagerfähig war.

Haltbar mit Salz und Zucker

Die Römer konservierten in der Antike viele Lebensmittel mit Salz. Auch beim Pökeln geht es darum, das Wasser in den Lebensmitteln als Medium für die Mikroorganismen trockenzulegen und so den Fäulnisbakterien die Lebensgrundlage zu entziehen. Nur selten gelingt es, die Nährstoffe in einem Nahrungsmittel mit Hilfe dieser uralten Konservierungsverfahren zu verbessern. Bei Sauerkraut ist das der Fall: Es ist reich an Vitamin C und urgesund. Das hängt direkt mit dem Herstellungsverfahren zusammen: Weißkohl wird gehobelt und dann mit Salz unter Luftabschluss in einem Gärbottich zu Sauerkraut vergoren. Durch ständiges Pressen verliert der Kohl Wasser. Viele Millionen Milchsäurebakterien verwandelten anaerob, also ohne Hilfe von Sauerstoff, den Fruchtzucker des Weißkohls in Milchsäure. Unerwünschte Fäulnisbakterien werden dabei abgetötet. So wird der Kohl haltbar gemacht und ist hinterher so reich an Vitamin C wie Orangen.

Durch Eindicken entzieht auch Zucker den Bakterien das Wasser. Doch lange Zeit war tropisches Zuckerrohr unerschwinglich. Erst mit der Nutzung von Rübenzucker konnten sich die Menschen auch die süße Konservierung leisten.

Essig war schon bei den Römern als Konservierungsmittel bekannt. Viele Bakterien sind säureempfindlich und sterben in Essigwasser ab. Auch Gewürze und Kräuter können die Haltbarkeit auf natürliche Weise verlängern. So wird Kümmel bis heute von Biobäckern als natürliches Konservierungsmittel in Brot eingesetzt. Würzige Kräuter wie Bohnenkraut oder Thymian und süße

Gewürze wie Nelken, Sternanis oder Zimt tragen ebenfalls zu einer längeren Haltbarkeit bei: Sie schützen vor Schimmel.

Für das hochempfindliche Nahrungsmittel Milch erfand der Mensch schon früh eine ganz spezielle Konservierungsmethode: die Käseherstellung. Durch die Fermentation mit Kälberlab lassen sich die wertvollen Proteine und Fette der Milch lange lagern und haltbar machen.

Ob die Vorräte sicher über den Winter gebracht werden konnten, entschied sich auch durch die Art und Weise, wie Lebensmittel gelagert wurden. In Europa, wo die Inkamethode des Gefriertrocknens für Kartoffeln nicht anwendbar war, wurden die Knollen »eingekellert«. Der Keller bot ideale Lagerbedingungen, denn um Kartoffeln, aber auch Zwiebeln, Äpfel und Birnen gut über den Winter zu bringen, braucht man einen kühlen, dunklen und vor allem trockenen Raum, in den kein Frost eindringen kann. Die perfekte Lagertemperatur für diese Lebensmittel liegt bei vier Grad. Wenn es wärmer ist, fangen Kartoffeln schnell zu keimen an. Bekommen sie zuviel Licht, kann gar das giftige Solanin entstehen; es ist an den grünen Stellen auf der Knolle sofort erkennbar.

Das Einlagern ist jedoch immer mit Vitaminverlusten verbunden. Selbst bei optimalen Bedingungen sind am Ende des Winters mindestens 50 Prozent des Vitamin C in Kartoffeln verlorengegangen. Doch in der »guten« alten Essenszeit fragte man nicht nach Nährstoffen, man wollte in erster Linie satt werden. Und so hat man den Kohl kopfüber am Strunk in kühler, feuchter Luft aufgehängt, Zwiebeln und Knoblauch zu Zöpfen geflochten und Gemüse wie Möhren, Sellerie und Rote Beete in einer Kiste mit Sand eingegraben, um sie so lange wie möglich genießbar zu halten. Beim Lagern von Äpfeln hieß es allerdings aufpassen, denn dem Obst entströmt das Reifegas Ethylen, und alles, was in der Nähe lagert, verdirbt besonders schnell.

Von Mäusen und Menschen

Auch wenn die Menschen beim Einlagern und Konservieren alles richtig gemacht hatten, konnten ihnen Vorratsschädlinge das Leben schwermachen. Getreide ist nicht nur bei Ratten und Mäusen beliebt: Brotkäfer gehören zu den häufigsten Schädlingen. Sie sind gute Flieger und dringen leicht in Vorratskammern ein. Brotkäfer fressen nicht nur Brot, sie vertilgen alle getreidehaltigen Lebensmittel sowie Hülsenfrüchte und Gewürze. Diese Vorliebe teilen sie mit Reismehl- und Kornkäfern sowie Mehlmotten, die mitunter auch heute noch gelegentlich aus dem morgendlichen Müsli geflattert kommen.

Speisebohnenkäfer bevorzugen – wie der Name schon sagt – Bohnen und andere Hülsenfrüchte. Milben befallen Trockenobst, Speckkäfer und Fliegen mögen wie parasitäre Würmer am liebsten Fleisch und Wurstwaren.

Auch Nüsse, Gries, Kräuter und Trockenobst sind also vor Schädlingen nicht sicher. Selbst wenn man sie auf den ersten Blick nicht sieht, können sie die Vorräte bereits von innen vernichtet haben. Schädlinge sind oft sehr klein, lichtscheu und nur schwer auszumachen. Sie verstecken sich in den Lebensmitteln und fressen sich langsam ans Tageslicht oder sie plazieren ihren Nachwuchs in Form von Eiern und Larven in den Vorräten. Dabei verschmutzen sie mit Keimen, Schimmelsporen, Spinnweben, Kot und Haaren auch die nicht angefressenen Teile der Nahrung. So können sie ganze Vorräte verschmutzen und vernichten, was der Mensch mühsam geerntet und gelagert hat. Obendrein übertragen sie Krankheiten. Die Atemwege, der Verdauungstrakt und die Haut können von Nahrungsschädlingen befallen oder infiziert werden. Schimmelpilze und Darmparasiten können sogar tödlich sein, und auch die Pest wurde im Mittelalter von einem der größten Nahrungsfeinde der Menschen übertragen: den Ratten.

Vor der Erfindung von Kühlschrank, Konservendose & Co. war das Essen im Winter eher eintönig und fad. Zudem war es arm an Vitaminen, denn die waren durchs Trocknen, Pökeln, Säuern und Räuchern verlorengegangen. War der Winter lang, gingen die Vorräte vorzeitig zur Neige, und die Menschen haben gehungert. Wer nicht ausreichend vorgesorgt hatte, riskierte sein Leben.

Wollte man sich für längere Zeit vom heimischen Herd fortbewegen, musste man noch umsichtiger planen. Entdecker wie James Cook, Christoph Kolumbus & Co. gingen mit Lebendproviant wie Schweinen und Hühnern auf die Reise. Bevor die Schiffe im Hafen ablegten, rollte die Mannschaft außerdem jede Menge Holzfässer mit gesalzenen Heringen an Bord. Weil den Seeleuten bei ihren monatelangen Weltumseglungen aber das Vitamin C aus frischem Obst und Gemüse fehlte, litten sie unter Skorbut, der typischen Vitamin-C-Mangelerkrankung. Erst Kapitän Cook nahm Sauerkraut als Proviant mit an Bord, um seine Crew vor »der Pest der Seeleute« zu bewahren.

Weltmacht dank Dosenfutter

Auch die Versorgung von Soldaten, die zu Fuß in den Krieg ziehen mussten, war ein Problem. Oft marschierten die Truppen wochenlang durch Feindesland – sie konnten unterwegs nicht mal eben einkaufen und die Vorräte auffüllen. Napoleon, der wusste, dass die Moral der Truppe auch von der Verpflegung abhängig war, lobte deshalb 1795 die stolze Prämie von 12 000 Goldfrancs für denjenigen aus, der eine Methode zum Frischhalten des Proviants für seine Soldaten erfand.

Nicolas François Appert, ein französischer Koch und Konditor, wollte sich das Geld verdienen. Er experimentierte in seiner Küche, füllte allerlei Glasflaschen mit Lebensmitteln, verschloss die Flaschen luftdicht und kochte sie im Wasserbad aus. Damit hatte Appert die Hitzesterilisation erfunden und die Voraussetzung für die Erfindung der Dose. 1810 kassierte er die Prämie des Feldherrn. Napoleon lobte: »Appert hat es geschafft, die Jahreszeiten stillstehen zu lassen ...«

Die revolutionäre Methode des Nicolas François Appert, durch luftdichten Abschluss und langes Erhitzen die Fäulnisbakterien in Lebensmitteln abzutöten, wurde auch in England bekannt. Der Brite Bryan Donkin entwickelte die französische Erfindung weiter. Doch er nahm keine Glasgefäße, denn die ließen sich nicht stapeln und zerbrachen leicht beim Truppentransport, er nahm eine Dose aus verzinntem Eisen. Bereits 1812 gab es in England die erste Dosenfabrik, die Rind-, Hammel- und Kalbfleisch konservierte. Die Dosen waren dickwandig, wogen auch ohne Inhalt noch ein halbes Kilo und konnten nur mit Hammer und Meißel geöffnet werden. Der Inhalt schmeckte schauderhaft und erinnerte nur noch schwach an das ursprüngliche Lebensmittel. Aber die Nahrung war nicht verdorben, einigermaßen genießbar, und der Doseninhalt machte satt.

Die Urdose war zwar unhandlich, aber sie eröffnete Eroberern ungeahnte Horizonte: So machte sich 1824 der Polarforscher William Edward Parry mit Kalbfleischkonserven auf den Weg in den hohen Norden Richtung Arktis. Auch die englische Marine und Ostindienfahrer waren begeistert und profitierten vom konservierten Proviant. Nicht zuletzt wegen des Dosenfutters konnte das britische Empire seine Macht ausbauen.

Nicht immer aber ist die Sterilisation erfolgreich verlaufen. In den Anfängen starben hin und wieder Menschen an Bleivergiftungen, weil das giftige Metall aus schlecht verlöteten Nähten in die Dose eindrang und den Inhalt vergiftete. Wenn sich der Deckel wölbt, ist auch heute noch Vorsicht geboten, denn in geblähten Dosen können sich Botulinustoxine gebildet haben. Diese Nervengifte sind lebensbedrohlich, lösen erst Übelkeit und Erbrechen aus, dann folgen Schluckbeschwerden bis hin zur Atemlähmung. Botulinusgifte führen in den meisten Fällen zum Tode.

Rettet die Dose!

Heute gehört die Dose längst zum Alltag und ist aus den Regalen der Supermärkte nicht mehr wegzudenken. Doch ihr Ansehen ist denkbar schlecht. Um das Dosenimage aufzupolieren, wurden im Jahr 2000 »Die Dosenköche« ins Leben gerufen. Das ist eine Werbeinitiative, die von 28 namhaften Unternehmen wie Bonduelle, Hengstenberg, Lacroix und dem Verband Metallverpackungen finanziert wird. »Die Dosenköche« bezeichnen das Behältnis als »Vitamintresor« und trommeln mit witzigen Kochbüchern, auf einer Website und mit Infoveranstaltungen gegen das schlechte Image der Konserve.

Dosenfutter generell zu verpönen ist unangemessen. Kritiker fürchten ausgelaugtes Gemüse ohne Vitamine, vermuten jede Menge Konservierungsstoffe und vor allem Salz in der Suppe. Dabei ist die Dose heute viel besser als ihr Ruf. Forscher der Fachhochschule Niederrhein und des Instituts für Lebensmittelqualität in Willich griffen zum Dosenöffner, um das zu beweisen. Sie untersuchten 15 Produkte, die sie mit frischen Lebensmitteln verglichen, darunter Erbsen und Möhren, grüner und roter Kohl, Leipziger Allerlei, Königsberger Klopse und deftige Eintöpfe. Das Ergebnis überraschte selbst Ernährungsexperten: Bei den fettlöslichen Vitaminen A und E sowie bei wasserlöslichen Vitaminen der B-Gruppe und bei Folsäure kann sich Dosenkost durchaus mit frischer Ware messen. Die Vitaminverluste sind – mit Ausnahme von Vitamin C – eher gering. Die Werte für Eiweiß, Kohlenhydrate, Fett und die Brennwerte bei Fertiggerichten aus der Dose sind im Vergleich mit frischer Ware nahezu identisch.

Die moderne Dose ist eine perfekte Verpackung aus Weißblech und mit der Urdose des Mister Donkin nicht zu vergleichen. Das Leichtgewicht aus Weißblech besteht aus einem 0,14 Millimeter dünnen Rand und ist von innen mit Zinn oder Chrom beschichtet. Die hauchfeine Beschichtung verhindert, dass es zu schädlichen Oxidationen und damit zu geschmacklichen Veränderungen des Inhalts kommen kann. Der Deckel ist aus Aluminium.

Früher musste man den Inhalt der Dose in den Abfüllanlagen stundenlang kochen, damit auch die letzten Keime abgetötet wurden. Dabei verloren die Nahrungsmittel an Vitaminen und Geschmack. Mit Salz wurde der Doseninhalt dann wieder aufgepeppt. Daher rühren all die Vorurteile gegen das Dosenfutter, das zu Omas Zeiten sicherlich fad und minderwertig war. Doch das ist lange her. Heute steuert der Computer den Konservierungsvorgang auf die Sekunde genau. Der Doseninhalt wird ausschließlich durch Hitze haltbar gemacht, Konservierungsmittel werden nicht eingesetzt. Frisches Gemüse landet gleich nach der Ernte gewaschen, gewogen und blanchiert in einem Aufguss aus Wasser und etwas Salz in der Dose. Bei über 100 Grad wird der Inhalt sterilisiert und dann noch einmal, dicht verschlossen, in einem Druckbehälter, dem sogenannten Autoklaven, kurz erhitzt. Danach wandert die Dose durch einen Kältekanal, wo sie rasch heruntergekühlt wird. Das verhindert ein unkontrolliertes Nachgaren der Lebensmittel in der Dose. Anschließend geht es Richtung Etikettiermaschine.

Das erste Fertiggericht aus der Dose, das Furore machte, waren Ravioli in Tomatensoße. Das war 1958 eine kleine Sensation. Heute gibt es ein kaum überschaubares Sortiment und Dosen in allen Größen. Neben der Familiendose mit 1500 ml Inhalt sind die Einportionendosen mit 400 ml für den Singlehaushalt in den Regalen der Supermärkte zu finden. Es gibt Fertiggerichte aller Art: luxuriöse Hummercremesuppe und Rinderconsommé ebenso wie Chili con Carne, Mexiko- und Chinagemüse, Fleisch im eigenen Saft, Kidneybohnen, Erbsen, Linsen, Mais und Möhren. Wie bei Tiefkühlgerichten ist jedoch auch bei Dosen »pures« Gemüse den Fertigmahlzeiten vorzuziehen, denn wenn Fleisch und vor allem Speck im Süppchen verarbeitet wurden, ist der Fettgehalt der schnellen Mahlzeit oft hoch. Auch sind alle Fertiggerichte schon gewürzt und im Geschmack einheitlich.

Mit Tomaten aus Dosen liegt man allerdings immer richtig, denn sie sind besonders gesund. Der Farbstoff Lycopin wird von Wissenschaftlern als »Antikrebsmittel« empfohlen, denn er soll verhindern, dass vorgeschädigte Zellen zu Krebs mutieren. Diese Wundersubstanz ist nicht nur hitzestabil, sie scheint hohe Temperaturen geradewegs zu lieben. Während sich Vitamine verflüchtigen, wenn es zu heiß wird, steigt die Konzentration von Lycopin in Tomaten bei über 80 Grad sprunghaft an, denn Lycopin, das normalerweise fest in der zellulosehaltigen Pflanzenfaserzelle verankert ist, wird durch die Hitze erst aus den Zellen befreit. Deshalb sind verarbeitete Tomaten in Suppen und Soßen besonders reich an Lycopin. Topwerte an dem Zellschutzfaktor haben Ketchup und Tomatenmark. Beide enthalten allerdings viel Zucker und könnten auch als Süßigkeit verkauft werden.

Omas Konservendose war ein Geschmacks- und Vitaminkiller aus verzinntem, gehämmertem Stahlblech. Die moderne Dose dagegen ist ein ideales Behältnis zur Konservierung: Sie schützt den Inhalt vor Licht und Luft, lässt sich leicht lagern und ist lange haltbar. Wenn man die Dose nicht gerade vor die Wand wirft, tagelang im Wasser stehenlässt oder über Monate der Sonne aussetzt, bleibt der Inhalt selbst bei Zimmertemperatur bis zu fünf Jahre haltbar.

Essen als Medizin?

Zwischen der guten alten Dose und dem »Functional Food« der schönen neuen Essenszeit liegen Welten. Die »funktionelle Nahrung« der Zukunft wird der nimmersatten Wohlstandsgesellschaft eines Tages auf den Leib geschneidert werden. Schon heute versucht die junge Forschungsdisziplin »Nutrigenomics«, das Zusammenspiel von Genen und Ernährung zu entschlüsseln und welchen Einfluss es auf unsere Gesundheit hat. Möglicherweise lässt man sich in nicht allzu fernen Zeiten beim Arzt ein individuelles Food-Diagramm erstellen, bevor man in den Supermarkt geht, das auch das genetische Profil berücksichtigt: Wie hoch ist mein Cholesterinspiegel? Was sagt die Mikro-Mineralstoffanalyse über mein Immunsystem aus? Wie sieht mein genetisches Food-Profil energetisch betrachtet im Alltag aus? Ein bisschen mehr Omega-3 fürs Herz hier, ein bisschen mehr Kalzium für die Knochen da, und zum Feierabend dann noch ein Anti-Aging-Bier mit Algen und ein Erbsensüppchen mit Glückshormonen aus der Dose …

Obwohl sich, von Leistungssportlern und Superstars mal abgesehen, heute noch niemand ein Ernährungsprofil vom Arzt erstellen lässt, ist Future-Food schon ein kleines bisschen Realität. Die zahlungskräftige Food-Society will sich jung, dynamisch, schön und vor allem schlank schlemmen. Der stressgeplagte Manager isst schon heute herzeffizient, und die Generation 50 plus holt sich ihre Osteoporose-Prophylaxe aus dem Kühlregal. Nur die Habenichtse aus der Dritten Essenswelt wollen nur eines: satt werden.

Kekse gegen Depressionen,
Brot gegen Hitzewallungen

Immer mehr Lebensmittel werden künstlich aufgepeppt, damit sie neben dem ganz normalen Nährwert auch eine medizinische oder Wellnesswirkung haben. Probiotische Joghurts mit dem Extraschuss Bakterien für die Darmflora gehören zusammen mit der cholesterinsenkenden Margarine bereits zu den Klassikern im Einkaufswagen. Die »Worried well«-Generation, wie die Amerikaner die »besorgten Gesunden« nennen, kauft auch in good old Germany funktionelle Lebensmittel. Mit ACE-Getränken, die mit den Vitaminen A und C und E angereichert sind, stillt der gesundheitsbewusste Trinker nicht nur seinen Durst: Er glaubt, er schluckt Abwehrkräfte. Man löffelt Aloe Vera zusammen mit Molke fürs Immunsystem, knabbert Müsliriegel mit Grüntee-Extrakt für den Zellschutz und köpft Omega-DHA-Eier am Frühstückstisch fürs Herz. Kleine Depression? Da hilft doch sicher der Johanniskrautkeks. Angst vor Krebs? Die Bonbons mit den Polyphenolen aus Rotwein und das Müsli mit Lycopin, dem Antikrebsfarbstoff aus der Tomate, werden das krankhafte Zellwachstum schon stoppen – oder?

Was angeblich so gesund ist, wird nach dem Gießkannenprinzip wahllos in der Nahrung verteilt und von Angstessern und Wellnessbewegten brav konsumiert. Wer Functional Food futtert, will vor allem eines: mehr Ballaststoffe, mehr Mineralstoffe und Vitamine, Vitamine, Vitamine!

Grenzen scheint das Anreicherungsgeschäft nicht zu kennen. Rund 60 Milliarden Euro werden schon heute weltweit mit funktionellen Lebensmitteln umgesetzt. Und das ist erst der bescheidene Anfang: Im Jahr 2050 soll Functional Food gut die Hälfte des gesamten Lebensmittelmarkts ausmachen.

Der Markt boomt, und niemand kann ein Ende absehen. Bloß was genau Functional Food ist, wurde bisher nicht definiert. Da werden Substanzen wie Folsäure, Guarana, Taurin und Kreatin ins Essen gerührt, ohne dass irgend jemand zuverlässig etwas über die Wechselwirkungen mit den natürlichen Inhaltsstoffen der Lebensmittel sagen könnte. Für die Gesundheitsbehörden gilt das Motto: Hauptsache, es schadet nicht. Es gibt bereits Hühnersuppe mit Echinacin, die das Immunsystem stärken soll, und Kaugummi mit Phosphatidyl aus der Sojabohne, das angeblich die Gehirnfunktionen unterstützt und den Denkprozess beschleunigt.

Keine Idee ist absurd genug, um nicht die Kunden zur Kasse zu bitten. In Großbritannien hat sich beispielsweise der »Lady-Laib« durchgesetzt, das Brot gegen Wechseljahrsbeschwerden. Ein Besuch in der Bäckerei ist ja auch wesentlich angenehmer, als beim Gynäkologen auf den Stuhl zu steigen und nach einer Untersuchung den Hormonstatus bestimmen zu lassen. Im Lady-Laib sind pflanzliche Hormone, sogenannte Phytoöstrogene, verbacken. Ein Scheibchen Brot mit Pflanzenöstrogen soll also gegen Hitzewallungen, Falten und Stimmungsschwankungen helfen? Mit dem richtigen Streichfett obendrauf lässt sich vielleicht mit demselben Bissen sogar noch das böse Cholesterin senken? Die Pflanzensterine einer Diät-Halbfettmargarine wie »Becel pro-activ« wirken im Darm und – flupps – ist das gefährliche LDL-Blutfett einfach ausgeschieden … Ist das alles wirklich so einfach?

Vor allem von sekundären Pflanzenstoffen wie Polyphenolen oder Carotinoiden wird Wundersames berichtet. Sie sollen antioxidativ wirken, all die aggressiven freien Radikale fangen und dabei dem Krebs ein Schnippchen schlagen. Obst und Gemüse sind zwar randvoll mit diesen Farb-, Aroma und Bitterstoffen, doch wer will schon einfach mehr Obst und Gemüse essen? Aber was bleibt von der herrlichen Kombiwirkung übrig, wenn man einzelne Stoffe isoliert und künstlich in andere Lebensmittel verpflanzt?

Japan und die USA:
Massenexperimente mit Functional Food

Es gibt mehr offene Fragen als Antworten, und trotzdem treibt die Gesundheitshoffnung seltsame Blüten. In Japan trinken Sekretärinnen Buttermilch, die mit dem Pflanzenfarbstoff Anthozyanin angereichert wurde. Es heißt, der Stoff, aus dem Pflaumen, Rotkohl und Blaubeeren ihre schöne dunkelrote Farbe beziehen, sei gut für die Augen. Und so nimmt, wer im Fernen Osten den ganzen Tag vor dem Computer sitzt, halt ein Schlückchen aus der Buttermilchflasche für die Netzhaut. Doch haben Functional-Food-Freaks wirklich den Durchblick? Warum essen die Sekretärinnen in Japan nicht einfach Blaubeeren, Pflaumen oder Rotkohl? Dann hätten sie obendrein jede Menge andere bioaktive Wirkstoffe wie Vitamin C und all die vielen tausend sekundären Pflanzenstoffe zu sich genommen.

Im fernen Japan is(s)t man den Europäern offensichtlich Lichtjahre voraus: Gegen Heuschnupfen gibt es dort antiallergene Bonbons. Mit einem Collagensüppchen wollen sich die Damen im Land der aufgehenden Sonne die Haut faltenfrei essen. Die Therapie mit Messer und Gabel wurde unter der Bezeichnung »Foshu« – ein Kürzel für »Foods of Specified Health Use«, zu deutsch: Nahrungsmittel mit gesundheitlichem Nutzen – bereits 1993 in Japan eingeführt. Wenn es um die Lebensmittelaufbereitung geht, ist man dort äußerst kreativ. Gegen jede Krankheit gibt es in Japan heute prophylaktisch etwas zu futtern, doch gesünder ist man auf der Insel nicht, im Gegenteil: Trotz Foshu-Fortschritt sind auch in Japan Zivilisationskrankheiten wie Krebs, Herz-Kreislauf-Erkrankungen und Diabetes gewaltig auf dem Vormarsch.

Auch in den USA geht man ganz locker mit Designerfood um. Schon seit Jahren schmieren sich die Amerikaner »Take Control« gegen das böse Cholesterin aufs Brot. Auch mit Zusätzen in Frühstückscerealien, Müsliriegeln und Diätgetränken wollen die Menschen auf der anderen Seite des Atlantiks gesund, schlank und vor allem jung bleiben oder wieder werden. Im Land der unbegrenzten Möglichkeiten traut man Functional Food alles mögliche zu: Es soll Blut verdünnen, Adern blank putzen, gegen Krebs schützen, Grippeviren und Allergien abwehren. Doch die Amerikaner werden immer dicker und immer kränker. Wie ist das zu erklären? Ist unsere schöne neue Essenswelt vielleicht ein Trugschluss?

Die Angst vor BSE, Schweinepest und Vogelgrippe macht im Fleischland Nummer eins neuerdings sogar Appetit auf Steaks aus Zellkulturen. Die Idee dahinter: Man will tierische Produkte erzeugen, ohne Tiere zu mästen und zu töten. Es klingt skurril, doch längst reifen Steaks, Hack und Truthahn in der Petrischale heran. Die Kunstfleischforscher haben aus der Medizin gelernt, wo die Kollegen von den dermatologischen Abteilungen erfolgreich Kunsthaut für Verbrennungsopfer gezüchtet haben. Und warum sollte nicht, wer Haut züchten kann, auch Schnitzel züchten können? Aber nicht nur an der Universität von Maryland, sondern auch im niederländischen Utrecht wird an der industriellen Produktion von Laborfleisch geforscht. Womöglich ist ja der In-vitro-Muskelaufbau auch für Vegetarier eine akzeptable Alternative zum Original aus dem Stall. Retortenwurst aus dem Bioreaktor, in dem die Salami als Zellkultur heranreift? Dagegen kann doch wohl kein Tierfreund etwas haben.

Medi-Food von der Wiege bis zum Schaukelstuhl

Wunsch und Wirklichkeit mögen bei Functional Food weit auseinanderklaffen, aber die Giganten der Lebensmittelindustrie glauben an ihre eigenen Versprechungen und sind im Detail schon sehr weit. Nestlé, der global größte Nahrungsmittelhersteller mit einem weltweiten Jahresumsatz von soliden 91 Milliarden Schweizer Franken (2005), 247 000 Mitarbeiten und über 480 Werken, beschäftigt allein in der Grundlagenforschung gut 600 Personen. Die Ernährungsgewohnheiten von Kindern werden von dem Konzern ebenso erforscht wie die Bedürfnisse der Senioren. Von der Wiege bis zum Schaukelstuhl ist Ernährungsprävention in den Hochglanzbroschüren des Konzerns ein zentrales Thema. Warum soll man beliebten Lebensmitteln wie Minikuchen, Schokoriegeln und Gebäck kein Kalzium hinzufügen, wenn das die Knochendichte verstärkt und Osteoporose vorbeugt? In Brasilien hat Nestlé längst ein Milchpulver für Kinder auf den Markt gebracht, das 50 Prozent mehr Kalzium enthält als herkömmliche Pulver. »Ninho Extra Cálcio« wurde obendrein mit Eisen und den Vitaminen A, C und D angereichert.

Doch wie weit lassen sich Lebensmittel überhaupt »optimieren«? Kann man aus Fruchtsaft, Müsli und Schokoriegeln wirklich »Medi-Food« machen? Ein gutes Beispiel für Food-Optimierung ist die Anreicherung von Eisen in einem Nestlé-Sojaprodukt. Kleinkinder brauchen das Spurenelement für ihre Entwicklung, doch die Aufnahme im Körper ist von vielen Faktoren abhängig und nicht verlässlich. Generell kann nur ein Zehntel des Eisens aus der Nahrung genutzt werden, denn ein Stoff namens Phytin, der im Mehl von Weizen, Reis, Hafer und Mais sowie in Hülsenfrüchten wie Soja vorkommt, ist ein Gegenspieler des Spurenelements Eisen. Phytin selbst durchläuft den Körper, ohne von ihm aufgenommen zu werden. Auf seiner Reise durch den Verdauungstrakt jedoch nimmt Phytin das Eisen einfach mit. Die Forscher von Nestlé haben nun ein Verfahren entwickelt, das das Phytin außer Kraft setzt. Ist der Stoff erst inaktiviert, kann das Eisen im Dünndarm problemlos aufgenommen werden.

Mit seinen »LC1-Joghurts« hat der Food-Multi 1995 Joghurtgeschichte geschrieben. Seither gibt es viele »probiotische« Milchprodukte. Die Steigerung von »pro« ist »prä«: Präbiotika arbeiten mit unverdaulichen Kohlenhydraten wie Inulin und Oligofructose zusammen, die als Ballaststoffe in Joghurt fungieren. In Gegenwart der »Präs« wachsen die »Pros« im Dickdarm prima. Erst kürzlich konnte eine klinische Studie die positive Wirkung des »funktionellen« Joghurts auf Entzündungen der Magenschleimhaut (Gastritis) nachweisen. Patienten, die an dieser schmerzhaften Erkrankung litten, verspürten bei einer Dosis von einem Becher Joghurt pro Tag schon nach drei Wochen eine deutliche Verbesserung. Lactobacillus johnsonii 1 sei Dank.

Sogar gegen den bösen Helicobacter pylori kann man mit Joghurt anlöffeln. Der Retter vor dem üblen Magengeschwür heißt »La1« und ist ein Bakterium aus der Sammlung der Nestlé-Mikroorganismen. La1 passiert den Magen unbeschadet, trotzt nicht nur der Magen-, sondern auch der Gallensäure und schafft es schließlich, sich im Darm dauerhaft anzusiedeln. Und nicht nur das: La1 verteidigt sogar seinen Platz in der Intestinalschleimhaut gegen andere böse Bakterien. Wird Helicobacter pylori ausgeschieden, weil er keinen Halt im Verdauungstrakt gefunden hat, kann er auch keinen Schaden anrichten.

Risiken und Nebenwirkungen
der Apotheke auf dem Teller

All die »Pros« und »Präs« sind mittlerweile vielen Produkten zugesetzt. Wir schlucken sie mit Tütensuppen und Schlankheitsdrinks und essen sie zum Frühstück mit dem Brötchen. Doch niemand zählt all die Vitamine und kontrolliert die »ergänzenden« Stoffe, die plötzlich in Hülle und Fülle in unserem Darm und in der Blutbahn kursieren. Die Omega-3-Fettsäuren aus Seefisch mögen ja den Grönländern ein langes Leben ohne Herz-Kreislauf-Erkrankungen schenken – aber wirken diese Fettsäuren auch, wenn man das Fischöl in Brot verbacken hat oder mit dem Erfrischungsgetränk schluckt?

Die Viel-hilft-viel-Einstellung sollte spätestens seit der Betacarotin-Raucherstudie neu überdacht werden. Anfang der neunziger Jahre hatte man Rauchern das Provitamin als Schutzsubstanz vor Krebs verabreicht. Doch statt vor Lungenkrebs zu schützen, erhöhte sich die Krebsrate bei den Betacarotin-Schluckern exorbitant. Die Studie musste vorzeitig abgebrochen werden.

Und die Konsumenten? Mit den einschlägigen Werbebotschaften der Lebensmittelmultis berieselt, die sich neuerdings gern als Gesundheits- und Wellnesskonzerne präsentieren, geben sie ihr Geld nicht einfach für qualitativ hochwertige Lebensmittel aus, sondern investieren es in »Nutraceuticals«. Dieses Kunstwort setzt sich zusammen aus den englischen Wörtern für »Ernährung« (»nutrition«) und »Arzneimittel« (»pharmaceuticals«). Dabei kann Functional Food gar nicht die Apotheke auf dem Teller sein, dafür sind noch viel zu viele Fragen offen: Zuviel Kalzium kann Nierensteine bilden, zuviel Vitamin E kann sogar zu Muskelschwäche führen und Sehstörungen auslösen. Klar ist: Wer unkontrolliert jede Menge medizinisch wirksame Inhaltsstoffe schluckt, geht ein Gesundheitsrisiko ein.

Tablette oder Tomate?

Die Veröffentlichung in der Fachzeitschrift *New Scientist* im Juli 2006 klang vielversprechend: »Killer tomatoes attack disease« steht in fetten Lettern über dem Artikel. Die Krankheit, die die Killertomaten angeblich attackieren können, heißt Aids. Genetisch modifizierte Tomaten sollen als essbare Impfung gegen HIV wirken. Die Herstellung der Impftomate klingt ganz einfach: Sie wird angepflanzt. Am Institut für Pflanzenphysiologie in Sibirien hat man das Bakterium Agrobacterium tumefaciens benutzt, um synthetische Fragmente von HIV in eine gentechnisch veränderte Tomatenpflanze zu schleusen. Die Tomatenpflanze produziert daraufhin Proteine, die den menschlichen Körper dazu veranlassen, Antikörper gegen das Virus zu produzieren. Bei Mäusen klappt der Vorgang schon prima. Wenn die kleinen Nager mit dem Pulver dieser gentechnisch veränderten Tomaten gefüttert werden, entwickeln sie tatsächlich Antikörper gegen HIV im Blut. Kann die Tomatenimpfung auch beim Menschen funktionieren? Niemand vermag das heute schon zu sagen.

Für den amerikanischen Biologen Charles Arntzen ist Gentechnik als Therapie mit Messer und Gabel fast ein alter Hut. Er arbeitet nicht mit Tomaten, sondern mit Bananen, die Impfstoffe gegen Masern, Hepatitis B und Cholera im Fruchtfleisch produzieren. Seine Erfindung hat als »Impfbanane« Anfang der neunziger Jahre Furore gemacht. Mittlerweile gibt es längst noch andere Lebensmittel, die Impfstoffe liefern. Auf den Feldern der Forscher wachsen Spinat gegen Tollwut, Tomaten gegen Bronchitis, Kartoffeln gegen Diabetes und Sojabohnen gegen Herpes-simplex-Viren. Bei allen Pflanzen wurde das Erbgut, die DNA, so verändert, dass der menschliche Körper auf die Pflanzen reagieren kann. Doch bei Kritikern will keine rechte Freude aufkommen. Selbst Genetiker fürchten, dass Impffrüchte nicht zu kontrollieren sind. Was ist, wenn die Fremdgene aus den Impfpflanzen ins Grundwasser gelangen oder sich mit Wildpflanzen kreuzen? Wer will die wundersame Ausbreitung der Impfstoffe dann noch stoppen?

Doch Genetiker wollen uns nicht nur impfen, sondern in erster Linie mit Genfood abspeisen. Dabei hat die grüne Gentechnik in Europa kaum Freunde. Immer wieder belegen Umfragen, dass etwa 80 Prozent der Menschen gegen Genfood sind. Trotzdem wird dem Verbraucher beharrlich genmanipulierte Nahrung vorgesetzt. Es gibt zwar seit 2004 eine europaweite Kennzeichnungspflicht, doch ob in den Lebensmittelfabriken bereits im Produktionsprozess genveränderte Stoffe eingesetzt wurden, steht beim Endprodukt nicht unbedingt auf dem Etikett. Vitamine, Enzyme und Aromen werden heute längst mit Mikroorganismen hergestellt, die genverändert sein können. Mit Schokolade und Eis schleckt man unter Umständen schon heute genmanipuliertes Sojalecithin. Auch Maisstärke und Sojaöl können aus genveränderten Pflanzen stammen. Der Tütensuppe oder dem Fertigmenü ist dann beispielsweise »genetisch veränderte Glucose« hinzugefügt, wie es auf der kleingedruckten Zutatenliste heißt. Bäckerhefe, die auf Genmaisstärke wächst, bleibt dem Kunden jedoch verborgen, denn sie muss nicht deklariert werden.

Genmanipulierte Nahrung ist allgegenwärtig

Immer wieder steht die Sojabohne im Fokus der Genkritiker. Das Öl aus der manipulierten Bohne brutzelt vielleicht im Imbiss nebenan in der Friteuse, oder Gensoja landet als Futtermittel im Schweinestall und in den Hühnerbatterien der Tierfabriken. Ist das Fleisch der Tiere dann irgendwie genverseucht? Beim Kauf eines Schnitzels kann man Genfutter nur dann ausschließen, wenn es sich um Biofleisch handelt. Auch Milch und Eier von Tieren, die mit genverändertem Sojaschrot und Mais gefüttert wurden, müssen nicht gekennzeichnet werden. Greenpeace meint, da tickt eine Zeitbombe im Futtertrog.

Die großen Sojaproduzenten in Brasilien und Argentinien sind seit Jahren gengesteuert. In den USA und Kanada gehört Genfood in allen Variationen wie selbstverständlich auf den Teller, denn Gensoja kann dort in über 30 000 Lebensmitteln von der Margarine über Kartoffelchips bis zur Salatsoße verarbeitet sein. Die gen-iale Allzweckbohne ist längst außer Kontrolle.

Der amerikanische Saatgutmulti Monsanto hat mit seinen So-jabohnen Gengeschichte geschrieben, denn Gensoja wurde ursprünglich wegen des berühmt-berüchtigten Monsanto-Herbizids »Round-up Ready« genmanipuliert: Die Monsanto-Sojabohne überlebt die Herbiziddusche aus dem eigenen Haus, weil ein eingeschleustes Gen sie gegen das Gift resistent macht. Auch andere Genpflanzen wie Mais und Raps wehren sich heute schon selbst gegen Schädlinge, weil man ihnen im Labor ein Insektengift ins Erbgut eingeschleust hat.

Und was heißt das alles für das letzte Glied in der Nahrungsket-te – den Menschen? Ob Genfood krank macht, ist nicht bewiesen. Das Gegenteil auch nicht. In Brüssel zeigt man sich irgendwie verhalten besorgt, die EU-Kommission scheint dem Genbraten nicht zu trauen. In einem EU-Dokument aus dem Frühjahr 2006 heißt es:»Es gibt keinen wissenschaftlich klaren Grenzwert, um zu entscheiden, ob ein Gentech-Produkt sicher ist oder nicht.«

Die Essensmacher der Großkonzerne trauen winzigen Spurenelementen wie den sekundären Pflanzenstoffen in Functional Food eine riesige Wirkung zu – aber eine Gefahr durch Fremdgene wollen sie nicht sehen. Kein Wunder: Im Gengeschäft geht es um Milliarden, und die Genpflanzen sind weiter auf dem Vormarsch. Es ist nur noch eine Frage der Zeit, wann die europäische Bastion fällt. Rumänien ist längst genmanipuliert. Über 90 Prozent aller angebauten Sojapflanzen sind dort Round-up-Ready-Bohnen von Monsanto. Die Saatgutmultis haben den Osten schon vor der Jahrtausendwende erobert.

Original statt Fälschung oder Wie wir wieder gesund essen können

Gesundheit kann man essen. »Medi-Food« gibt es im Original bei jedem Obst- und Gemüsehändler. »Fünf am Tag« – diese Empfehlung der Deutschen Gesellschaft für Ernährung (DGE) meint, dass wir jeden Tag zwei Portionen Obst und drei Portionen Gemüse essen sollten. Als Maßeinheit für eine Portion dient die eigene Hand, Erwachsenenportionen sind also größer als die von Kindern. Da jede Obst- und Gemüsesorte ganz spezielle innere Werte hat und sich in der Zusammensetzung der Vitamine, Mineralstoffe und der über 60 000 sekundären Pflanzenstoffe voneinander unterscheidet, empfehlen Ernährungsexperten, die Auswahl von Obst und Gemüse immer wieder neu zu kombinieren und beim Essen so viele Sorten wie möglich zu berücksichtigen.

Gemüse sind randvoll mit wertvollen Antioxidantien, denn die Pflanzen sind während der Photosynthese oxidativem Stress ausgesetzt. Mit sekundären Pflanzenstoffen und Vitaminen schützen sie sich vor den freien Radikalen. Forscher haben schon Ende der fünfziger Jahre erkannt, dass viele Krankheiten wie Schlaganfall, Herzinfarkt, Diabetes, Arthritis und Krebs von aggressiven freien Radikalen im Körper angestoßen werden. Bereits Anfang der achtziger Jahre belegten Studien, dass Menschen, die viel Obst und Gemüse essen, weniger häufig unter diesen Zivilisationskrankheiten leiden. Sie haben sogar ein geringeres Risiko, an Altersdemenz zu erkranken.

Deshalb lag der Schluss nahe, sekundäre Pflanzenstoffe aus Obst und Gemüse zu isolieren und in Kapselform als Prophylaxe gegen all diese Krankheiten zu verabreichen. Seither sind die Regale in Apotheken und Drogeriemärkten voll damit. Es gibt Hunderte von Pillen und Pülverchen mit Pflanzenwirkstoffen wie Betacarotine und Lycopin, Polyphenole, Flavonoide und wie sie alle heißen. Statt den gesunden Originalen zu vertrauen, greifen immer mehr Konsumenten zu den chemisch hergestellten Fälschungen, die sie als Wunderpille für den Zell- und Immunschutz und gegen Krebs brav schlucken.

Doch es gibt immer mehr Wissenschaftler, die diese sogenannten Supplements sogar für gefährlich halten. Die meisten der frei verkäuflichen Produkte enthalten konzentrierte Pflanzenextrakte oder isolierte Einzelsubstanzen als pure Chemikalie. Im menschlichen Körper bleiben viele dieser Pillen im günstigsten Fall wirkungslos. Seit Wissenschaftler 1992 bei der bereits erwähnten Betacarotin-Studie am US National Cancer Institute eine böse Überraschung erlebten, ist die Euphorie der Experten getrübt. Man hatte Rauchern Betacarotinpillen verabreicht, um ihr Lungenkrebsrisiko zu senken, weil man festgestellt hatte, dass Raucher, die viele Karotten und damit natürliches Betacarotin essen, einen deutlichen Schutz gegen Krebs zeigen. Doch die Supplements senkten das Risiko nicht, im Gegenteil: Sie trieben die Krebsrate der Raucher um 28 Prozent in die Höhe. Die Studie wurde sofort abgebrochen.

Warum wirken Möhren besser gegen Krebs als Pillen? Heute kennen Wissenschaftler über 3000 verschiedene Carotinoide, die wieder in Kombination mit anderen sekundären Pflanzenstoffen wirken. Vielleicht liegt es am Zusammenspiel all der natürlichen Substanzen in Karotten, dass die Wurzeln so gesund sind. Nur weil Obst und Gemüse mit bestimmten Pflanzenstoffen einen positiven Effekt haben, muss es bei Pillen mit derselben Substanz nicht auch gleich funktionieren. Auch bei erhöhten Vitamin-E- und -C-Dosen tauchen immer häufiger Ungereimtheiten auf. So erhöhte sich bei einigen Diabetespatienten das Risiko für Arteriosklerose, wenn sie Vitamin-C-Supplements eingenommen hatten, und bei anderen bildeten sich Nierensteine. Vitamin-E-Pillen bleiben nach neuesten Untersuchungen in den meisten Fällen praktisch wirkungslos.

Frische Früchte dagegen reinigen das Blut, stärken das Immunsystem, schützen die Zellen und fördern die Verdauung. Nachweislich! Wer regelmäßig Obst und Gemüse isst, hemmt die Entstehung von Krebs, beugt Herzinfarkt und Schlaganfall vor und beeinflusst den Stoffwechsel. Doch der Mensch lebt nicht von Obst allein. Für eine perfekte Versorgung braucht der Körper auch Proteine, gesunde Fette und Kohlenhydrate:

Proteine (Eiweiß) sind die Bausteine der Zellen. Nicht nur Fleisch und Milchprodukte, Fisch und Eier enthalten Eiweiße. Es gibt auch jede Menge pflanzliche Proteine in Hülsenfrüchten, Kartoffeln und Getreideprodukten wie Brot und Müsli. Doch nicht alle Proteine sind gleich wertvoll, denn sie bestehen aus unterschiedlichen Aminosäuren. Diese machen wiederum die biologische Wertigkeit der Eiweiße aus, denn nicht alle Nahrungsproteine bilden die gleiche Menge an Körperproteinen. Tierische Produkte sind vom Körper leichter zu verwerten als pflanzliche, denn ihr Aminosäuremuster ist dem Körperprotein des Menschen ähnlicher als pflanzliche Eiweiße.

Wenn man unterschiedliche Proteine geschickt kombiniert, kann man die Ausbeute der pflanzlichen Eiweiße erhöhen. Es genügt schon, eine Scheibe Brot zusammen mit Hülsenfrüchten wie Erbsen- oder Linsensuppe zu essen. Kartoffeln lassen sich als Pellkartoffel perfekt mit Quark oder als Bratkartoffel mit Spiegeleiern kombinieren.

Die Deutsche Gesellschaft für Ernährung empfiehlt, generell wenig tierische Lebensmittel zu essen. Denn sie sind wie Wurst und Käse oft sehr fett und wirken sich negativ auf das LDL-Cholesterin aus. Am Tag reichen 60 g Protein für einen Erwachsenen aus. In einer 150-g-Portion Fischfilet stecken schon 26 g Eiweiß.

Fette sind lebenswichtig. Es gibt eine Faustregel: Je flüssiger sie sind, desto gesünder sind sie, denn der Anteil an wertvollen ungesättigten Fettsäuren ist bei flüssigen Fetten größer. Der Satz »Fett macht fett« stimmt nur bedingt. Schlechte Fette machen fett, Fette mit Omega-3- und Omega-6-Fettsäuren sind gesund (siehe dazu auch das 8. Kapitel). Auf tierische Fette wie Butter sollte man wegen der gesättigten Fettsäuren lieber verzichten. Kaum kontrollierbar sind die versteckten Fette in Wurst, Käse und Fertiggerichten. Die Deutsche Gesellschaft für Ernährung empfiehlt als Tagesdosis für Frauen 60 g und für Männer 80 g Fett.

Kohlenhydrate machen nicht nur glücklich, sie sind auch Brennstoff für den Körper. Deshalb sollen stärkehaltige Kohlenhydrate, wie sie in Brot, Nudeln, Reis und Kartoffeln zu finden sind, reichlich verzehrt werden. Sie decken den Energiebedarf, denn Kohlenhydrate werden im Körper in den Brennstoff Zucker umgewandelt. Nur bei einer extrem hohen Kohlenhydratmenge (über 500 g pro Tag) verwandelt der Körper die Glucose aus der Stärke in Fettsäuren, die wiederum die Basis für Pölsterchen bilden. Die Tagesmenge von 230 bis 300 g Kohlenhydrate wird dagegen als sättigende Schlankmacher empfohlen. Stärkereiche Lebensmittel wie Vollkornbrot, Reis, Teigwaren und Kartoffeln haben kaum Fett, enthalten Vitamine, Mineral- und Ballaststoffe. Sie sollen mit Obst und Gemüse das Fundament der täglichen Ernährung bilden.

Ballaststoffe sind für den Menschen zwar unverdaulich, aber nicht unverzichtbar. Sie machen satt, regen die Darmtätigkeit an und wirken gegen Verstopfung. Lösliche Ballaststoffe wie Pektin, das zum Beispiel in Äpfeln reichlich vorhanden ist, haben sogar eine positive Wirkung auf die Blutzuckerwerte und gelten wie alle

Ballaststoffe als Prophylaxe gegen Darmkrebs. Lignin kommt in Vollkornprodukten vor, Cellulose in pflanzlichen Lebensmitteln.

Vitamine: »Vita« heißt Leben. Ohne Vitamine ist menschliches Leben nicht möglich, denn der Körper kann sie mit Ausnahme von Vitamin D nicht selbst herstellen. Die 13 bekannten Vitamine sind alle an den »vitalen« Vorgängen im Körper beteiligt: Sie helfen beim Aufbau der Zellen, fangen freie Radikale und schützen vor Krebs. Sie sind für die Reizübertragung im Nervensystem unverzichtbar, stabilisieren das Immunsystem, helfen beim Aufbau von Enzymen und Hormonen. Es gibt vier fettlösliche und neun wasserlösliche Vitamine. Zur Gruppe der fettlöslichen gehören die Vitamine A, D, E und K. Die B-Vitamine Thiamin (B_1), Riboflavin (B_2), Pyridoxin (B_6), Cobalamin (B_{12}) sowie Biotin, Folsäure, Niacin, Pantothensäure und das berühmte Vitamin C sind dagegen wasserlöslich.

Vitamine sind nicht isoliert zu betrachten. Sie aktivieren unter anderem Mineralstoffe und beeinflussen sich in ihrer Wirkung gegenseitig. So aktiviert das Vitamin B_{12} die Folsäure, die Vitamine A und E wirken gemeinsam in der Zellmembran, und Vitamin D hilft das Knochenmineral Kalzium in die Knochenstruktur einzulagern. Einige Vitamine entfalten ihre Wirkung bereits im Mikrogrammbereich (1 Mikrogramm = ein Tausendstel Milligramm [mg] = ein Millionstel Gramm).

Die fettlöslichen Vitamine

Vitamin A heißt auch Retinol und kommt in tierischen Lebensmitteln, vor allem in Schweineleber vor. Doch der Körper kann Vitamin A auch aus Pflanzenfarbstoffen, den Carotinoiden, aufbauen. Betacarotin ist sicher die bekannteste Vorstufe zu Vitamin A und wird wie alle Carotinoide als Provitamin bezeichnet. Das »A« könnte für »Augen« stehen, denn die Lichtrezeptoren in der Netzhaut brauchen Vitamin A. Nachtblindheit kann auf einen Mangel des Augenvitamins zurückzuführen sein. Auch die Haut profitiert von einer guten Vitamin-A-Versorgung, denn A ist an der Bildung neuer Hautzellen beteiligt.

Farbintensive Gemüse wie Tomaten, Möhren, Spinat, Feldsalat und Grünkohl enthalten große Mengen an Vitamin A. Diese Gemüse sollten wegen der Fettlöslichkeit des Vitamins immer zusammen mit Fett zubereitet werden. Die empfohlene Tagesdosis für Betacarotin liegt bei 4 mg, die Vitamin-A-Dosis bei 1 mg. 100 g Karotten enthalten 1,6 mg.

Vitamin D wird auch das Sonnenvitamin genannt, denn mit Hilfe von UV-Licht kann es in der Haut gebildet werden. Doch in Nordeuropa reicht die Sonnenbestrahlung für die Vitamin-D-Produktion nicht immer aus. Kommen Kinder im Wachstum in eine Unterversorgung mit Vitamin D, können sich die Knochen nicht richtig verfestigen. Die Folge ist zum Beispiel Rachitis. Deshalb gab es früher den gefürchteten Löffel Lebertran, denn in Fischen wie Hering, Lachs, Thunfisch und Makrele ist reichlich Vitamin D vorhanden. Die empfohlene Tagesdosis liegt für Jugendliche und Erwachsene bei 5 Mikrogramm, für Menschen über 65 sogar bei 10 Mikrogramm, denn schwerer Vitamin-D-Mangel kann im Alter schnell zu Knochenbrüchen führen. 100 g geräucherter Lachs enthalten 18 Mikrogramm Vitamin D.

Vitamin E ist reichlich in hochwertigen pflanzlichen Ölen wie Soja-, Raps- und Weizenkeim- oder Sonnenblumenöl enthalten, aber auch in Nüssen wie Haselnüssen und Mandeln. Zu einem Mangel kommt es sehr selten, denn Vitamin E wird im Fettgewebe des Menschen gespeichert. Es spielt bei vielen Vorgängen rund um die Zellmembranen eine große Rolle und wirkt einer Zellschädigung entgegen. Über Vitamin E wissen die Forscher noch sehr wenig. Es existiert in der Natur in acht unterschiedlichen Formen, die im Labor alle antioxidativ reagieren. Doch der Körper scheint nur eine Form von Vitamin E zu nutzen, das Alpha-Tocopherol. Die anderen sieben werden ausgeschieden. Die empfohlene Tagesdosis liegt bei 15 mg, 10 g Weizenöl enthalten schon 17,4 mg Vitamin E.

Vitamin K ist ein wichtiger Baustein für den Aufbau der Knochen und die Blutgerinnung. Gesunde Menschen können kaum in eine Unterversorgung kommen. Patienten mit einem gestörten Fettstoffwechsel müssen dagegen auf ihre Vitamin-K-Versorgung achten. Kohl und grüne Gemüse wie Spinat und Feldsalat sind ideale Vitamin-K-Lieferanten. Die empfohlene Tagesdosis liegt zwischen 60 und 80 Mikrogramm. 100 g Spinat enthalten 280 Mikrogramm.

Die wasserlöslichen Vitamine

Vitamin B_1 ist als Energievitamin bekannt, denn es ist wesentlich am Energiestoffwechsel im Körper beteiligt. Deshalb benötigen Leistungssportler besonders viel B_1. Auch zahlreiche Enzyme, das Nervengewebe und die Herzmuskulatur sind auf B_1 in der Nahrung angewiesen. Da das Vitamin im Körper kaum gespeichert werden kann, muss der Bedarf mit den entsprechenden Lebensmitteln regelmäßig frisch befriedigt werden. Vollkornprodukte und Haferflocken, Weizenkeime, Kartoffeln, grüne Erbsen und Hülsenfrüchte wie weiße Bohnen enthalten viel B_1. Die empfohlene Tagesdosis für Erwachsene liegt bei 1,3 mg. 100 g grüne Erbsen enthalten 0,3 mg B_1.

Vitamin B_2 ist reichlich in Schweineleber, Milch und Milchprodukten wie Quark, Joghurt sowie in Fisch (Makrele) und Vollkornprodukten enthalten. Menschen, die krank sind oder körperlich hart arbeiten, haben einen gesteigerten B_2-Bedarf, denn das Vitamin ist am Energiestoffwechsel im Körper zentral beteiligt. Viele Enzyme und Proteine funktionieren nur im Zusammenspiel mit B_2. Wie alle wasserlöslichen Vitamine kann es bei der Zubereitung leicht verlorengehen. Die empfohlene Tagesdosis für Erwachsene liegt bei 1,5 mg. 100 g Schweineleber enthalten 3,2 mg, 100 g Champignons 0,4 mg und 100 g Makrele 0,3 mg.

Niacin ist an der Zellteilung und am Aufbau von Aminosäuren, Kohlenhydraten und Fettsäuren beteiligt und steckt in vielen Lebensmitteln wie Fisch, Fleisch, Milch und Eiern, aber auch in Brot und Kartoffeln. Die empfohlene Tagesdosis liegt bei 17 mg. 100 g Rindfleisch enthalten 11,3 mg.

Vitamin B_6 ist an vielen enzymatischen Prozessen beteiligt, außerdem ist es wichtig für die Nerven und das Immunsystem sowie für die Bildung roter Blutkörperchen. B_6 ist im Aminosäurenstoffwechsel von Bedeutung und kann die Entstehung von Arteriosklerose senken. B_6 ist in vielen Lebensmitteln vorhanden, kommt in Hühner- und Schweinefleisch vor, zahlreichen Gemüsesorten wie Feldsalat, grünen Bohnen, Linsen und Kohlsorten wie Rosen- und Blumenkohl und auch in Bananen und Kartoffeln. Die Tagesdosis von Vitamin B_6 liegt bei 1,6 mg. In 100 g Hähnchenbrust sind 0,5 mg und in 100 g Rosenkohl 0,3 mg.

Folsäure/Folat ist während einer Schwangerschaft besonders wichtig, denn das Vitamin ist bei der Zellteilung und Blutbildung von zentraler Bedeutung. Bei einem Folatmangel der werdenden Mutter kann es zu schweren Fehlbildungen beim Säugling (offener Rücken) sowie zu Frühgeburten kommen. Deshalb wird Schwangeren und Frauen, die sich ein Kind wünschen, eine erhöhte Tagesdosis von 600 Mikrogramm Folat empfohlen. Weizenkeime und Sojabohnen, Kohl, Gurken, Spinat und Tomaten sind gute Folatquellen. Auch in Weintrauben und Apfelsinen ist das Vitamin enthalten. Folat senkt das Risiko für Herz-Kreislauf-Erkrankungen und schützt vor Blutarmut (Anämie). Die Tagesdosis liegt bei 400 Mikrogramm. 100 g Geflügelleber enthalten 380 Mikrogramm, 100 g Brokkoli 90 Mikrogramm Folat.

Pantothensäure ist in vielen Lebensmitteln vorhanden, deshalb ist ein Mangel sehr selten. Das Vitamin ist beim Aufbau von Hormonen und Fettsäuren beteiligt, spielt beim Energiestoffwechsel eine wesentliche Rolle und hilft, Kohlenhydrate im Körper abzubauen. Der Tagesbedarf liegt bei 6 mg. 100 g Schweineleber enthalten 4,5 mg, 100 g Hering 0,95 mg und 100 ml Milch haben 0,35 mg.

Biotin ist an zahlreichen Stoffwechselprozessen beteiligt, doch Mangelerkrankungen sind selten. Haferflocken, Spinat, Linsen und Champignons enthalten viel Biotin. Die Tagesdosis liegt zwischen 30 und 60 Mikrogramm. 100 g frische Sojabohnen liefern 60 Mikrogramm, 100 g Haselnüsse 39 mg und 100 g Haferflocken 20 Mikrogramm.

Vitamin B$_{12}$ ist an der Blutbildung und am Reifeprozess der roten Blutkörperchen im Knochenmark beteiligt, denn es aktiviert die Folsäure. Die Leber kann B$_{12}$ speichern, deshalb machen sich Mangelerscheinungen wie Blutarmut erst sehr spät bemerkbar. Menschen, die sich streng vegan ernähren, riskieren einen B$_{12}$-Mangel, denn das Vitamin ist hauptsächlich in tierischen Lebensmitteln enthalten. Durch Fermentation entsteht B$_{12}$ allerdings auch in pflanzlicher Kost wie zum Beispiel in Sauerkraut. Das Vitamin ist auch am Abbau von Fettsäuren beteiligt. Die Tagesdosis liegt bei 3 Mikrogramm. 100 g Kalbsleber enthalten 60 mg, 100 g Hering 8,5 Mikrogramm.

Vitamin C ist das bekannteste aller Vitamine. Eine ausreichende Versorgung ist sehr wichtig, denn Vitamin C (Ascorbinsäure) ist an zahlreichen Stoffwechselprozessen im Körper beteiligt. Bei starker körperlicher oder seelischer Belastung erhöht sich der Bedarf enorm, denn Vitamin C stärkt das Immunsystem, schützt die Zellen und senkt die Infektionsanfälligkeit. Das Wundervitamin schützt nicht nur vor Erkältung, es ist auch am Heilungsprozess von Wunden beteiligt, verhindert die Bildung von Nitrosaminen, fängt freie Radikale und ist damit gut gegen Krebs. Knochen, Zähne, Haut und Bindegewebe brauchen Vitamin C. Mit Obst und Gemüse kann man sein Depot leicht aufstocken: Paprika, Brokkoli, Sauerkraut, schwarze und rote Johannisbeeren und Zitrusfrüchte enthalten viel Vitamin C. Da das Vitamin wasserlöslich ist, sollte man Gemüse nicht totkochen, sondern dünsten oder roh essen. Die empfohlene Tagesdosis liegt bei 100 mg. 100 g schwarze Johannisbeeren haben 189 mg, Paprika 139 mg, Brokkoli 115 mg.

Die Mineralstoffe

Sie heißen Natrium, Chlorid, Kalium, Kalzium, Phosphor und Magnesium und werden als Mengenelemente bezeichnet. Spurenelemente sind Eisen, Jod, Fluorid, Zink und Selen. Weniger bekannt sind Kupfer, Mangan, Chrom und Molybdän. Mineralstoffe sind wichtig für den Aufbau der Knochen und Zähne, sie helfen bei der Bildung von Blutzellen und Hormonen, aktivieren Enzyme und sind an der Reizübertragung im Nervensystem beteiligt. Im Zusammenspiel mit Vitaminen entwickeln Mineralstoffe eine enorme Stoffwechseldynamik. Sie regeln den osmotischen Druck in den Zellen und damit den Wasserhaushalt im Körper, aktivieren die Muskeln, stabilisieren die Zellwände und sind an Vorgängen wie Hören und Sehen beteiligt. Ohne die anorganischen Mineralstoffe wäre Leben nicht möglich. Von den Pflanzen werden sie während des Wachstums mit dem Regenwasser aus dem Boden aufgenommen. Obst und Gemüse sind perfekte Lieferanten für Mineralstoffe, doch sie stecken auch in Milch, Käse, Fischen, Nüssen, Pilzen, Brot und Fleisch.

Natrium (Na) tritt häufig im Doppelpack mit **Chlorid (Cl)** als Kochsalz (NaCl) auf und ist mit Vorsicht zu genießen, denn die empfohlenen 6 g pro Tag sind schnell überschritten. Salz ist in Käse und Wurst, Fertiggerichten, Suppen, Soßen und Gebäck genauso perfekt versteckt wie Fette. Doch ohne die beiden Mineralstoffe ginge es uns schlecht. Natriummangel kann zu Muskelkrämpfen führen, denn das Element ist an der Muskelkontraktion beteiligt. Beide Elemente binden Wasser im Gewebe. Durch heftiges Schwitzen kann man in eine Unterversorgung kommen. Chlorid ist ein wichtiger Bestandteil der Magensäure. Wenn wir die Spurenelemente einzeln betrachten, liegt die Tagesdosis bei 550 mg Natrium und 830 mg Chlorid.

Kalium hat im Zusammenspiel mit Natrium wichtige Funktionen bei der Reizleitung in den Nervenfasern. Es schwemmt Wasser aus den Zellen und kann bei einem Mangel zu Funktionsstörungen des Herzens führen. Die Tagesdosis ist relativ hoch und liegt bei 2000 mg. In Obst und Gemüse, Nudeln, Kartoffeln und Reis, aber auch in Kräutern ist reichlich Kalium enthalten.

Kalzium ist das wichtigste Knochenmineral und essentieller Baustein für Skelett und Zähne. Doch auch bei der Blutgerinnung spielt Kalzium eine wichtige Rolle. Das Nervensystem könnte ohne diesen bedeutenden Mineralstoff nicht arbeiten, die Zellen im Körper wären nicht lebensfähig. Für Kleinkinder ist Kalzium besonders wichtig, denn bis zum dritten Lebensjahr wird die Basis für eine lebenslange optimale Knochendichte gelegt. Im Wachstum und in der Pubertät benötigt der Körper besonders viel Kalzium. Bis zum 30. Lebensjahr wird das Mineral eingelagert: je mehr, desto höher ist die Knochendichte. Um die Mineralisierung der Knochen zu fördern, braucht der Körper auch Phosphor und die **Vitamine K** und **D**. Kohl und Blattgemüse sind reich an Vitamin K; Vitamin D ist in Fisch, Brot und Eiern; Milchprodukte sind phosphatreich. Eine zusätzliche Portion Sonnenschein fördert den Prozess. Wer als Kind zu wenig Kalzium bekommen hat, leidet im Alter unter Osteoporose (Knochenschwund). Der Hauptlieferant für Kalzium sind Milchprodukte wie Joghurt, Quark und Käse oder eben die Milch selbst. Dabei ist der Fettgehalt unwesentlich, denn auch fettarme Milchprodukte enthalten Kalzium in ausreichenden Mengen. Damit das Zellsystem stets gut mit dem Mineralstoff versorgt wird, steht Kalzium im Blut zur Verfügung. Bei einem Mangel greift der Körper sofort die Speicher an und holt sich das Mineral direkt aus den Knochen. Die empfohlene Tagesdosis liegt für Jugendliche und Erwachsene bei 1200 mg. Schon zwei Scheiben Käse und ein Viertelliter Milch decken den Bedarf. 100 g Emmentaler haben 1100 mg Kalzium, 100 g Gouda 800 mg, Buttermilch und Brokkoli liegen bei 105 mg / 100 g und Mandeln bei 250 mg / 100 g. Kalziumhaltiges Mineralwasser enthält 150 mg pro Liter.

Phosphor ist wichtig für den Stoffwechsel in den Zellen und gemeinsam mit Kalzium für die Festigkeit der Knochen verantwortlich. In der Pubertät braucht der Körper 1250 mg, während Erwachsene mit 700 mg auskommen. Die Versorgung mit Phosphor ist unproblematisch, denn das Mineral ist in den meisten Lebensmitteln enthalten und wird bei der Lebensmittelproduktion häufig als Zusatzstoff eingesetzt (zum Beispiel in Backwaren).

Magnesium ist für die Reizübertragung der Nerven auf den Muskel und bei vielen enzymatischen Prozessen wichtig. Es fördert obendrein die Mineralisierung der Knochen und beruhigt die Nerven. Wer viel Sport treibt, körperlich arbeitet und dabei Schweiß verliert, hat einen höheren Magnesiumbedarf. Hülsenfrüchte, Haselnüsse, Vollkornbrot, Bananen und Milchprodukte sorgen für eine ausreichende Versorgung. Der Tagesbedarf liegt bei 400 mg. 100 g Reis enthalten 157 mg, 100 g Haselnüsse 155 mg und 100 g Weizenvollkornbrot 90 mg.

Eisen ist ein wichtiger Baustein für den Aufbau des roten Blutfarbstoffs Hämoglobin. Mit dem Hämoglobin reisen die Sauerstoffmoleküle wie mit einem Transportmittel durch den Körper. Eisenmangel kann zu Blutarmut führen. Mit sinkendem Sauerstoff wiederum verringert sich die Leistungsfähigkeit. Am besten verwerten kann der menschliche Körper das Eisen aus tierischen Lebensmitteln. Doch auch pflanzliche Nahrung ist eine wichtige Eisenquelle, obwohl das Mineral fester in die Pflanzenstruktur eingebunden ist als in die Zellen im Muskelfleisch der Tiere. Vegetarier wissen, dass sich die Aufnahme von pflanzlichem Eisen mit Vitamin C verbessern lässt. Wer ein Glas Orangensaft zu einem Spinat- oder Linsengericht trinkt, kann Eisen besser verwerten. Dass Spinat besonders viel Eisen enthält, ist eine Mär, die auf einem Rechenfehler beruht. Im 19. Jahrhundert hatte ein Professor Spinatpulver analysiert und kam bei 100 g Pulver auf 35 mg Eisen. Tatsächlich entsprach die Menge Eisen in dem Pulver jedoch einem ganzen Kilo frischem Spinat! Dieser Rechenfehler um den Faktor zehn geisterte jahrzehntelang durch die Kochbücher, und Generationen von Müttern glaubten, ihrem Nachwuchs mit 100 g Spinat 35 mg Eisen einzutrichtern – in Wahrheit sind es lediglich 3,5 mg bis 4,1 mg. Schweineleber enthält mit 14,2 mg / 100 g das meiste Eisen, gefolgt von Pfifferlingen mit 6,5 mg / 100 g und Spinat. Der Tagesbedarf staffelt sich nach Alter und Geschlecht. Weibliche Jugendliche und Frauen sollen 15 mg, männliche Jugendliche und Erwachsene 12 mg und Frauen nach der Menopause nur 10 mg Eisen essen.

Jod ist nicht nur für die Schilddrüsenhormone wichtig. Das Mineral ist auch am Wachstum und der Teilung der Zellen beteiligt und aktiviert den Energiestoffwechsel im Körper. Deutschland ist ein Jodmangelland, obwohl sich unter anderem durch das Jodieren von Speisesalz die allgemeine Versorgung gebessert hat. Die Schilddrüse reagiert auf Jodmangel mit Wachstum bis hin zur Kropfbildung. Mit Seefischen lässt sich der Jodbedarf leicht decken, denn das Spurenelement ist in den Weltmeeren gelöst. 100 g Schellfisch enthalten 243 Mikrogramm Jod, 100 g Seelachs und Scholle etwa 200 Mikrogramm. Die Tagesdosis liegt bei 200 Mikrogramm. Die Deutsche Gesellschaft für Ernährung empfiehlt deshalb, mindestens einmal pro Woche Seefisch zu essen und im Haushalt ausschließlich Jodsalz zu verwenden.

Fluorid macht die Zähne hart und weniger säureempfindlich, weil es in den Zahnschmelz eingelagert wird. Es beugt auch Karies vor und ist deshalb häufig als Inhaltsstoff in Zahnpasta. In Lebensmitteln ist Fluorid nur selten zu finden. Eine Dose Sprotten oder Ölsardinen (200 g) enthält mit etwa 3 mg Fluorid den Tagesbedarf eines Erwachsenen. Man muss die Fischchen allerdings mit Haut und Gräten verspeisen, denn da steckt der zahnhärtende Stoff drin. Auch Mineralwasser, das aus Vulkangestein stammt, liegt pro Liter bei etwa 1,5 mg Fluorid, schwarzer und grüner Tee enthalten das Spurenelement ebenfalls.

Zink ist an zahlreichen Stoffwechselprozessen beteiligt. Das Mineral aktiviert das Immunsystem, unterstützt die Speicherung von Insulin, die Bildung von Hormonen und zahlreichen Enzymen. Zink kann vom Körper nur bedingt gespeichert werden und sollte möglichst häufig mit der Nahrung aufgenommen werden. Wie Eisen kann auch Zink besser aus tierischen Lebensmitteln als aus pflanzlichen vom Körper aufgenommen werden. Eier, Milch und Käse sind gute Zinklieferanten, doch auch Vollkornprodukte wie Roggenvollkornbrot (2,4 mg / 100 g) und Haferflocken unterstützen die Zinkversorgung. 100 g Edamer Käse haben 4 mg, der Tagesbedarf liegt bei 8 mg.

Selen schützt die Zellen im Körper und ist für den Enzymaufbau unverzichtbar. Das Mineral beeinflusst die positive Wirkung von Vitamin E und ist an der Produktion von Schilddrüsenhormonen beteiligt. Fisch ist ein guter Selenlieferant, auch in Eiern und

Fleisch ist der Mineralstoff. Veganer können zum Beispiel mit Linsen und Spargel eine Unterversorgung vermeiden. Der Tagesbedarf liegt zwischen 30 und 70 Mikrogramm.

Kupfer, Mangan, Chrom und Molybdän sind weniger bekannte Mineralstoffe. Sie sind (mit Ausnahme von Chrom) Bestandteil von Enzymen; alle vier sind an wichtigen Stoffwechselprozessen beteiligt. Kupfer ist in Fisch, Nüssen, Innereien und Getreideprodukten enthalten; der Tagesbedarf liegt bei 1,5 mg. Mangan ist in Haferflocken, Spinat, Lauch und Tee; der Tagesbedarf liegt zwischen 2 und 5 mg. Chrom ist in Tomaten, Kakao, Pilzen, Haferflocken und Eiern; der Tagesbedarf liegt zwischen 30 und 100 Mikrogramm. Molybdän findet man in Hülsenfrüchten wie Erbsen, Bohnen und Linsen sowie in Getreide; der Tagesbedarf liegt zwischen 50 und 100 Mikrogramm.

Wie wirken Antioxidantien?

Sie sind radikal, sie sind frei und ständig auf Zerstörung aus: freie Radikale. Das sind aggressive Sauerstoffverbindungen, die der Mensch unter anderem mit der Luft einatmet. Außerdem entstehen diese oxidativen Verbindungen bei der Verdauung, dem Auf- und Abbau von Zellen, durch UV-Licht etc. Biochemiker gehen davon aus, dass sich 1 Prozent des Sauerstoffs, den wir einatmen, in freie Radikale umwandelt. Wer viel Alkohol trinkt, raucht, in der Sonne bräunt und physischen oder psychischen Stress hat, stärkt den oxidativen Feind im Körper. Freie Radikale verhalten sich äußerst destruktiv. Sie attackieren die Zellen, verändern ihre Struktur und begünstigen Krebs. In den Blutgefäßen verbinden sich die radikalen Sauerstoffkiller mit dem bösen LDL-

Cholesterin. Sie verstopfen die Adern, beteiligen sich bei der Bildung von Plaques und schaffen so die Voraussetzung für Arteriosklerose. Sind die Arterien betroffen, die das Herz mit Blut versorgen, droht ein Infarkt. Im Gehirn kann der Verschluss der Äderchen zum Schlaganfall führen.

Der Körper ist ständig im Krieg mit freien Radikalen. Die Enzyme haben zwar ein Schutzsystem aufgebaut, doch sie brauchen Unterstützung von außen und sind unter anderem auf die Hilfe von Spurenelementen wie Selen, Zink, Kupfer und Mangan angewiesen. Die Versorgung mit Mineralstoffen ist also wichtig. Vitamin C ist jedoch der erfolgreichste Radikalenfänger. Das bekannteste aller Vitamine hat zwei starke Kampfgefährten: Vitamin E und Selen. Verlässliche Verbündete im Kampf gegen die permanenten Angreifer sind die Antioxidantien aus der Nahrung. Zellbiologen gehen davon aus, dass Millionen unterschiedliche Substanzen am Werk sind, wenn der Mensch sich ausgewogen ernährt. All diese Substanzen wirken nie isoliert, sondern immer im interaktiven Verbund. Antioxidantien fangen die freien Radikale und zerstören sie. Zu den bekanntesten gehören sekundäre Pflanzenstoffe wie Carotinoide, Flavonoide, Glucosinolate, Sulfide, Saponine, Phytosterine, Protease-Inhibitoren, Monoterpene und Phytoöstrogene. Die genannten sind nur Obergruppen. Die Zahl der Einzelsubstanzen mag weit über 100 000 liegen. Es sind Farb- und Bitterstoffe, schwefelhaltige Substanzen, antibakterielle Sulfide und Aminosäuren. Niemand vermag heute genau zu sagen, wie viele Wirkstoffe es in Obst und Gemüse wirklich gibt. Wie sie sich gegenseitig beeinflussen und zusammenwirken, ist erst recht nicht hinreichend erforscht.

Als starke Krebshemmer gelten zum Beispiel Isothiocyanate. Sie zerstören krebsauslösende Stoffe im Körper, bevor sie die Zellen schädigen können, und bringen Enzyme auf Trab, die wiederum entgiftend wirken. Je kräftiger die Farbe von Obst und Gemüse ist, desto größer scheint der Gesundheitseffekt zu sein. Kirschen,

Brombeeren, schwarze und rote Johannisbeeren und Heidelbeeren sind reich an wertvollen Farbstoffen. Die blaue Zunge nach dem Genuss von Heidelbeeren ist auf die Krebshemmer Anthozyane zurückzuführen. Den Gerbstoff Tannin hat die moderne Pharmaforschung entdeckt und als Krebsabwehrstoff eingestuft. Auch getrocknete Früchte wie Datteln, Feigen und Trockenpflaumen wirken antioxidativ. Sie haben einen hohen Polyphenolgehalt.

Das US Department of Agriculture hat 2004 eine Liste mit Lebensmitteln aufgestellt, die als die erfolgreichsten Radikalenfänger nachgewiesen sind. Die Top 20 werden angeführt von Cashewnüssen, mexikanischen roten Bohnen, Kidneybohnen, Walnüssen, Pintobohnen, Haselnüssen, Preiselbeeren, Artischockenherzen, wilden Waldblaubeeren, Backpflaumen, schwarzen Bohnen, Pistazien, Pflaumen, Brombeeren, Himbeeren, Mandeln, Erbsen, roten Delicius, Granny Smith und Datteln.

Carotinoide sind als gelbe und rote Farbstoffe in Obst und Gemüse vorhanden. Doch nicht nur Karotten, Tomaten und Aprikosen enthalten Carotinoide. Auch grüne Gemüse wie Spinat und Grünkohl enthalten diese roten und gelben Farbstoffe, doch sie können sich optisch nicht gegen das grüne Chlorophyll durchsetzen und werden von ihm überdeckt. Zu den bekanntesten Carotinoiden zählen Betacarotin und Lycopin, der Antikrebsfarbstoff aus den Tomaten. Der Wunderstoff Lycopin wird durch Erhitzen in seiner Wirkung noch verstärkt, deshalb ist Tomatenmark reicher an Lycopin als frische Tomaten. Doch Lycopin ist auch in roten Grapefruits und Wassermelonen. Das Betacarotin in Karotten wird vom Körper am effektivsten dann verwertet, wenn die Möhren gekocht und mit Fett zubereitet sind. Als Rohkost verzehrt, bleibt das Betacarotin in Karotten nahezu wirkungslos.

Phytosterine werden modernen Diätmargarinen zugesetzt, weil sie im Aufbau dem LDL-Cholesterin ähnlich sind. Die Phytosterine nehmen dem Cholesterin im Darm die »guten Plätze« weg, und das böse LDL wird ausgeschieden, bevor es Schaden anrichten kann. Phytosterine fungieren als Botenstoffe in Pflanzen und kommen vor allem in Nüssen, Hülsenfrüchten und Samen wie Sonnenblumenkernen vor.

Glucosinolate kommen vor allem in Kreuzblütlern wie Rettich und Radieschen, in allen Kohlsorten sowie in Kresse und Senf vor. Sie verleihen den Pflanzen ihre Schärfe. Wissenschaftler bringen einen hohen Verzehr dieser Lebensmittel mit einer deutlichen Prophylaxe gegen Krebs in Zusammenhang.

Flavonoide gehören zu den Polyphenolen, die sich in der Krebsabwehr einen Namen gemacht haben. Flavonoide sollen auch das Risiko für Herz-Kreislauf-Erkrankungen senken. Sie gehören zu den Pflanzenfarbstoffen und färben Obst und Gemüse kräftig blau oder gelb. Flavonoide sind vor allem in dunklen Tafeltrauben, Heidelbeeren und Auberginen, aber auch in Äpfeln und Birnen sowie in Grünkohl enthalten.

Protease-Inhibitoren kommen in Hülsenfrüchten, Kartoffeln und Getreidearten vor. Sie wirken in erster Linie im Darm, hemmen (von »inhibit«, englisch für »hemmen«, »lindern«) dort Enzyme, die Proteine spalten. Dabei wirken sie antikanzerogen. Obendrein fangen die Protease-Hemmer freie Radikale.

Monoterpene stecken vor allem in Gewürzen und Kräutern wie Pfefferminze, aber auch in Zitrusfrüchten. Die Substanz zählt zu den Aromastoffen und ist leicht flüchtig. Bevor sie verduften, sollen Monoterpene allerdings gegen Krebs schützen.

Sulfide zählen zu den Duft- und Aromastoffen. Diese schwefelhaltigen Substanzen sorgen auch für Mundgeruch nach dem Verzehr von Zwiebeln, Lauch und Knoblauch. Schon beim Zerkleinern werden die Sulfide frei, man kann sie deutlich riechen. Das Allicin im Knoblauch sorgt für eine antimikrobielle Wirkung. Alle Sulfide hemmen Entzündungen, wirken antioxidativ gegen freie Radikale und gelten als effektive Krebskiller.

Saponine sind reichlich in Hülsenfrüchten, aber auch in Salbei und Rosmarin vorhanden. Sie wirken im Magen-Darm-Trakt und sollen an der Senkung des LDL-Cholesterins beteiligt sein.

Phytoöstrogene gelten als essbare Wirkstoffe gegen Wechseljahrsbeschwerden, denn sie wirken im Körper wie das Sexualhormon Östrogen, allerdings sehr abgeschwächt. Deshalb wird ihnen auch ein Schutz vor Osteoporose und hormonabhängigen Tumorarten nachgesagt; sie sollen Brust- und Prostatakrebs hemmen. Sojabohnen und Produkte wie Sojamilch enthalten besonders viele Phytoöstrogene, aber auch in Hülsenfrüchten und Leinsamen sind sie reichlich vorhanden.

Von A wie Apfel bis Z wie Zitrusfrüchte:
Die gesunden Klassiker

Früchte sind so gesund, dass sie in der Apotheke verkauft werden könnten. Sie enthalten reichlich Vitamine, Fruchtsäuren, Mineralstoffe sowie sekundäre Pflanzenstoffe wie Gerb- und Farbstoffe. Außerdem enthalten sie nicht nur viel Wasser, sondern sind vor allem randvoll mit leichtverdaulichen Kohlenhydraten wie Frucht- und Traubenzucker und Ballaststoffen wie Pektin. Obst gilt als Prophylaxe gegen Krebs und allerlei Erkrankungen, weshalb Ärzte auch empfehlen, regelmäßig Obst zu essen. Man muss nicht immer nur in den sprichwörtlichen sauren Apfel beißen: Warum nicht einmal einen Obstsalat zubereiten? Da all die vielen Früchte viele unterschiedliche Wirkstoffe enthalten, ist es klug, die Sorten regelmäßig zu wechseln und ständig neu miteinander zu kombinieren.

Gerade im Sommer ist der Warenkorb reich gefüllt: Brombeeren entgiften, fördern die Verdauung und sollen sogar Regelschmerzen lindern. Kirschen senken einen hohen Harnsäurespiegel, Pfirsiche sind gut zum Magen und leicht verdaulich, Birnen und Erdbeeren entschlacken. Aber auch im Winter gibt es jede Menge Vitamine im Supermarkt: Orangen und Bananen bringen die Gefühle in Schwung und machen glücklich, Datteln und Feigen beruhigen die Nerven und wirken gegen den Winterblues. Die Auswahl im Obstkorb an frischen Gesundheits- und Glücksbringern ist groß.

Äpfel: Was das beliebteste Obst der Deutschen besonders wertvoll macht, ist unter anderem sein hoher Pektingehalt. Äpfel bestehen zu etwa 30 Prozent aus diesem wasserlöslichen Ballaststoff, der als Cholesterinsenker gilt und die Darmtätigkeit anregt. Tartarinsäuren im Apfel wirken im Darm antibakteriell. 100 g Äpfel enthalten

12 mg Vitamin C, 144 mg Kalium und 103 Mikrogramm Vitamin B$_6$. Je länger Äpfel am Baum reifen, desto größer ist ihr Vitamingehalt. Die Schale ist reich an Magnesium, Carotinoiden, Eisen und ungesättigten Fettsäuren.

Aprikosen: Die zarte gelbrote Apricotfarbe verdanken die Früchte den Anthozyanen, einem Pflanzenfarbstoff. Aprikosen enthalten außerdem eine Wirkstoffkombination von Folsäure mit Kupfer und Kobalt. Sechs Aprikosen decken den Tagesbedarf an Vitamin A. Das Steinobst enthält überdurchschnittlich viel Niacin und neben Vitamin C auch reichlich Vitamin B$_5$. Die meisten Bioflavonoide in Aprikosen sind in ihrer Zusammenwirkung noch nicht ausreichend erforscht. Von allen Steinobstsorten haben Aprikosen den höchsten Gehalt an Kalium und Eisen. Sie sind außerdem reich an Fruchtsäuren. Die Kerne werden industriell zur Herstellung von Persipan genutzt, einer dem Marzipan ähnlichen Rohmasse, die bei billigem Kuchen und Gebäck eingesetzt wird. Aprikosenkerne sind blausäurehaltig und können für Kinder gefährlich werden, wenn sie den Kern aufknacken und seinen Inhalt essen.

Avocados: Die birnenförmige Baumfrucht zählt zum Obst. Sie kommt mit 220 kcal / 100 g auf den ersten Blick als Kalorienbombe daher. Doch das pflanzliche Fett ist gesund, denn es enthält mehrfach ungesättigte Fettsäuren. Die sättigende Frucht hat eine ideale Zusammensetzung der Vitamine A, C, E und vor allem B$_6$ sowie Kalium, Eisen und Kalzium. Außerdem stecken in 100 g Avocado 3 g pflanzliches Eiweiß und 6 g Kohlenhydrate. Der Avocadozucker Mannoheptulose regt die Fettverbrennung an und macht schlank.

Bananen: Sie sind wahre Kraftpakete, denn Bananen sind reich an sättigenden Kohlenhydraten. Der steril verpackte Sattmacher enthält jede Menge Kalium und Zucker (20,9 g/100 g) und liefert 18 Mineralstoffe wie Phosphor, Magnesium, Mangan, Eisen und Zink sowie wichtige Aminosäuren. Bananen enthalten Ballaststoffe, die die Verdauung fördern. Die tropische Frucht kann den Cholesterinspiegel senken und die Magenschleimhaut schützen. Der Eiweißbaustein Tryptophan beruhigt und macht glücklich, denn der Körper baut aus Tryptophan das Glückshormon Serotonin.

Beeren: Alle Beeren sind wahre Vitamin-C-Bomben. Je saurer sie sind, desto gesünder sind sie auch. Denn Vitamin C (Ascorbinsäure) schmeckt nun mal sauer. Beeren enthalten viele Fruchtsäuren und Pektin, aber auch Kalzium, Magnesium und Eisen sowie Gerbstoffe wie Tannin und vor allem zwei megagesunde Pflanzenfarbstoffe: Anthozyane und Carotinoide.

Schwarze Johannisbeeren schlagen mit 177 mg Vitamin C pro 100 g sogar Zitronen (50 mg / 100 g) aus dem Vitaminrennen. Die schwarz-violette Farbe wird durch die Pflanzenfarbstoffe Anthozyane hervorgerufen, die als wirksame Waffe gegen Krebs gelten. Die urgesunden Beeren sind auch reich an Vitamin E und Eisen, Pektin und Fruchtsäuren.

Rote Johannesbeeren enthalten pro 100 g frisch vom Strauch gepflückter Beeren 35 mg Vitamin C, 238 mg Kalium und 910 Mikrogramm Eisen sowie jede Menge B-Vitamine. Sie sind reich an Fruchtsäuren und dem Ballaststoff Pektin und enthalten wie ihre schwarzen Verwandten die wertvollen Anthozyane.

Brombeeren enthalten auf 100 g jeweils 17 mg Vitamin C, 189 mg Kalium und 900 Mikrogramm Eisen, Vitamin E und viele B-

Vitamine. Der hohe Gehalt an Carotinoiden macht sie zum größten Provitamin-A-Lieferanten unter den Beeren. Außerdem haben Brombeeren viele Phenolsäuren und Flavonoide. Sie enthalten Fruchtsäuren und einen höheren Zuckergehalt als Himbeeren.

Heidelbeeren enthalten viel Kalzium, Magnesium und Eisen, Vitamin A, B_1 und B_2 sowie Niazin. Der Unterschied zwischen Kultur- und Waldheidelbeeren ist groß. Während die Züchtungen mehr Zucker enthalten und deshalb viel süßer schmecken, haben sie im Vergleich zu Waldheidelbeeren nur die Hälfte an organischen Säuren und viel weniger Anthozyane. Wilde Beeren enthalten viel Mangan, Vitamin E und 20 mg Vitamin C auf 100 g. In ihnen steckt viel Tannin. Wegen ihrer Farbe heißen sie auch Blaubeeren.

Himbeeren sind reich an den Mineralstoffen Phosphor, Kalzium, Magnesium und Eisen. Sie enthalten viel Vitamin A, alle B-Vitamine (außer B_{12}) und 25 mg Vitamin C pro 100 g. Auch Phenolsäuren und Flavonoide sind in den Strauchfrüchten reichlich vorhanden.

Erdbeeren enthalten im Vergleich zu anderen Beerensorten relativ viel Niacin, Folsäure, Mangan und Vitamin B_2. Der Vitamin-C-Gehalt ist stark von der Reife abhängig (40 bis 100 mg/ 100 g). In Erdbeeren stecken viele Polyphenole, darunter die seltenen Ferula- und Ellagsäuren, die aktiv gegen Krebs wirken. Außerdem sind Erdbeeren reich an Pektin und Fruchtsäuren. Bestimmte Gerbstoffe wirken entzündungshemmend.

Stachelbeeren haben einen sehr hohen Säure- und Vitamin-C-Gehalt (35 mg / 100 g). Sie sind reich an organischen Säuren, Ballaststoffen und Fruchtzucker (9 g / 100 g) und enthalten auf 100 g jeweils 203 mg Kalium, 630 Mikrogramm Eisen sowie Zink, Mangan und Magnesium.

Birnen: Wer Äpfel mit Birnen vergleicht, dem fällt sofort der hohe Gehalt an Folsäure bei Birnen auf (14 Mikrogramm/100 g). Das Kernobst ist reich an Provitamin A, Niacin und den Vitaminen B_1 und B_2. Birnen enthalten außerdem die Mineralstoffe Kalium, Phosphor, Kalzium und Eisen. Wie Äpfel sind auch Birnen ergiebige Pektinlieferanten. Sie entwässern, sind leicht verdaulich und wegen ihres geringeren Säuregehalts schmecken sie etwas süßer als Äpfel. Der Zuckeralkohol Sorbitol macht sie zur Verdauungshilfe aus dem Obstkorb.

Kirschen: In 100 g Kirschen stecken 15 mg Vitamin C, 229 mg Kalium und 52 Mikrogramm Folsäure. Neben dem Provitamin A und vielen B-Vitaminen sind auch Anthozyane, Eisen und Pektin in Kirschen enthalten. 100 g Kirschen haben 17 g Zucker.

Melonen: Obwohl Melonen zum Gemüse gehören, werden sie wie Obst gegessen. Rote Wassermelonen enthalten wie Tomaten die Anti-Krebs-Substanz Lycopin und viele Carotinoide sowie zahlreiche B-Vitamine und vor allem das Provitamin A. Sie wirken harntreibend, entwässernd und reinigen dabei die Nieren. Die Antioxidantien Betacarotin und Vitamin C wirken krebshemmend. Melonen sättigen, obwohl sie nur wenige Kalorien haben, denn sie enthalten bis zu 16 Prozent Zucker. Die alten Kulturpflanzen gibt es in vielen Sorten wie Honig- oder Netzmelonen, Kantalup oder israelische Ogenmelonen.

Pfirsiche und Nektarinen: Es gibt gelbe, rote und orangefarbene Pfirsiche. Je kräftiger die Farbe, desto mehr Pflanzenfarbstoffe wie Carotinoide und Anthozyane enthalten sie. Ist das Fruchtfleisch rot marmoriert, ist der Anthozyangehalt höher als bei weißfleischigen Früchten. Die Früchte enthalten vor allem Vitamin B_3, Selen, Magnesium und Zink.

Pflaumen und Zwetschgen: Mit dem Sammelbegriff »Pflaume« werden viele Sorten umschrieben. Alle Sorten enthalten sämtliche B-Vitamine (außer B_{12}), sind reich an Provitamin A, Kalium (221 mg/100 g) und Eisen (440 Mikrogramm/100 g) sowie den Spurenelementen Kupfer und Zink. In der ölhaltigen Schale befinden sich sogar ungesättigte Fettsäuren. Pflaumen haben viele Ballaststoffe und viel Zucker (13 g/100 g). Zwetschgen sind länglich oval, blauviolett und haben ein grüngelbes Fruchtfleisch. Die weißliche Wachsschicht, auch »Reif« genannt, ist natürlich und schützt die Pflaume. Trocken- oder Backpflaumen haben einen sehr hohen Polyphenolgehalt.

Weintrauben: Tafeltrauben enthalten alle B-Vitamine (außer B_{12}), viel Vitamin C, Kalium, Mangan und Magnesium. Der hohe Fruchtzuckergehalt – dabei handelt es sich hauptsächlich um Glucose und Fructose – sättigt und liefert wertvolle Energie. Die Zucker heben den Blutzuckerspiegel und sorgen für einen kräftigen Energieschub. Die Schalen und Kerne sind reich an Ballaststoffen. Das Pektin regt den Darm an, bindet Giftstoffe und senkt das schädliche LDL-Cholesterin. Dunkle Trauben enthalten obendrein die Pflanzenfarbstoffe Anthozyane und Quercetin und mehr Gerbsäuren als helle Sorten. Außerdem stecken in dunklen Trauben Phenolsäuren, vor allem die krebshemmende Ellagsäure und das antioxidativ wirkende Resveratrol.

Zitrusfrüchte: Zu den Zitrusfrüchten zählen Orangen, Mandarinen, Grapefruits, Zitronen, Limetten und Kumquat.

Es gibt viele hundert *Orangensorten,* die bekanntesten sind Blut-, Blond- und Navelorangen. Aus Italien und Marokko kommt die tiefrote Blutorange. Die Sonnenfrüchte sind perfekte Vitamin-C-Speicher. Eine dicke Orange deckt den Tagesbedarf von mindestens 60 mg Vitamin C. Doch in ihnen stecken auch jede Menge Kohlenhydrate wie Saccharose, Fructose und Glucose sowie Ballaststoffe und Fruchtsäuren, viele B-Vitamine, Folsäure, Magnesium, Kalzium und sogar Selen.

Mandarinen gibt es wegen der vielen Kerne kaum zu kaufen. Auf dem Markt werden statt dessen *Tangerinen, Clementinen* und *Satsumas* angeboten. 100 g enthalten 35 mg Vitamin C.

In 100 g *Grapefruit* stecken 45 mg Vitamin C. Der bittere Geschmack wird durch ein Flavonglykosid hervorgerufen. Zusammen mit dem Carotinoid Lycopin, das auch in Tomaten vorkommt, sind die sekundären Pflanzenstoffe der roten Grapefruit gut fürs Herz, denn sie senken das schädliche LDL-Cholesterin.

Limetten haben 44 mg Vitamin C pro 100 g, und *Kumquat* (sie sehen aus wie Miniorangen und werden mit der Schale gegessen) enthalten noch 38 mg / 100 g des wichtigen Vitamins.

Zitronen gelten als legendäre Vitamin-C-Lieferanten (50 mg/ 100 g), doch sie enthalten auch viel Pektin, über 300 flüchtige Aromen (zum Beispiel Citral) und haben einen hohen Gehalt an Fruchtsäuren.

Trockenfrüchte

Im Vergleich zu frischen Früchten hat Trockenobst fünfmal so viele Kilokalorien. In 100 g Trockenpflaumen steckt ein Brennwert von 220 kcal, die gleiche Menge frische Pflaumen hat nur 50 kcal. Trockenfrüchte sind geballte Energie und sehr gesund. Sie haben viele sättigende Kohlenhydrate wie Glucose und Fructose, sind reich an Ballaststoffen und Mineralstoffen und wertvollen B-Vitaminen. Einige Sorten wie getrocknete Aprikosen und Bananen enthalten bis zu 1400 mg Kalium. Außerdem stecken viel Natrium (bis zu 37 mg/100 g), Phosphor (bis zu 110 mg/100 g), Magnesium (70 mg/100 g) und Eisen in Trockenobst. Um die Farbe der Früchte zu erhalten und sie vor Schimmelpilzen zu schützen, dürfen sie geschwefelt werden. Sie müssen dann deutlich als »geschwefelt« gekennzeichnet sein, denn Schwefeldioxid und Schwefelsulfit zerstören wichtige Vitamine wie B_1. Außerdem reagieren viele Menschen auf geschwefelte Lebensmittel mit Kopfschmerzen.

Es gibt heutzutage getrocknete Apfelchips ebenso wie tropische Früchte wie Ananas, Papaya und Mango. Doch die Klassiker sind Datteln und Feigen.

Datteln kommen auf 300 kcal / 100 g, aber sie punkten mit dem Glücklichmacher Tryptophan, einer Aminosäure, die der Körper in Serotonin verwandelt. Die Früchte werden im arabischen Raum auch als »Schlafmittel« genommen, denn sie kurbeln die Melatoninproduktion an. Außerdem enthalten sie eine hohe Konzentration des Vitamins B_5 sowie Kalzium, Kupfer, Eisen und Kalium in nennenswerten Mengen.

Feigen sind ebenfalls reich an Tryptophan. Sie bestehen zu über 50 Prozent aus Kohlenhydraten, enthalten Apfelsäure und Flavonoide. Außerdem sind sie reich an Pektin, enthalten sehr viel Kalium, Phosphor, Eisen, Zink, Selen, besonders viel Vitamin B_1 und jede Menge Kalzium.

Nüsse

Sie sind geballte Kernkraft: Nüsse wirken gegen Stress, erhöhen die Konzentration, stärken das Immunsystem und helfen sogar gegen Depressionen. Sie enthalten neben vielen anderen gesunden Fetten sogar Omega-3-Fettsäuren. Außerdem sind sie – wie Oma schon wusste – gut für die Nerven und das Gehirn. Walnüsse enthalten beispielsweise Lecithin fürs Gedächtnis. Wegen ihrer gesunden Fette sind Nüsse gut fürs Herz, denn sie gelten als Cholesterinsenker.

Haselnüsse sind reich an Mineralstoffen und Spurenelementen wie Mangan. In ihnen stecken jede Menge E-, B- und C-Vitamine. Sie enthalten gut 80 Prozent einfach ungesättigte Fette, 10 Prozent mehrfach ungesättigte Omega-6-Fette und nur 10 Prozent gesättigte Fette. 100 g haben 650 kcal.

Walnüsse enthalten viel Kalium, Magnesium und Phosphor sowie Zink und die Vitamine A, B und E. Sie bestehen zu 60 Prozent aus mehrfach ungesättigten Omega-6-Fetten, 20 Prozent einfach ungesättigten Fetten und 10 Prozent mehrfach ungesättigten Omega-3-Fetten sowie 10 Prozent gesättigten Fetten. Krebsforscher haben Walnüsse unter die Lupe genommen, als extrem gesund befunden und empfehlen 30 g täglich. Sie haben 670 kcal / 100 g.

Mandeln enthalten viel Kalium, Eisen, Kalzium, Magnesium und Selen. Sie bestehen zu 70 Prozent aus einfach ungesättigten Fetten, 20 Prozent mehrfach ungesättigten Omega-6-Fetten, 10 Prozent gesättigten Fetten und Spuren von Omega-3-Fetten. Sie haben 600 kcal / 100 g.

Cashewkerne sind reich an B-Vitaminen, enthalten Betacarotin, Zink, Kupfer und Eisen. Sie bestehen zu 60 Prozent aus einfach ungesättigten Fetten, 20 Prozent mehrfach ungesättigten Omega-6-Fetten und 20 Prozent gesättigten Fetten. Sie enthalten 570 kcal / 100 g.

Pistazien enthalten viel Kalium, Eisen, Phosphor und Magnesium, Niacin und die Vitamine E und C. Sie bestehen zu 70 Prozent aus einfach ungesättigten Fetten, 15 Prozent mehrfach ungesättigten Omega-6-Fetten, 15 Prozent gesättigten Fetten und Spuren von Omega-3-Fetten. Sie haben 600 kcal / 100 g.

Erdnüsse sind keine Nüsse, sondern Hülsenfrüchte. Sie wachsen, wie der Name schon sagt, in der Erde. In ihnen stecken vor allem Kupfer, Mangan, Zink und Fluor, aber auch Kalium und Kalzium sowie mehrere B-Vitamine und Vitamin E. Zur Hälfte bestehen Erdnüsse aus einfach ungesättigten Fetten, zu 30 Prozent aus mehrfach ungesättigten Omega-6-Fetten und zu knapp 20 Prozent aus gesättigten Fetten. Sie haben nur wenige Omega-3-Fette und 580 kcal / 100 g.

Gemüse

Unzählige Wirkstoffe sind in unterschiedlichen Kombinationen in Gemüse enthalten. Wer im Speiseplan die Sorten wechselt, Gemüse schonend zubereitet und in ausreichender Menge isst, der isst gegen Krebs, Herzinfarkt, Diabetes und zahlreiche Zivilisationskrankheiten an, denn es gibt sie wirklich, die Therapie mit Messer und Gabel. Mit heimischem Gemüse kommt man ohne Probleme und Mangelerkrankungen durch den Winter. Alle Kohlsorten sind urgesund und bieten viel Abwechslung. Menschen wie Pamela Anderson, Michelle Pfeiffer und Kim Basinger leben sehr gut mit Gemüse und ganz ohne Fleisch. Sie sind Vegetarier, wie weit über sechs Millionen Menschen in Deutschland auch.

Galten Vegetarier früher als unerotische Spaßverderber, Moralisten und verknöcherte Langweiler, widerlegen die Hollywooddiven heute das Vorurteil. Doch ist das fleischlose Leben auch gesund? Führen Eisen- und Vitamin-B_{12}-Mangel nicht zu Siechtum und Blutarmut? Immer wieder wird mit solchen Argumenten der »lebenswichtige« Fleischkonsum angeführt. Dabei kann man mit Vollkornprodukten, Feldsalat, Haferflocken und Linsen, kombiniert mit einem Glas Orangensaft (wegen des Vitamins C), das pflanzliche Eisen problemlos optimieren, damit es vom Körper besser aufgenommen wird. Vitamin B_{12} befindet sich in ausreichenden Mengen in allen pflanzlichen Lebensmitteln, die einen Gärungsprozess durchlaufen haben, wie Sauerkraut und eingelegten Bohnen. Tofu, der wohl bekannteste Fleischersatz aus Soja, ist eiweiß- und eisenreich, obendrein enthält er viel Kalzium und Magnesium.

In Gemüse, Obst und Getreide sind die wichtigsten Nährstoffe enthalten. Wer nicht streng vegan lebt (Veganer essen auch keine Milchprodukte, keine Eier und keinen Honig), muss überhaupt keinen Mangel fürchten. Vegetarier sind im Vergleich zu Fleischessern generell gesünder. Sie leiden seltener an Krebs, Herz-Kreislauf-Erkrankungen und Übergewicht, werden älter und sind fit. Sicher hängt das nicht nur mit dem Fleischverzicht zusammen. Vegetarier treiben in der Regel häufiger Sport, rauchen nur selten und trinken wenig Alkohol. Doch ein Teil ihres körperlichen Wohlbefindens ist sicher der fleischlosen Ernährung zu verdanken.

Langweilig ist der Speiseplan der Vegetarier jedenfalls nicht. Ein Blick auf den Saisonkalender zeigt, wie viele Gemüsesorten es zu jeder Jahreszeit gibt. Kaum ein Mensch mag überhaupt kein Gemüse. Vielleicht mag man keinen Kohl, aber es gibt Paprika, Auberginen, Zucchini, Fenchel und Kürbis. Kinder verabscheuen oft Spinat, dafür mögen sie Möhren, Mais oder Kohlrabi. Außerdem lässt sich Gemüse abwechslungsreich und schmackhaft zubereiten und variieren. Wem es gedünstet zu fad ist, der kann Gemüse in der Pfanne braten, im Backofen mit Käse überbacken, im Salat servieren oder roh in frischen Kräuterjoghurt dippen.

Wer nach der Saison einkauft, spart Geld und vermeidet, dass das Gemüse zu stark gedüngt ist. Heimischer Ware sollte man immer den Vorzug geben. Wer sich mit seinem Essverhalten an die Erntezeiten anpasst, denkt auch ökologisch, denn Spargel hat im Dezember nun mal eine weite Reise hinter sich und damit jede Menge Kohlendioxid auf dem Klimakonto. Außerdem fallen Importe, ganz gleich welcher Gemüsesorte, immer wieder negativ auf, weil sie mit Pestiziden belastet sind. Wer keine Gifte und Düngemittel auf dem Teller haben will, muss sich für Bioware entscheiden, denn bei den Ökos ist die Giftspritze vom Acker verbannt.

Der Tisch für frisches Gemüse ist das ganze Jahr über reich gedeckt. Gegenüber dem heutigen Angebot in den Supermärkten würde selbst die Tafel des Sonnenkönigs Louis XIV. (1638–1715), der für seine Prunksucht und seine lukullischen Gelage bekannt war, an Glanz verlieren. Unabhängig von der Saison kann heute jeder jeden Tag in frischem Gemüse schwelgen.

Es folgt eine Auswahl der bekanntesten Gemüsesorten und ihrer heilsamen Inhaltsstoffe aus dem reichlichen Angebot auf dem Markt:

Artischocken: Artischocken sind die Blütenköpfe einer Distelart, die schon bei den alten Ägyptern als Medizinpflanze beliebt war. Sie wirken harntreibend, helfen bei Gicht, Arthritis und Rheuma, denn das Feingemüse hat eine entzündungshemmende Wirkung. Artischocken kräftigen die Leber, sorgen für einen guten Galleabfluss und beugen so der Steinbildung vor. Diabetiker schätzen das Kohlenhydrat Inulin. Artischocken haben einen hohen Gehalt an Ballaststoffen. Der Bitterstoff Cynaropicrin bestimmt den Geschmack von Artischocken.

Auberginen: Die violette Schale des Nachtschattengewächses, das mit der Tomate verwandt ist, enthält besonders viele Vitamine. Roh kann man Auberginen nicht essen, denn sie schmecken muffig und können sogar giftig sein. Sie enthalten das Alkaloid Solanin, das Magen- und Darmbeschwerden hervorrufen kann.

Blumenkohl: Blumenkohl steht bei Krebsforschern nicht so hoch in Kurs wie Brokkoli, obwohl auch er krebshemmende Glucosinolate enthält. Blumenkohl ist urgesund, hat einen hohen Gehalt an Folsäure und anderen B-Vitaminen, viel Vitamin C und ist reich an Mineralstoffen. Bei grünen Sorten wie Ramanesco sind die Inhaltsstoffe höher.

Brokkoli: Der grüne Bruder des Blumenkohls enthält so viel Vitamin C, dass eine Portion den Tagesbedarf eines Erwachsenen deckt (115 mg/100 g). Obendrein ist Brokkoli reich an den Mangelvitaminen Folat (90 Mikrogramm / 100 g) und Vitamin K (121 Mikrogramm/100 g) und hat ein breites Spektrum an Mineralstoffen wie Kalium, Kalzium, Magnesium, Eisen, Zink, Kupfer und Mangan in beeindruckenden Mengen. Doch die Kräfte gegen Krebs, die in Brokkoli nachgewiesenermaßen schlummern, holt das Gemüse vor allem aus den sekundären Pflanzenstoffen wie Carotinoide, Glucosinolate, Phenolsäuren und Isothiocyanate. Forscher in den USA empfehlen eine wöchentliche Dosis von 1000 g Brokkoli zur Krebsabwehr. Brokkoli gehört zum gesündesten Gemüse überhaupt!

Grünkohl: Schon eine Portion (150 g) deckt den Tagesbedarf an Vitamin C und hat soviel Kalzium wie zwei Gläser Milch (420 mg). Der Gehalt an Vitamin A ist respektabel und muss den

Vergleich mit Brokkoli nicht scheuen. In den grünen Blättern stecken alle B-Vitamine (außer B$_{12}$), reichlich Vitamin E und Ballaststoffe für die Verdauung. Grünkohl ist in der Zusammensetzung seiner bioaktiven Substanzen perfekt und zählt zu den gesündesten Gemüsesorten überhaupt. Mit seiner Konzentration an Carotinoiden schlägt er viele Gemüserekorde. Nach dem ersten Frost (oder tiefgekühlt) schmeckt Grünkohl besser, weil dann ein Teil der Stärke in Zucker umgewandelt ist.

Gurken: Salatgurken sollten mit der Schale gegessen werden, weil sich die wenigen wertvollen Inhaltsstoffe dort versammeln. Die Saison für heimisches Gemüse ist von März bis Dezember. Verglichen mit anderen Gemüsesorten haben Gurken nur wenige Vitamine und Mineralstoffe. Der Anteil an Vitamin E in der Schale ist nennenswert, ebenso der Gehalt an Kieselsäure. Gurken enthalten außerdem das Enzym Erepsin, das darmreinigend wirkt.

Hülsenfrüchte: Der Begriff »Hülsenfrüchte« bezeichnet die getrockneten Samen von Erbsen, Linsen und Bohnen im Unterschied zu frischen Schoten. Sie enthalten viel pflanzliches Eiweiß und Ballaststoffe, wenig Fett und sind reich an B-Vitaminen und Mineralstoffen wie Kalzium, Kalium und Eisen. In Linsen steckt außerdem viel Zink. Es gibt grüne, rote, gelbe, braune und schwarze Linsen. Generell gelten Hülsenfrüchte als essbare Prophylaxe gegen Krebs. Saponine beugen Darmkrebs vor, Phytoöstrogene (vor allem in Sojabohnen) wirken hormonabhängigen Krebsarten entgegen. Durch den hohen Gehalt an Kohlenhydraten sättigen getrocknete Erbsen, Linsen und Bohnen besonders nachhaltig. Sojabohnen sind ein perfekter Fleischersatz. Sie haben einen hohen Eiweißgehalt, ihre pflanzlichen Aminosäuren können gut vom Körper aufgenommen werden. Sojabohnen enthalten überdurchschnittlich viel Eisen und Kalium.

Bohnen: Sie enthalten viel Eisen, Magnesium, Kalzium und Kalium sowie mehrere B-Vitamine und Vitamin C. Bohnen haben viel pflanzliches Eiweiß und sind reich an Nukleinsäuren. Die Zuckerverbindungen in Bohnen halten länger satt. Mit ihrem hohen Gehalt an sekundären Pflanzenstoffen wie Flavonoiden und Saponinen beugen sie Krebs vor, senken den Blutzucker und entwässern den Körper. Alle Bohnensorten müssen vor dem Verzehr gekocht werden, denn sie enthalten giftige Stoffe wie zum Beispiel Lectine, das sind Proteine, die beim Garen zerstört werden. Frische grüne Bohnen sind sogar lebensgefährlich, wenn man sie roh isst. Die Stickstoffverbindung Phasin kann schweren Brechdurchfall bis hin zu Darmblutungen hervorrufen. Deshalb müssen grüne Bohnen zehn Minuten in Salzwasser kochen, damit das Gift zerstört wird. Bohnen gibt es in einer ungeheuren Sortenvielfalt. Mit 22 Prozent pflanzlichem Eiweiß sind sie eine perfekte Alternative zu Fleisch. Dikke Bohnen sind obendrein reich an Nicotinamid und Kalium. Wegen der großen Menge an Antioxidantien stehen unter anderem Kidneybohnen auf der Top-20-Liste gegen Krebs ganz oben.

Erbsen: Es gibt unterschiedliche Erbsensorten: Von den Pal- und Markerbsen wird nur das runde Erbsenkorn gegessen, von der Zuckererbse die Hülse mit den kaum entwickelten Körnern. Erbsen sind reich an pflanzlichem Eiweiß, Kohlenhydraten, Ballast- und Mineralstoffen sowie vielen B-Vitaminen und überdurchschnittlich viel Vitamin A. Sie haben einen sehr hohen Zinkgehalt, viel Magnesium und Nukleinsäuren. Junge grüne Erbsen haben den höchsten Nährstoffgehalt, doch auch Trockenerbsen sind nicht zu verachten. Sie behalten den hohen Eiweißgehalt und einen Großteil der Kohlenhydrate.

Karotten: An der Farbe kann man es schon erkennen: Karotten (auch Möhren oder gelbe Rüben genannt) enthalten viele gesunde Pflanzenfarbstoffe wie Betacarotin, aus dem der Körper das Vitamin A produziert. Da die Carotinoide fettlöslich sind, sollten Karotten mit wertvollen Ölen gegessen werden. Nur wenn sie gekocht sind, kann der Körper die Biostoffe wirklich nutzen. Neben Provitamin A sind Karotten auch reich an Selen.

Kartoffeln: Sie bestehen zu knapp 80 Prozent aus Wasser, haben so gut wie kein Fett (1 Prozent), dafür jede Menge biologisch hochwertige Eiweiße, Ballaststoffe und Kohlenhydrate. Kartoffeln sind der wichtigste Lieferant für Stärke. Außerdem enthalten sie viele Mineralien wie Kalium, Magnesium, Phosphate, Eisen und Zink. Obendrauf kommt eine große Portion Vitamine. Die Kellerkinder enthalten die Vitamine A, B_1 und B_2 sowie erstaunlich viel Vitamin C (20 mg / 100 g). Kleine Kartoffeln sind weniger mit Pestiziden belastet als große Knollen. Beim Kauf von Bioware geht man den Giften aus dem Weg. Wenn Kartoffeln mit der Schale gekocht werden, gehen weniger wasserlösliche Vitamine im Kochwasser verloren.

Kohlrabi: Während Kohlrabi wächst, sammelt das Kohlgemüse wertvolle Mineralstoffe wie Eisen, Magnesium, Mangan, Selen und Kalium aus dem Boden. Kohlrabi sind reich an Biotin, Niazin und Pantothensäure sowie Vitamin B_6. Sie enthalten viel Vitamin C, mit 120 g Kohlrabi kann man den Tagesbedarf decken. Gesunde Senföle verleihen dem Kohlrabi sein feinwürziges Aroma und wirken mit seinen schwefel- und stickstoffreichen Verbindungen im Körper.

Paprika: Paprika ist eine wahre Vitaminbombe mit Spitzenwerten bei den Vitaminen C und E, B-Vitaminen und dem Provitamin A. Die wertvollen Flavonoide können die Vitamin-C-Wirkung in Paprika sogar um das 20fache erhöhen. Die meisten Bioaktivstoffe stecken in den reifen roten, gelben und violetten Früchten (grüne Paprika sind unreif). Neben all den sekundären Pflanzenstoffen wie Carotinoiden zählt Capsaicin zu den wertvollsten Paprikawirkstoffen. Dem Scharfstoff werden allerlei Heilkräfte zugeschrieben: Er soll das Blut verdünnen, den Körper »wärmen«, gegen Migräne und Kreislaufbeschwerden wirken. Die wesentlich schärfere Gewürzpaprika enthält mehr Capsaicin als Gemüsepaprika. Roh und wegen der fettlöslichen Vitamine mit etwas Öl gegessen, nimmt man die meisten Inhaltsstoffe auf. Doch man muss sich bei Importware vor Pestiziden vorsehen. Am besten ist Bioware.

Porree/Lauch: Lauchgemüse enthält wie Zwiebeln und Knoblauch Allicin. Das schwefelhaltige Öl, das wie ein Antibiotikum wirkt, räumt im Verdauungstrakt mit Bakterien auf und reinigt Magen und Darm. Es senkt den Cholesterinspiegel, wirkt blutverdünnend und soll die Sexualhormone ankurbeln. Außerdem enthält das Gemüse Zink, Mangan und Selen.

Radieschen/Rettich: Beide Gemüsesorten habe eine scharfe Waffe gegen Pilze und Bakterien: die Senföle. Die schwefelhaltigen Stoffe wirken im Magen-Darm-Trakt antibakteriell. Sie sind reich an Ballaststoffen, die die Verdauung fördern. Schon mit wenigen Radieschen lassen sich die Schleimhäute im Mund-Rachen-Bereich von Bakterien »reinigen«. Radieschen enthalten Folsäure und Vitamin C sowie Selen. Rettich hat einen hohen Kaliumgehalt. Er soll vorbeugend gegen Nieren- und Blasensteine wirken, die Durchblutung fördern und bei Verstopfung helfen.

Rosenkohl: Die kleinen Röschen sind gut für schwache Nerven, denn sie enthalten eine hohe Konzentration an Vitamin B_1 und Folsäure. Mit ihrem Vitamin-C-Gehalt liegen sie mit an der Spitze der Kohlköpfe. Rosenkohl ist auch reich an Mangan und Kalium, das entwässernd wirkt. Seine Ballaststoffe machen satt und fördern die Verdauung, die Glucosinolate beugen Krebs vor.

Rotkohl: Das beliebte Wintergemüse ist zwar reich an Vitamin B_3, doch ansonsten ist die Vitaminbilanz eher durchschnittlich, nur Vitamin C und Folsäure sind noch erwähnenswert. Dafür enthält Rotkohl jede Menge Zink und vor allem Selen (bis zu 5 Mikrogramm, je nach Anbaugebiet). Ohne dieses Spurenelement wären unsere Zellen nicht lebensfähig; es ist an zahlreichen Stoffwechselvorgängen beteiligt. Die rote Farbe hat der Rotkohl durch die krebshemmenden Anthozyane.

Salat: Es gibt zahlreiche Sorten wie Radicchio, Lollo bianco, Rucola, Feldsalat, Eisbergsalat und Kopfsalat. Salat gilt als das Gesundheitsgemüse schlechthin, doch das Image ist eher unverdient. Kopfsalat besteht zu über 95 Prozent aus Wasser, und die Vitaminbilanz ist eher kläglich. 100 g Salat haben 13 mg Vitamin C, die gleiche Menge Paprika hat immerhin 121 mg! Die grünen Blätter enthalten zwar Chlorophyll und damit Betacarotine, doch die Mengen sind nicht nennenswert. Kommt der grüne Kopf im Winter aus dem Treibhaus, ist Salat mit Vorsicht zu genießen. Er kann durch die intensive Düngung Nitrat enthalten, das vom Körper in Nitrit verwandelt werden kann. Nitrit verschlechtert die Sauerstoffaufnahme im Blut und steht im Verdacht, an der Bildung von Krebs beteiligt zu sein. Der Nitratgehalt ist auf den Außenblättern größer als im Inneren des Kopfes. Freilandsalat enthält weniger Nitrat, Biosalat ist weitgehend nitratfrei. Je fester die Struktur der Blätter ist, um so langsamer ist der Salat gewachsen und um so mehr Zeit hatte er, mehr Mineralstoffe und sekundäre Pflanzenstoffe zu bilden. Rote oder bräunliche Färbungen auf den Blättern wie bei Lollo rosso oder Eichenlaubsalat weisen auf Anthozyane, bitterer Geschmack auf einen höheren Mineralstoffgehalt hin. Dunklere Sorten haben mehr Mineralien und Vitamine eingelagert. Feldsalat zählt zu den gesünderen Sorten. Das Frischearoma hängt mit Apfel- und Zitronensäuren in den Blättern zusammen.

Sauerkraut: Frisches Sauerkraut zählt zu den gesündesten Gemüsen. Schon in 250 g steckt die Hälfte des Tagesbedarfs an Vitamin C, B_{16} und Vitamin K. Außerdem enthält Frischkostsauerkraut Kalzium, Kalium und Folsäure. Milchsäurebakterien vergären den feingeschnittenen Weißkohl innerhalb von zwei Wochen zu dem säuerlichen Gesundheitskraut, das sogar das »Fleisch«-Vitamin B_{12} enthält. Auf dem Weg vom Kohl zum Kraut spielen viele Millionen Milchsäurebakterien die Hauptrolle. Sie verwandeln ohne Hilfe von Sauerstoff (anaerob) den Fruchtzucker des Weißkohls in Milchsäure. Der Gehalt an Acetylcholin in Sauerkraut soll sogar gegen Depressionen helfen. Sauerkraut stärkt das Immunsystem, reinigt den Darm, entwässert, stimuliert das Zellwachstum und macht schlank.

Spargel: Besteht zwar zu 95 Prozent aus Wasser, ist aber reich an B-Vitaminen, Kalium und Zink. Die schwefelhaltige Aminosäure Asparagin entwässert und aktiviert den Stoffwechsel, die Ballaststoffe und Saponine wirken entschlackend. Spargel hat allerdings einen hohen Puringehalt, was sich bei Gicht negativ auswirken kann. 100 g Spargel decken den Tagesbedarf an Folsäure. Grüner Spargel enthält mehr Vitamin C, Carotinoide und vor allem mehr Chlorophyll als weißer Spargel, der nicht an der Sonne, sondern unter der Erde gewachsen ist.

Spinat: Das Blattgemüse ist sehr gesund, auch wenn der Eisengehalt nicht so hoch ist, wie jahrzehntelang vermutet wurde. Er liegt zwischen 3,5 und 4 mg Eisen pro 100 g. Spinat hat jede Menge Vitamine (A, B, C und E sowie K) und enthält beachtliche Mengen an Kalzium, Kupfer, Kalium, Mangan und Magnesium. Schon 50 g Spinat decken den Tagesbedarf an Magnesium. Das macht das Blattgemüse zur perfekten Mahlzeit gegen Stress. Leider kommt Spinat mit zwei kleinen Nachteilen daher: Im Winter kann der Nitratgehalt durch die chemische Düngung hoch sein (deshalb sollte man das Blattgemüse am besten beim Biobauern kaufen), und die Oxalsäure in Spinat kann die Kalziumresorption im Darm hemmen.

Tomaten: Die Farbe Rot macht Tomaten zu einer wirksamen Waffe gegen Krebs. Der Farbstoff Lycopin gilt als perfekter Fänger freier Radikaler. Die Wundersubstanz ist hitzestabil und wird bei 80 Grad am besten aus den Pflanzenzellen herausgelöst. Lycopin ist eine fettlösliche Substanz, die zusammen mit Olivenöl am besten wirken kann. Je reifer Tomaten sind, desto höher sind die Gesundheitssubstanzen, zu denen auch Tyramin, Kalzium und Zink gehören. Obwohl Tomaten zu 94 Prozent aus Wasser bestehen, enthalten sie viele B-Vitamine, Niacin und Folsäure sowie Vitamin E und C.

Weißkohl/Wirsing: Weißkohl ist reich an sättigenden Ballaststoffen und hat, von B_{12} abgesehen, alle B-Vitamine und eine hohe Konzentration an Vitamin C. Verglichen mit Weißkohl hat Wirsing den höheren Glucosinolatgehalt und doppelt soviel Folsäure. Ansonsten sind beide Kohlsorten vergleichbar. Sie enthalten viel Mangan, Selen und Zink.

Zucchini: Sie sehen zwar aus wie Gurken, gehören aber zur Familie der Kürbisse. Zucchini sind reich an Eisen und Zink sowie an den A-, B-, C-Vitaminen. Sie sollten nicht geschält werden, denn gerade die Schale enthält viel Magnesium und vor allem das wertvolle Betacarotin. Das Gemüse entwässert und wirkt Verstopfung entgegen.

Zwiebeln/Knoblauch: Was so eindrucksvoll riecht, wenn man Zwiebeln und vor allem Knoblauch gegessen hat, ist Allicin. Der Stoff, aus dem die Düfte sind, tötet Keime und zerfällt während des Verdauungsprozesses in übelriechende Substanzen, die der Körper ausscheidet – und gerade das ist sehr gesund! *Knoblauch* senkt den Cholesterinspiegel, beugt Arterienverkalkung vor, verdünnt das Blut, wirkt entzündungshemmend und gilt bei Krebsforschern als probate Vorsorge. Denn in Knoblauch sind 33 schwefelhaltige Substanzen gelöst, 17 Aminosäuren, die Vitamine A, B_1 und C sowie die Mineralstoffe Kalzium, Magnesium, Selen und Zink. Das geruchlose S-Allyl-Mercaptocystein, kurz SAMC genannt, gilt als erfolgversprechende Substanz in der Krebsprophylaxe. Noch wird an der Wunderknolle geforscht.

Wie der Knoblauch wurde auch die *Zwiebel* schon von den alten Ägyptern als Heilmittel eingesetzt. Es gab Zwiebeltinkturen gegen allerlei Krankheiten. Was beim Schälen in den Augen tränt, sind Sulfide. Sie wirken antibakteriell und beugen Infektionen vor. Scharfe Zwiebeln enthalten mehr schwefelhaltige Verbindungen und sind deshalb auch gesünder. Zwiebeln haben auch Vitamine und Mineralstoffe, vor allem aber ätherische Öle und neben den Sulfiden weitere sekundäre Pflanzenstoffe wie Saponine, Phenolsäuren, Flavonoide. Sie wirken entzündungshemmend, regulieren den Blutdruck, fördern die Verdauung und senken den Cholesterinspiegel.

Wann hat Gemüse Saison?

Es gibt Gemüsesorten, die sind das ganze Jahr über zu kaufen, auch wenn sie nicht in Deutschland gewachsen sind. Andere Sorten wie Spargel oder Grünkohl zum Beispiel sind reine Saisongemüse, die es nicht immer gibt. Die folgende Liste zeigt auf, wann man welches Gemüse kaufen kann und wann frische heimische Ware auf dem Markt ist.

Auberginen: ganzjährig zu kaufen, nur im August und September kommen sie aus heimischem Anbau.

Blumenkohl: ganzjährig zu kaufen, von Juni bis Oktober aus heimischem Anbau.

Dicke Bohnen: von April bis Oktober erhältlich, aber nur von Juni bis August aus heimischem Anbau.

Brokkoli: ganzjährig, vom Mitte Juni bis Anfang Oktober aus heimischem Anbau, im Dezember besonders teuer.

Champignons: ganzjährig zu gleichen Preisen und gleicher Qualität.

Chicorée: ganzjährig, von Oktober bis Mitte März aus heimischem Anbau, im Juni/Juli besonders teuer.

Chinakohl: ganzjährig, von August bis November aus heimischem Anbau.

Grüne Erbsen: von März bis Oktober auf dem Markt, aber nur von Juni bis August aus heimischem Anbau.

Fenchel: ganzjährig, von September bis Oktober aus heimischem Anbau, von Januar bis März besonders teuer.

Grünkohl: von November bis Februar aus Deutschland erhältlich, März und April etwas teurere Importware, von Mai bis September nicht auf dem Markt.

Kohlrabi: ganzjährig, Dezember bis Februar sehr teuer, von Mitte Mai bis Ende Oktober aus heimischem Anbau.

Kürbis: von Juli bis Januar auf dem Markt, von September bis November aus heimischem Anbau.

Meerrettich: von September bis November preiswert aus heimischem Anbau, bis Mitte April auf dem Markt.

Möhren: ganzjährig, von Mitte Juni bis Ende Oktober aus heimischem Anbau.

Paprika: ganzjährig, von Dezember bis Mai etwas teurer, Mitte Juli bis Ende Oktober aus heimischem Anbau.

Porree/Lauch: ganzjährig, von Juli bis Ende November aus heimischem Anbau.

Radieschen: ganzjährig, Mai bis Oktober aus heimischem Anbau.

Rosenkohl: von September bis April auf dem Markt, ab Oktober bis Ende Januar aus heimischem Anbau.

Rote Beete: ganzjährig, von September bis November aus heimischem Anbau.

Rotkohl: ganzjährig, von September bis November aus heimischem Anbau.

Salatgurken: ganzjährig, von Mitte Juni bis Ende September aus heimischem Anbau.

Schwarzwurzeln: von September bis März auf dem Markt, von Oktober bis Januar aus heimischem Anbau.

Sellerie: ganzjährig, von Juli bis Oktober aus heimischem Anbau.

Spargel: erste Ernte Februar/März, von April bis Juni aus heimischem Anbau.

Spinat: ganzjährig, von Mitte März bis Mitte Juni und von August bis Oktober aus heimischem Anbau.

Stangenbohnen: von April bis Dezember zu kaufen, von Juni bis Oktober aus heimischem Anbau.

Tomaten: ganzjährig, von Mitte Juli bis Ende Oktober aus heimischem Anbau.

Weißkohl: ganzjährig, von Mitte Mai bis Ende Juni und von September bis November aus heimischem Anbau.

Wirsing: ganzjährig, März/April und Juli/August sehr teuer, Mitte Mai bis Ende Juni und September bis November aus heimischem Anbau.

Zucchini: ganzjährig, von Mitte Juni bis Oktober aus heimischem Anbau, von Januar bis März besonders teuer.

Zuckermais: Von Juni bis Januar auf dem Markt, von Mitte August bis Ende Oktober aus heimischem Anbau.

Zwiebeln: ganzjährig, von Mitte Juni bis Oktober aus heimischem Anbau.

Salat

Bataviasalat: ganzjährig, von November bis März sehr teuer, von Mitte Mai bis Ende September aus heimischem Anbau.

Eichblattsalat: ganzjährig, von Dezember bis Ende Februar sehr teuer, von Mitte Mai bis Ende September aus heimischem Anbau.

Eisbergsalat: ganzjährig, von Mitte Mai bis Ende Oktober aus heimischem Anbau, im Januar sehr teuer.

Endiviensalat: ganzjährig, von Mitte Juni bis Ende Oktober aus heimischem Anbau.

Feldsalat: ganzjährig, von Oktober bis Ende Februar aus heimischem Anbau.

Kopfsalat: ganzjährig, von Mitte Mai bis Ende Oktober aus heimischem Anbau, von Dezember bis Februar sehr teuer.

Lollo rosso: ganzjährig, von Mitte Mai bis Ende Oktober aus heimischem Anbau, von Dezember bis Februar sehr teuer.

Löwenzahn: von Dezember bis Ende Februar nicht erhältlich, im März/April sehr teuer, von Mitte Mai bis Mitte September aus heimischem Anbau.

Radicchio: ganzjährig, von Juli bis Oktober aus heimischem Anbau, Januar/Februar sehr teuer.

So bleibt Gemüse länger frisch

- Kühl und dunkel lagern, am besten im Gemüsefach des Kühlschranks, denn Vitamine sind flüchtige Substanzen. Auf Licht und Luft, Wasser und Wärme reagieren sie mit Zerfall.
- Kurz und gründlich waschen, nie im Wasser liegenlassen, da viele Vitamine wasserlöslich sind.
- Nie vor dem Waschen kleinschneiden, denn an den Schnittstellen verliert Gemüse besonders schnell Vitamine. Geschälte Möhren oder Kohlrabi müssen nicht gewaschen werden.
- Unmittelbar vor dem Essen zubereiten.
- Am besten dünsten oder in wenig Wasser bei niedrigen Temperaturen garen lassen, um Vitamine, Mineralstoffe und das Aroma zu schonen.

Pilze

Sie zählen nicht zu den Pflanzen. Da sie kein Chlorophyll besitzen, können sie das Sonnenlicht nicht nutzen, um sich zu ernähren. Sie machen also keine Photosynthese. Statt dessen leben Pilze von organischem Material. Sie geben eine Art Verdauungssaft an die umgebende Erde ab, verflüssigen damit Blätter, Holz oder tote Insekten im Boden und ernähren sich davon.

Wildpilze sollten trocken und luftig lagern. Sie ziehen leicht Wasser, in der Feuchtigkeit tummeln sich schnell Bakterien. Wildpilze sind immer mit Vorsicht zu genießen, denn sie speichern leicht Schadstoffe. In einigen Gegenden Süddeutschlands sind Pilze noch heute durch den Reaktorunfall von Tschernobyl (1986) mit Cäsium belastet. Speziell Maronen binden das radioaktive Element. Einige Champignonarten, aber nicht die Zuchtchampignons, können mit Kadmium angereichert sein. Wachsen Wildpilze in der Nähe von Straßen, nehmen sie leicht Quecksilber, Blei und Schwermetalle auf. Die meisten Pilze bestehen zu einem sehr hohen Prozentsatz aus Wasser. Zu den guten Vitamin-D-Lieferanten unter den Pilzen zählen Champignons, Steinpilze, Maronen, Austernpilze und der Butterpilz, der obendrein auch das »Fleisch«-Vitamin B_{12} enthält. Supermarktpilze sind alle Zuchtpilze. Austernpilze, Champignons, Pfifferlinge und der Shitake-Pilz wachsen in klimatisierten Produktionshallen auf Substrat. Bei Zuchtpilzen ist eine Vergiftung oder Belastung mit Umweltgiften wie Kadmium und Quecksilber ausgeschlossen. Der Geschmack ist allerdings vereinheitlicht und mit dem von Wildpilzen nicht zu vergleichen.

Kräuter und Gewürze

Die Wirkstoffe von Kräutern und Gewürzen und ihre Heilkraft können Bücher füllen. Es heißt nicht umsonst: Gegen jede Krankheit ist ein Kraut gewachsen. Was Kräuter so gesund macht, sind vor allem die sekundären Pflanzenstoffe, die in Hülle und Fülle in

Petersilie, Basilikum, Kerbel, Bohnenkraut, Majoran, Koriander, Kresse, Schnittlauch und Rosmarin (um nur einige zu nennen) vorhanden sind. Alle Gerb-, Farb- und Bitterstoffe sowie die vielen ätherischen Öle verfeinern nicht nur das Essen mit ihrem unverwechselbaren Aroma. Sie beugen vor und wirken ganz direkt bei Erkrankungen: *Koriander* regt die Verdauung an und beruhigt, *Kresse* reinigt die Nieren und stärkt das Immunsystem, *Schnittlauch* wirkt appetitanregend, *Rosmarin* stärkt den Magen und entwässert, *Majoran* hilft bei der Fettverdauung, *Estragon* wirkt harntreibend, *Dill* löst Krämpfe, *Kerbel* reinigt das Blut, und *Petersilie* tötet Keime ab.

Gewürze haben ebenfalls Heilkräfte, die schon die alten Ägypter zu schätzen wussten: *Anis* hemmt Entzündungen, löst Krämpfe, wirkt gegen Husten und fördert die Verdauung; *Sternanis* wirkt äußerlich gegen Rheuma; *Ingwer* hilft bei Erkältung, löst Schleim und Krämpfe, lindert Völlegefühl und Seekrankheit; *Muskat* regt den Stoffwechsel an, hilft bei Magenproblemen und kurbelt die Produktion von Serotonin im Körper an; *Nelken* töten Bakterien, desinfizieren und dämpfen Zahnschmerzen und Kopfweh; *Zimt* regt den Kreislauf an, hilft bei Heiserkeit, Magen- und Darmbeschwerden; *Lorbeer* stärkt die Abwehrkräfte gegen Erkältung. Bei allen Gewürzen sind vor allem die ätherischen Öle, Bitterstoffe sowie Gerb- und Scharfstoffe von Bedeutung. Schon die Kräuternonne und Mystikerin Hildegard von Bingen (1098–1179) wusste um die Wirkung. »Muskat macht den Geist fröhlich«, war einer der vielen Sätze, die sie zum Thema Kräuter und Gewürze für die Nachwelt niederschrieb. Heute weiß man auch, warum: Muskat enthält Myristicin. Der Stoff kann, im Übermaß genossen, Halluzinationen hervorrufen. Er wirkt pharmakologisch gesehen wie ein Amphetamin.

Dank

Dieses Buch wäre ohne eine ganze Reihe von Menschen, denen mein herzlicher Dank für ihre Unterstützung gilt, nicht zustande gekommen. Sie haben mich mit ihrem Wissen unterstützt, mir Informationen und Ansprechpartner genannt und immer neue Quellen für meine Recherchen aufgetan.

Vielen Dank auch für all die Ermunterungen: Es ist nicht immer leicht, sich wieder und wieder an den Computer zu setzen und zu schreiben.

Mein herzlicher Dank geht an:

Peter Becker, Präsident der Handwerkskammer Hamburg,
Reinhild Benning, Agrarexpertin des BUND,
Birgit Blome, Pressesprecherin der Reformhausinformation,
Dr. Peter Dräger, Lebensmittelchemiker der Reformhäuser,
Antje Gahl, Deutsche Gesellschaft für Ernährung,
Hartmut Gahmann und Alexander Antonoff, Nestlé Deutschland,
Otto Geisel, Geschäftsführer Slow Food Deutschland e.V.,
Michaela Hansen, teamhansen Hamburg,
Claus-Peter Hutter, Präsident Euronatur,
Svenja Koch, Thilo Maack und Cornelia Deppe-Burghardt, Greenpeace Deutschland,
Andreas Kremer, Deutsche See Fischmanufaktur,
Gesa Marsch, Oecotrophologin,
Silke Schwartau, Verbraucherzentrale Hamburg,
Karl Ludwig Schweisfurth, Metzgermeister,
Rüdiger Ziegler, Unilever Deutschland GmbH.

Anhang

Rezepte

Alle Zutaten sind für 4 Personen berechnet.

Salat mit Avocados

Wer genug Vitamine zu sich nimmt, stärkt sein Immunsystem. Frische Salate können auch Energielieferanten sein und sind nebenbei gut für die Nerven. Avocados beruhigen und machen glücklich.

Man nehme: 1 kleiner Eisbergsalat, 1 Gemüsezwiebel, 5 reife Tomaten, 200 g gegarte grüne Bohnen, 150 g Thunfisch aus der Dose, 2 reife Avocados, 3 El Balsamicoessig, 5 El Olivenöl, Salz und Pfeffer, frische Kräuter je nach Saison.

Den Eisbergsalat waschen und in Streifen schneiden, die Gemüsezwiebel schälen und in Ringe schneiden, die Tomaten vierteln. Die grünen Bohnen putzen und mindestens 10 Minuten in Salzwasser bissfest kochen, dann abkühlen lassen und mit den anderen Zutaten in einer Schüssel anrichten. Den Thunfisch mit einer Gabel grob zerkleinern und hinzugeben. Die Avocados halbieren, mit einem Löffel aus der Schale holen und das Fruchtfleisch in Streifen schneiden. Das Dressing wird aus dem Essig, Öl, Salz und Pfeffer sowie den Kräutern (Schnittlauch, Dill, Petersilie) angerührt und über den Salat gegeben.

Pastinakensuppe mit Kartoffeln

Das Wurzelgemüse wird häufig wie Möhren zubereitet, das Kraut würzt Suppen und Eintöpfe. Die Pastinake gewinnt wie Grünkohl nach dem Frost an Süße.

Man nehme: 7 Kartoffeln, 3 El Butter, eine große Zwiebel, 2 El Mehl, Salz, 3 mittelgroße Pastinaken, Petersilie und das Kraut der Pastinaken, Pfeffer, Salz.

Die Kartoffeln schälen und in kleine Würfel schneiden, dann in der Butter zusammen mit der gewürfelten Zwiebel bis zur leichten Bräunung anbraten. Das Mehl hinzugeben und alles bei schwacher Hitze anbräunen. Dann das Gemüse mit etwa 1½ l gesalzenem Wasser ablöschen. Dabei mit dem Schneebesen zügig rühren, damit das Mehl keine Klumpen bildet. Die Pastinaken reinigen und würfeln. Erst wenn die Kartoffelstückchen bissfest sind, die Pastinaken hinzugeben, da sie sehr schnell weich werden. Alles etwa fünf Minuten garen lassen, dann mit den Kräutern, Salz und Pfeffer abschmecken.

Gazpacho mit Brot

Leicht gekühlte Suppen sind die Erfindung andalusischer Bauern. Sie haben nach ihrer schweißtreibenden Arbeit auf dem Feld mit der kalten Suppe im Sommer Salze, Vitamine und Mineralstoffe aufgenommen.

Man nehme: 1 Salatgurke, 2 Knoblauchzehen, 300 ml Gemüsebrühe, 250 g Joghurt, 100 g Mandelblättchen, ½ Bund Schnittlauch, ½ Bund Dill und etwas Oregano, 1 Limette, Salz und Pfeffer, Chilipulver, 2 Stangenweißbrote oder Baguette.

Die Salatgurke schälen, dann halbieren und mit einem kleinen Löffel entkernen. Anschließend in kleine Stücke schneiden. Die Knoblauchzehen pressen. Zusammen mit der Brühe und dem Joghurt wird jetzt alles mit dem Pürierstab zu einer sämigen Suppe verfeinert und dann zwei Stunden in den Kühlschrank gestellt. In einer Pfanne werden die Mandelblättchen ohne Fett geröstet. Die Kräuter hacken. Dann wird die kalte Suppe mit dem Saft der Limette, Salz und Pfeffer, Oregano und etwas Chilipulver verrührt. Die Kräuter und die Mandeln werden über die Suppe gestreut. Dazu schmeckt warmes Brot.

Bratlinge von Teltower Rübchen

Die grünen Blätter schmecken im Salat, in der Suppe oder anstelle von Petersilie in allerlei Gerichten. Die kleinen Knollen kann man zu Rohkost verarbeiten oder zusammen mit Reis und Pastinaken zu Rübchenkuchen formen.

Man nehme: 1 Tasse Vollkornreis, ½ l Gemüsebrühe, 1 Pastinake, 10 Teltower Rübchen, ½ Tl Salz, 1 El Butter, 1 El Magerquark, 1 Ei, 2 El feingehackte Rübchenblätter, ungehärtetes Kokosfett zum Braten, etwas Mehl zum Panieren.

Der Reis wird in der Gemüsebrühe 30 Minuten gegart. Die Pastinake und die Rübchen werden gereinigt, geraspelt und mit ½ TL Salz in der Butter glasig gedünstet. Dann wird das Gemüse mit dem Reis, dem Quark und dem Ei in eine Schüssel gegeben, mit Pfeffer und Salz gewürzt und mit den gehackten Blättern der Teltower Rübchen vermischt. Aus dem Teig lassen sich acht Bratlinge formen, die in Mehl leicht paniert werden. Das Kokosfett wird in der Pfanne erhitzt, darin werden die Gemüsekuchen goldbraun angebraten.

Topinambur-Gratin

Topinambur kann man als Salat zubereiten, aber auch dämpfen und kochen; die Knolle in die Suppe geben oder im Ofen als Gratin zubereiten.

Man nehme: Butter für die Form, Muskat, 800 g Topinambur, 200 ml Gemüsebouillon, 200 ml Rahm, 3 Eier, Kräutersalz, 50 g gemahlene Haselnüsse, 80 g geriebener Käse (Emmentaler).

Die Auflaufform wird gebuttert, dann eine dünne Schicht Muskat darüberreiben. Die Topinambur in Scheiben schneiden und in der Form schichten. Gemüsebouillon zusammen mit dem Rahm, den Eiern und dem Kräutersalz verquirlen und über die Topinamburscheiben gießen. Dann mit den Haselnüssen und dem Käse bestreuen und eine Stunde bei 180 Grad im vorgeheizten Ofen backen.

Sauerkraut aus der Pfanne

Sauerkraut ist die Vitamin-C-Bombe unter den Kohlsorten. Nicht nur das Kraut, alle Kohlsorten sind sehr gesund und spielen sogar bei der Krebsabwehr eine wichtige Rolle. Man kann sich also auch im Winter mit heimischem Gemüse gesund ernähren.

Man nehme: 250 g frisches Sauerkraut, 150 g frische Ananas, 150 g Champignons, 1 rote Paprika, 1 Knoblauchzehe, 1 walnussgroßes Stück Ingwer, ½ Bund Frühlingszwiebeln, 2 El Sesam, 1 El Raps-öl, 1 El Zucker, 2 Tl Senf und ⅛ l Gemüsebrühe, Salz, schwarzer Pfeffer und Paprikapulver.

Das Sauerkraut in einem Sieb abtropfen lassen, die Ananas in Würfel schneiden, die Champignons putzen und vierteln und die Paprika waschen und in Streifen schneiden. Die Knoblauchzehe zerdrücken und den Ingwer sehr klein würfeln. Die Frühlings-zwiebeln in Scheiben schneiden, die Sesamkörner in einer be-schichteten Pfanne ohne Fett rösten und dann abkühlen lassen. Das Rapsöl in der Pfanne erhitzen und alles darin anbraten. Zuk-ker, Senf und die Gemüsebrühe hinzugeben und in der geschlos-senen Pfanne 15 Minuten bei mittlerer Hitze garen. Mit Salz und Pfeffer und dem Paprikapulver abschmecken. Dazu Pellkartoffeln servieren.

Lachs im Gemüsebett

Frischer Lachs lässt sich genauso problemlos zubereiten wie tiefgefrorene Ware. Der Fisch liefert gesunde Fette, das Gemüse viele Vitamine.

Man nehme: 1 kg Lachsfilet, 1 Zitrone, Salz, Pfeffer, 1 Möhre, 1 rote Paprika, 3 Tomaten, 3 Knoblauchzehen, 600 g frischer (oder 300 g tiefgekühlter) Blattspinat, 2 El Olivenöl, 100 ml Gemüsebrühe, 150 g saure Sahne.

Das Fischfilet waschen, trockentupfen und mit dem Saft der Zitrone beträufeln. Erst etwas ziehen lassen, dann salzen und pfeffern. Das Gemüse putzen, waschen und in kleine Würfel schneiden, die Knoblauchzehen feinhacken, ggf. gefrorenen Blattspinat antauen lassen (oder frisch gekochten abkühlen). In einer Pfanne das Olivenöl erhitzen, den gehackten Knoblauch und die Möhrenwürfel fünf Minuten anbraten, dann das restliche Gemüse hinzugeben, dünsten und mit der Gemüsebrühe und der sauren Sahne ablöschen. Jetzt den Lachs auf das Gemüsebett legen und bei mittlerer Hitze etwa 20 Minuten ziehen lassen.

Gedämpfter Dorsch mit Möhren

Fisch ist schnell und schonend zubereitet. Wenn man ihn dämpft, behält er seinen eigenen Geschmack. Beim Dünsten, Dämpfen und Garen bleiben die meisten Nährstoffe erhalten.

Man nehme: 500 g Möhren, 2 El Butter, Salz, Pfeffer, 1 Prise Zukker, gehackte Minze, 4 Dorschfilets, 1 Zitrone, 200 g parboiled Reis.

Die Möhren waschen und in Scheiben schneiden, die Butter bei mittlerer Hitze im Kochtopf schmelzen. Dann das Gemüse fünf Minuten andünsten und mit $\frac{1}{8}$ l Wasser ablöschen. Leicht salzen und pfeffern und weitere fünf Minuten im geschlossenen Topf garen. Anschließend die Möhren abgießen und mit etwas Zucker und der gehackten Minze abschmecken. Parallel dazu die Dorschfilets mit dem Saft der Zitrone beträufeln, leicht salzen und pfeffern, dann für sechs Minuten im Dampfeinsatz eines Dampfkochtopfs bei mittlerer Hitze und geschlossenem Deckel dämpfen. Den Reis in leicht gesalzenem Wasser bei geschlossenem Deckel zum Kochen bringen. Dann umrühren, die Herdplatte abschalten und den Reis 20 Minuten gar ziehen lassen.

Kalte Schweinelende

Der Geschmack von Fleisch ist unter anderem auch vom Lebens-glück des Schweins abhängig: Gestresste Tiere lagern Wasser im Muskel ein, später schrumpft das Fleisch in der Pfanne. Ein biss-chen Schwein darf sein, wenn man auf die Qualität achtet. Kalter Braten schmeckt im Sommer besonders gut.

Man nehme: 1 El Butterschmalz, 1 Zwiebel, 1 Möhre, 1 Apfel, 2 Zweige Thymian, 1 Zweig Rosmarin, 2 El mittelscharfer Senf, 1 El Sonnenblumenöl, Salz und Pfeffer, 1 kg Schweinelende, 150 ml Weißwein oder Brühe.

Den Backofen auf 220 Grad vorheizen, das Butterschmalz im Bratentopf schmelzen, die Zwiebel, die Möhre und den Apfel vierteln und in den Topf geben. Dann die Kräuter hacken, mit dem Senf, dem Sonnenblumenöl und Salz und Pfeffer zu einer Paste verrühren und das Fleisch damit einstreichen. Im Ofen 10 Minuten anbraten lassen, die Temperatur auf 160 Grad Umluft reduzieren und den Braten mit dem Wein oder der Brühe an-gießen und 40 Minuten garen. Ab und zu das Fleisch mit dem Bratensaft übergießen. Dann kann der Braten abkühlen. Jetzt die Soße sieben und kalt werden lassen. Sie geliert und kann in Wür-fel geschnitten werden.

Schwarzwälder Becher

Küchenprofis wissen, dass auch Süßes eine Prise Salz braucht, um den vollen Dessertgeschmack zu entfalten. Sogar der Schwarzwälder Becher gewinnt durch ein bisschen Salz.

Man nehme: 500 g Quark, $\frac{1}{8}$ l Vollmilch, 100 g Zucker, 1 Päckchen Vanillezucker, 1 kräftige Prise Salz, 500 g eingelegte Sauerkirschen aus dem Glas, 200 g steifgeschlagene Sahne, 100 g geriebene dunkle Schokolade.

Den Quark zusammen mit der Milch, dem Zucker und dem Päckchen Vanillezucker schaumig rühren. Dann eine kräftige Prise Salz hinzugeben. Jetzt wird der Quark abwechselnd mit den Kirschen in Dessertschalen geschichtet und zum Abschluss mit einem Klecks Sahne und der geriebenen Schokolade gekrönt.

Adressen und Ansprechpartner

Deutsche Gesellschaft für Ernährung e.V., Godesberger Allee 18, 53175 Bonn, www.dge.de

Verbraucherzentrale Bundesverband e.V., Markgrafenstraße 66, 10969 Berlin, www.vzbv.de

Bund für Umwelt und Naturschutz Deutschland (BUND), Am Könnischen Park 1, 10179 Berlin, www.bund.net

Stiftung Europäisches Naturerbe, Euronatur, Konstanzer Straße 22, 78315 Radolfzell, www.euronatur.org

Slow Food Deutschland e. V., Hasseler Weg 3, 27232 Sulingen, www.slowfood.de

Greenpeace Deutschland e.V., Große Elbstraße 39, 22767 Hamburg, www.greenpeace.de

Arbeitsgemeinschaft der Verbraucherverbände e.V., Heilsbachstraße 20, 53123 Bonn, www.agv.de

Verbraucherinitiativen, Breite Straße 51, 53111 Bonn, www.verbraucher.org

Foodwatch e.V., Brunnenstraße 181, 10119 Berlin, www.foodwatch.de

Reformhaus-Informationen, Waldstraße 6, 61440 Oberursel, www.reformhaus.de

Vegetarier-Bund Deutschland e.V., Blumenstraße 3, 30159 Hannover, www.vegetarierbund.de

Deutscher Tierschutzbund e.V., Baumschulallee 15, 53115 Bonn, www.tierschutzbund.de.

EUROTOQUES, Winnender Straße 12, 73667 Kaiserbach-Ebni, www.eurotoques.de

Aktionsgemeinschaft Umwelt, Gesundheit, Ernährung e.V. (AUGE), Osterstraße 58, 20259 Hamburg

Neuland – Verein für tiergerechte und umweltschonende Nutztierhaltung, An der Eiche 6, 39356 Belsdorf, www.neulandfleisch.de

Öko-Institut e.V., Geschäftsstelle Freiburg, Postfach 6226, 79083 Freiburg, www.oeko.de

Arbeits-Gemeinschaft Ökologischer Landbau (AGÖL), Am Köllnischen Park 1, 10179 Berlin, www.oekolandbau-bawue.de

Demeter, Demeter Marktforum e.V., Brandschneise 1, 64295 Darmstadt, www.demeter.de

Bioland, Bundesverband, Kaiserstraße 18, 55116 Mainz, www.bioland.de

Naturland, Verband für ökologischen Landbau e.V., Kleinhaderner Weg 1, 82166 Gräfelfing, www.naturland.de

Gäa, Bundesverband, Arndtstr. 11, 01099 Dresden, www.gaea.de

Biopark, Zarchliner Straße, 19395 Karow, www.biopark.de

ABL, Arbeitsgemeinschaft bäuerliche Landwirtschaft, Marienfelder Straße 14, 33378 Rheda-Wiedenbrück, www.abl-ev.de

Ökosiegel E.V., Barnser Ring 1, 29581 Gerdau-Barnsen

Herrmannsdorfer Landwerkstätten (gegründet von Karl Schweisfurth), 85625 Glonn, www.herrmannsdorfer.de

Direktvermarkter

Baden-Württemberg: www.direktvermarkter-baden-wuerttemberg.de und www.oekolandbau-bawue.de

Bayern: www.direktvermarkter-bayern.de und www.oekoland-bayern.de

Brandenburg: www.natuerlich-brandenburg.de

Bremen: www.bremer-evg.de

Hessen: www.hessischer-direktvermarkter.de

Mecklenburg-Vorpommern: www.lm.mv-regierung.de

Niedersachsen: www.direktvermarktung.de

Nordrhein-Westfalen: www.landservice.de und www.oekolandbau-nrw.de

Rheinland-Pfalz und Saarland: www.oekf.aspdienste.de

Sachsen und Sachsen-Anhalt: www.sachsen-anhalt.de

Schleswig-Holstein: www.oekomarkt-shopping.de und www.umwelt.schleswig-holstein.de

Thüringen: www.oekoeinkaufsfuehrer-thueringen.de und www.einfach-natuerlich.de

Verbraucherzentralen

Die Verbraucherzentralen in den 16 Bundesländern bieten Beratung und Information zu Fragen des Verbraucherschutzes, helfen bei Rechtsproblemen und vertreten die Interessen der Verbraucher auf Landesebene.

Verbraucherzentrale Baden-Württemberg e.V., Paulinenstraße 47, 70178 Stuttgart, www.verbraucherzentrale-bawue.de

Verbraucherzentrale Bayern e.V., Mozartstraße 9, 80336 München, www.verbraucherzentrale-bayern.de

Verbraucherzentrale Berlin e.V., Bayreuther Straße 40, 10787 Berlin, www.verbraucherzentrale-berlin.de

Verbraucherzentrale Brandenburg, Templiner Straße 21, 14473 Potsdam, www.vzb.de

Verbraucherzentrale Bremen e.V., Altenweg 4, 28195 Bremen, www.verbraucherzentrale-bremen.de

Verbraucherzentrale Hamburg e.V., Kirchenallee 22, 20099 Hamburg, www.vzhh.de

Verbraucherzentrale Hessen e.V., Große Friedberger Straße 13-17, 60313 Frankfurt am Main, www.verbraucher.de

Neue Verbraucherzentrale in Mecklenburg und Vorpommern e.V., Strandstraße 98, 18055 Rostock, www.nvzmv.de

Verbraucherzentrale Niedersachsen e.V., Herrenstraße 14, 30159 Hannover, www.verbraucherzentrale-niedersachsen.de

Verbraucherzentrale Nordrhein-Westfalen e.V., Mintropstraße 17, 40215 Düsseldorf, www.vz-nrw.de

Verbraucherzentrale Rheinland-Pfalz e.V., Ludwigstraße 6, 55116 Mainz, www.verbraucherzentrale-rip.de

Verbraucherzentrale des Saarlandes e.V., Haus der Beratung, Trierer Straße 22, 66111 Saarbrücken, www.vz-saar.de

Verbraucherzentrale Sachsen, Brühl 34-38, 04109 Leipzig, www.vzs.de

Verbraucherzentrale Sachsen-Anhalt e.V., Steinbockgasse 1, 06108 Halle, www.vzsa.de

Verbraucherzentrale Schleswig-Holstein e.V., Bergstraße 24, 24103 Kiel, www.verbraucherzentrale-sh.de

Verbraucherzentrale Thüringen e.V., Eugen-Richter-Straße 45, 99085 Erfurt, www.vzth.de

Literaturhinweise

Volker Angres / Claus-Peter Hutter / Lutz Ribbe: *Futter fürs Volk. Was die Lebensmittelindustrie uns auftischt,* München 2006

Eckart Brandt: *Brandts Apfellust. Alte Apfelsorten neu entdeckt. Für Garten und Küche,* München 2006

Prof. Dr. Hartmut Fröleke: *Kleine Nährwerttabelle der Deutschen Gesellschaft für Ernährung e. V., Neustadt a.d.* Weinstraße 2006

Birgit Frohn: *Das kommt mir nicht auf den Teller. Lebensmittel unter der Lupe. Mit Special zu Gen-Food,* Berlin 2007

Eva Goris: *Essen, aber was?* Berlin 2001

Eva Goris: *Wissen, was wir essen. Unsere Lebensmittel kritisch aufgetischt,* 2004

Eva Goris (in Zusammenarbeit mit Claus-Peter Hutter): *Collection des verlorenen Wissens. Ein Handbuch für den Hausgebrauch,* München 2006

Hans-Ulrich Grimm / Annette Sabersky: *Die Wahrheit über Käpt'n Iglo und die Fruchtzwerge. Was die Industrie unseren Kindern auftischt,* München 2006

Klaus Oberbeil / Dr. med. Christiane Lentz: *Obst und Gemüse als Medizin. Krankheiten mit der richtigen Ernährung vorbeugen und ohne Nebenwirkungen behandeln. Schadstoffarmes Obst und Gemüse richtig auswählen, zubereiten und lagern,* München 2006

Karl Ludwig Schweisfurth: *Wenn's um die Wurst geht. Mein Weg von der Fleischindustrie zur ökologischen Landwirtschaft,* München 2001

Karl Ludwig Schweisfurth: *Das Buch vom guten Fleisch. Alles über ökologische Tierhaltung, bewussten Einkauf, richtige Zubereitung und gesunden Genuss,* München 2004

Wolf-Dieter Storl / Paul Silas Pfyl: *Bekannte und vergessene Gemüse. Geschichte, Rezepte, Heilkunde,* München 2006

Günter Wagner / Uwe Schröder: *Essen – Trinken – Gewinnen. Praxishandbuch für die Sporternährung. Mit großem Rezeptteil,* Darmstadt 2002

Register